W0083179

Melody Beattie

Unabhängig sein

Jenseits der Sucht gebraucht zu werden

Wilhelm Heyne Verlag München

HEYNE PSYCHO
Band 17/48

Titel der Originalausgabe
BEYOND CODEPENDENCY
Aus dem Amerikanischen übersetzt von Traudi Perlinger

Copyright © 1989 Hazelden Foundation
Copyright © 1990 der deutschen Ausgabe
by Wilhelm Heyne Verlag GmbH & Co. KG, München
Printed in Germany 1990
Umschlagillustration und -gestaltung: Atelier Ingrid Schütz, München
Satz: Kort Satz GmbH, München
Druck und Bindung: Ebner Ulm

ISBN 3-453-04613-7

Inhalt

Widmung

Eines Nachts im Traum sah ich eine Gruppe von Menschen, tüchtige, liebenswerte Leute. Ihr Problem war, daß sie das nicht wußten. Sie waren festgefahren, konfus – reagierten auf verrückte Dinge, die sich vor langer Zeit zugetragen hatten.

Sie lebten in Körpern von Erwachsenen, verhielten sich aber in vieler Beziehung nach wie vor wie Kinder. *Und sie hatten Angst.*

Diese Menschen waren so sehr damit beschäftigt, sich zu schützen und unentwegt die Bedeutung hinter allem zu ergründen, daß sie vergaßen, was am nötigsten gewesen wäre: sich zu entspannen, so zu sein, wie sie waren, und die Dinge auf sich zukommen zu lassen.

Sie wußten nicht, daß sie nicht ständig auf der Hut sein mußten. Sie wußten nicht, daß es richtig war, zu lieben und geliebt zu werden. Sie wußten nicht, daß sie sich selbst lieben durften.

Beim Erwachen stellte ich fest, daß ich eine von ihnen war.

Dieses Buch ist uns gewidmet, den genesenden erwachsenen Kindern und Co-Abhängigen. Möge jeder von uns zur vollen Schönheit für sich und das Leben mit anderen Menschen erwachen.

Für die Hilfe bei der Entstehung dieses Buches danke ich Gott, Nichole, Shane, meiner Mutter, John, Becky, Terry, Ruth, Scott, Lee, Linda, Carolyn und meinen Lesern. Die einen ermutigten und inspirierten mich zu schreiben; die anderen mußten es während des Schreibens mit mir aushalten.

Danksagung

Zunächst möchte ich den Genesenden danken, die mir ihre Geschichte erzählten. Sie machten meine Arbeit lebendig.

Weiterhin möchte ich Dr. Timmen Cermak danken, der Gründungsmitglied und erster Vorsitzender der National Association for Children of Alcoholics (NACOA) war, sowie Bedford Combs, dem Gründungsvorstand der South Carolina Association for Children of Alcoholics (SCA-COA). Ihr Wirken half mir, den Genesungsprozeß zu verstehen, und sie selbst halfen mir in meinem Wachstum.

»Haben Sie in jüngster Zeit etwas über
Ihre persönliche Erfahrung geschrieben?« wurde
die Autorin gefragt. »Nein«, antwortete diese.
»Ich war vollauf damit beschäftigt, sie
zu machen.«

– Ruth Peterman

Einführung

Dieses Buch handelt von Genesung.

Besser gesagt, es ist ein Buch über die Weiterführung unserer Genesung.

Ich habe es für Menschen geschrieben, die davon genesen, sich von anderen Menschen und deren Problemen in Mitleidenschaft ziehen zu lassen. Ich habe es für Leute geschrieben, die von Co-Abhängigkeit, Suchtkrankheiten und Störungen erwachsener Kinder genesen. Ich habe es für Menschen geschrieben, die danach streben, die Kunst zu beherrschen, für sich selbst zu sorgen.

In meinem letzten Buch, *Die Sucht gebraucht zu werden,* ging es darum, wie wir den Schmerz beenden und Herrschaft über unser Leben gewinnen. Im vorliegenden Buch geht es darum, was wir tun, wenn der Schmerz vorüber ist und wir damit konfrontiert sind, unser eigenes Leben zu führen. Diese nächsten Schritte sind das Thema dieses Buches.

Wir setzen uns mit Genesung und Rückfall auseinander, mit der Arbeit an unserer Ursprungsfamilie und damit, wie es weitergeht, wenn wir das geschafft haben. Wir befassen uns mit Beziehungen. Wir denken nach über Themen wie Kapitulation und Spiritualität.

Wir sprechen über eine Reihe grundsätzlicher Dinge: Wie gehe ich mit meinem Schämen um, wie steigere ich meine Selbstachtung, wie fühle ich mich nicht mehr benachteiligt, wie beziehe ich meine Kinder in die Genesung mit ein und wie schaffe ich es, mich von meinen verhängnisvollen Affären fernzuhalten, bis ich eine funktionierende Beziehung finde.

Als ich mich an das Manuskript zu diesem Buch setzte, stand mir eine lange Liste einzelner Informationen zur Verfügung, die ich eingehend behandeln wollte, doch ich war mir nicht genau im klaren darüber, wie ich diese Gedanken aneinanderfügen sollte. Erst nachdem ich aufgab, Kontrolle darüber ausüben zu wollen, begann das Buch, wie das gelegentlich geschieht, ein einzigartiges und erstaunliches Eigenleben zu führen.

Die Sucht gebraucht zu werden befaßte sich mit dem Beginn unserer Genesung. Dieses Buch geht an den Kern der Genesung: an die praxisbezogene Arbeit und an das Ausarbeiten der Feinheiten.

Es entstand ein Buch über wachsende Selbstliebe und unsere Fähigkeit, uns selbst zu bestätigen und gut zu uns zu sein. Dieser Prozeß schlägt sich nieder in unserer zunehmenden Fähigkeit, zu lieben und zuzulassen, daß andere – auch Gott – uns lieben.

Dieses Buch basiert auf wissenschaftlichen Erkenntnissen, meinen persönlichen und beruflichen Erfahrungen sowie meiner persönlichen Meinung. Ich bemühe mich, viele Denkkonzepte, Theorien und Zitate den entsprechenden Quellen zuzuordnen. Das ist nicht immer leicht, da viele Experten die gleichen Ansichten äußern.

Die angeführten Fallbeispiele sind wahr. Lediglich Namen und Einzelheiten wurden verändert, um die Anonymität der Betroffenen zu wahren.

Am Ende vieler Kapitel stelle ich einige Fragen und Aufgaben. Es ist hilfreich, wenn Sie die Antworten in einem Arbeitsheft schriftlich festhalten.

Dieses Buch handelt nicht davon, wie Sie einen anderen

verändern oder ihm helfen können. Es handelt vielmehr von der Erkenntnis, daß es richtig für uns selbst ist, uns weiterhin zu einem besseren Leben und verbesserten Beziehungen zu verhelfen.

Eine alte Redensart besagt: »Wenn der Schüler bereit ist, findet sich der Lehrer ein.« Eine andere lautet: »Man lehrt, was man selbst am dringendsten lernen muß.«

Schriftsteller sind Lehrer, heißt es.

»Wir können alles, was wir schreiben«, sagt Lawrence Block, »als Brief an uns selbst nehmen, um einem Teil unseres Ichs das zu lehren, was ein anderer Teil unseres Ichs bereits begriffen hat.«

Ich habe aus dem Schreiben dieses Buches viel gelernt und hoffe, Sie ziehen aus dem Lesen gleichermaßen Gewinn.

Teil I

GENESUNG

Genesung ist, wenn
Spaß wieder Spaß macht,
wenn Liebe wieder Liebe ist
und wenn das Leben wieder lebenswert ist.

1

Die Genesungsbewegung

Ich fing an, mich um mich selbst zu kümmern,
und fühle mich so wohl dabei, daß ich um
keinen Preis damit aufhören mag.

– Anonym

Es geschieht viel Aufregendes um uns herum. Das wollen
wir uns einmal ansehen.

Carlas Geschichte

Vor zwei Jahren dachte Carla, sie sei verrückt, und ihr Tagesablauf sei normal.

»Fast normal«, sagt Carla, eine Grundschullehrerin und 35jährige Tochter aus einer geordneten Akademikerfamilie.

Von 6 bis 8 Uhr morgens arbeitete Carla in einer Kindertagesstätte. Von 8.30 bis 12.30 unterrichtete sie in der Grundschule. Von 14 bis 18 Uhr gab sie Nachhilfeunterricht. Um einer an der Alzheimerschen Krankheit leidenden Patientin die Einweisung in ein Pflegeheim zu ersparen, war Carla zu ihr gezogen. Um 12.30 hetzte Carla nach Hause, um das Mittagessen für ihre Mitbewohnerin zu kochen und das Abendessen vorzubereiten.

Als sie vor einigen Jahren am Staatsgefängnis tätig war, hatte Carla sich mit einem Gefangenen angefreundet und sich später in ihn verliebt (ein häufig anzutreffendes Phänomen bei Menschen, die sich als co-abhängig betrachten). Nach dem Abwasch eilte Carla ins Gefängnis, um ihren Freund zu besuchen. Um 21 Uhr eilte Carla nach Hause, um ihre Mitbewohnerin zu Bett zu bringen.

In ihrer Freizeit arbeitete Carla vierzig Stunden im Monat ohne Bezahlung in der Gemeinde-Nervenklinik. Und sie unterrichtete in der Sonntagsschule.

Abgesehen von diesen unentgeltlichen Freizeitbeschäftigungen hatte Carla ihr Haus einer Familie mietfrei zur Verfügung gestellt, die sie im Besucherraum des Gefängnisses kennengelernt hatte. Das Haus stand leer, da sie ja zu der Alzheimer-Patientin gezogen war.

»Ich glaubte, alles richtig zu machen. Ich tat alles, was die Leute von mir erwarteten. Ich war gut zu den Menschen. Ich war eine gute Christin. Deshalb begriff ich nicht, warum alle sauer auf mich waren«, sagt Carla. »Und ich konnte nicht verstehen, warum ich mich für verrückt hielt und mir wünschte, ich wäre tot.

Die Verwandten der Frau, bei der ich wohnte, waren wütend auf mich, weil ich ihnen sagte, wie krank und pflegebedürftig die Patientin sei. Mein Freund war wütend auf mich. Meine Vorgesetzten waren verärgert, weil ich ständig kränkelte und Schulstunden ausfallen lassen mußte. Und die Frau, die in meinem Haus lebte, empörte sich darüber, daß ich Miete von ihr verlangte, als sie einen Arbeitsplatz gefunden hatte.

Ich wußte nicht, wie ich mich fühlte«, sagt Carla. »So lange ich zurückdenken kann, habe ich nie Freude, Leid oder sonst etwas gefühlt. Ich wußte, daß ich körperlich krank war. Meine Füße und Beine waren oft so geschwollen, daß ich an manchen Tagen nicht gehen konnte. Aber ich ging nicht zum Arzt, weil ich ihn nicht belästigen wollte.

Ich wollte den Arzt nicht belästigen«, sagt sie und schüttelt den Kopf. »Es war alles verrückt, aber es sollte noch verrückter kommen.«

Die Frau, die in Carlas Haus wohnte, war so empört darüber, Miete zahlen zu müssen, daß sie auszog. Carla bezog ihr eigenes Haus wieder. Wenige Tage später war der Heizöltank leer, sie hatte einen Wasserrohrbruch, der den Keller überschwemmte, Bauarbeiter beschädigten die

Gasleitung, und das Haus flog beinahe in die Luft. Ein Nachbar, der sein Grundstück verkaufte, machte falsche Angaben und verkaufte irrtümlich Carlas Haus. Ein Fasan flog gegen ihr Erkerfenster, enthauptete sich und flatterte kopflos durchs Haus.

»Genau wie ich«, erinnert sich Carla.

Kurz darauf wurde Carlas Freund, ein Alkoholiker, aus dem Gefängnis entlassen. Zwei Wochen später begann er wieder zu trinken und verschwand aus ihrem Leben.

»Ich hatte den Tiefpunkt erreicht. Es war die Kulmination von mehr als dreißig Jahren Versagen«, sagt Carla. »Ich fühlte mich beruflich und privat als Versager. Mein Gewicht war von hundertfünfzehn Pfund auf über zweihundert Pfund gestiegen. Ich war zweimal verheiratet und geschieden, beide Male mit erfolgreichen Männern, die mich körperlich oder verbal mißbrauchten. Nun hatte mich ein Strafgefangener sitzen gelassen. Das war's. Das war das Ende! Ich hatte fünfzehn Jahre keinen Schluck Alkohol getrunken, und nun trank ich täglich einen halben Liter Wodka. Ich wollte sterben.«

Carla starb nicht. Jemand drückte ihr ein Buch über Co-Abhängigkeit in die Hand. Sie las es und erfuhr, daß ihr Verhalten zwar ein wenig verrückt war, sie als Mensch aber nicht. Ihr Problem war die Co-Abhängigkeit. Weiterhin erfuhr sie, daß es für ihren Fall ein Genesungsprogramm gab, das ihr Leben zu ändern versprach.

In den eineinhalb Jahren ihrer Genesung arbeitete Carla hart an sich selbst. Sie besucht regelmäßig Al-Anon und AA-Meetings. Sie nimmt an Workshops über Co-Abhängigkeit, Scham und Selbstachtung teil und arbeitet mit einem Therapeuten, der Erfahrung auf dem Gebiet der Co-Abhängigkeit hat.

»Ich war wütend auf den Therapeuten«, erinnert Carla sich. »Ich war Profi; er war Profi. Ich erwartete von ihm, daß er seinen Job erledigte und mich kurierte. Er sagte, das könne er nicht. Er klärte mich darüber auf, daß es kein

Zaubermittel gibt; daß ich die Arbeit meiner Genesung selbst tun muß.«

Obgleich sie ohne Zaubermittel zurechtkommen mußte, nennt Carla die Veränderungen ihres Lebens in achtzehn Monaten ›drastisch‹.

»Ich habe viel Trauerarbeit geleistet; jetzt habe ich wieder Gefühle. Zum ersten Mal in meinem Leben spüre ich Gefühle. Ich fühle mich traurig, und ich fühle mich glücklich.

Ich habe immer noch viel zu bewältigen, aber ich laufe wenigstens nicht mehr wie ein kopfloses Huhn durch die Gegend. Ich treffe die Entscheidung, was ich tun will, statt zu glauben, ich hätte keine Wahl. Ich setze mir Ziele, die ich erreiche. Das ist ein gutes Gefühl«, sagt Carla.

Carla hat noch immer damit zu kämpfen, Ordnung in das finanzielle Chaos zu bringen, in das ihre Co-Abhängigkeit sie gebracht hat. »Doch zumindest bemühe ich mich um etwas. Jetzt habe ich Geld auf der Bank. Ich kann mir ein Essen im Restaurant leisten. Und ich habe sogar begonnen, mir neue Kleider zu kaufen. Früher kaufte ich in Second-Hand-Läden und nahm absichtlich die häßlichsten Sachen, Dinge, von denen ich glaubte, daß keiner sonst sie haben will. Ich wollte armen Leuten nichts wegnehmen«, erklärt sie, »den wirklich Bedürftigen.«

Carla hat auch in anderer Hinsicht Fortschritte gemacht. Sie lernt, nein zu sagen. Sie lernt, für sich selbst und ihre Rechte einzutreten, statt ausschließlich für die Rechte anderer zu kämpfen. Sie beginnt Rückschau zu halten, um die Wurzeln ihrer Co-Abhängigkeit zu erforschen (Arbeit an der Ursprungsfamilie).

»Meine Familie war nicht schlecht oder ekelhaft«, sagt Carla. »Sie waren gute, kluge Leute. Mein Vater war zwar etwa zwei Jahre lang tablettensüchtig, doch ansonsten waren meine Eltern weder suchtkrank noch dysfunktional. Sie mochten sich. Wir hatten oft viel Spaß miteinander.

Aber einiges lief doch aus dem Ruder«, fügt Carla hinzu. »Ich lernte, mich als Märtyrerin zu verhalten. Ich glaubte, immer perfekt sein zu müssen. Ich fühlte mich nie gut genug. Ich wußte nicht, wie ich mit Gefühlen umgehen sollte. Wir wohnten in einem kleinen Ort. Zu einem bestimmten Zeitpunkt meiner Kindheit führte die politische Haltung meines Vaters dazu, daß wir von der Kleinstadtgesellschaft geächtet wurden. Ich fühlte mich furchtbar abgelehnt. Und ich lernte, *mich selbst* abzulehnen. Ich glaubte immer mehr, daß mit mir etwas nicht in Ordnung sei.«

Carla hielt nicht nur Rückschau, sie blickte auch in die Runde und stellte dabei fest, wie sehr Co-Abhängigkeit ihr Leben durchdrungen hat.

»Ich habe zwei Gruppen von Freunden: Co-Abhängige, die sich darüber beklagen, Opfer zu sein, und Leute, die mich zu benutzen und schlecht zu behandeln versuchen. Ich arbeite daran, meine Freundschaften zu verändern. Ich bin auch dabei, mein Berufsleben zu überdenken. Meine Co-Abhängigkeit hat meine Berufswahl beeinflußt. Die meisten meiner Jobs haben mir viel abverlangt und wenig gegeben. Natürlich verausgabte ich mich ständig in meinen Jobs und wurde wütend, weil ich mir benutzt vorkam. Nun lerne ich, Grenzen in der Arbeit zu setzen. Manche Leute sind wütend auf mich, weil ich mich verändere, aber ich fühle mich weniger benutzt.

Ich lerne, mich nicht mehr zu fragen, warum die Leute mir etwas antun«, sagt Carla. »Ich lerne zu fragen, warum ich zulasse, daß sie mir etwas antun.«

Männerbeziehungen sind immer noch eine Schwachstelle in Carlas Leben. »Auch heute noch fühle ich mich zu einem kranken Mann hingezogen, zu dem, der mich am meisten braucht«, gesteht Carla. »Aber wenigstens habe ich begonnen, rote Warnsignale zu sehen. Das ist neu. Früher sah ich nur grünes Licht.«

Sie sagt, sie müsse noch viel an ihrem Selbstwert arbeiten, hat jedoch begonnen, sich zu akzeptieren. »Ich arbeite viel mit Affirmationen. Mein Badezimmerspiegel ist damit voll gekritzelt. Das hilft. Wirklich.

Gelegentlich überlasse ich auch heute noch anderen die Kontrolle über mich. Manchmal weiß ich nicht genau, wann es in Ordnung ist, mir Anerkennung von anderen zu wünschen, und wann es Co-Abhängigkeitsverhalten ist. Ich bin nicht immer sicher, wann es richtig ist zu geben und wann ich in diese Fürsorgemechanismen verfalle. Und manchmal bekomme ich Angst.

Das Beste, was mir in letzter Zeit passiert, ist mein Gefühl des Friedens«, sagt Carla. »Zum ersten Mal in meinem Leben habe ich Spaß am Leben und glaube, daß mein Dasein einen Sinn hat.

Meine Beziehung zu meiner Höheren Macht, zu Gott, hat sich verbessert. Ich habe mein Leben noch nicht im Griff, doch durch meine Arbeit in meinem Programm ist es leichter zu handhaben. Ich weiß, es gibt jemanden, der sich um mich kümmert und mir hilft, daß ich mich um mich kümmere.

Und«, fügt Carla hinzu, »ich bin stolz auf meine Genesung.«

Kürzlich fiel Carla beim Durchblättern eines Fotoalbums eines ihrer wenigen Kinderbilder in die Hände. Sie ließ sich ungern fotografieren, da sie ihr Aussehen verabscheute.

»Ich war erstaunt, als ich das Bild sah«, sagt Carla. »Ich war nicht häßlich. Es war gar nichts so Scheußliches an mir, wie ich immer geglaubt hatte. Traurig, daß ich so viele Jahre damit verbracht habe, das zu glauben.«

Vor kurzem betrat Carla die Schülertoilette ihrer Schule. Hinter dem Abfalleimer kauerte eine schluchzende Schülerin aus der vierten Klasse. Das hübsche Mädchen mit langem dunklen Haar hatte versucht, den Wandspiegel zu zertrümmern.

Carla fragte, was los sei. Das Mädchen sagte, sie hasse sich, sie hasse ihr Aussehen und wolle sterben. Carla zog die Kleine behutsam hoch, tröstete sie und brachte sie ins Büro des Schulpsychologen.

»Ich weinte um sie, und ich weinte um mich. Aber es

waren nicht nur Tränen der Trauer«, sagt Carla. »Ich weinte vor Erleichterung. Endlich gibt es Hoffnung für uns.«

Unsere Geschichten

Das ist die gute Nachricht, und darum geht es in diesem Buch: Hoffnung für Carla, Hoffnung für das kleine Mädchen, das sich selbst haßt, Hoffnung für Sie und Hoffnung für mich. Dieses Buch handelt von der Hoffnung auf dauerhafte Genesung von einer Störung, die wir Co-Abhängigkeit nennen.

Viele von uns haben diese Hoffnung gefunden. Unzählige besuchen Zwölf-Schritte-Programme, Workshops und Berater – um Hilfe für sich selbst zu bekommen. Wir fordern (anfänglich ist es wohl eher eine schüchterne ›Nachfrage‹) unser Naturrecht, unser Recht auf Dasein, unser Recht auf Leben und unser Recht auf Gesundheit.

Prominente geben öffentlich zu, erwachsene Kinder von Alkoholikern zu sein. Männer, Frauen und kleine Kinder (nicht nur erwachsene Kinder) machen sich auf die Suche nach Hoffnung. Ich kenne ältere Menschen, die soeben mit ihrem Genesungsprogramm begonnen haben. »Ich bin fünfundsiebzig Jahre alt und habe das Gefühl, jetzt lerne ich zu leben«, sagte eine Frau. »Aber wenigstens lerne ich.«

Es kursieren bereits Witze über Co-Abhängigkeit. Kennen Sie den von der co-abhängigen Ehefrau? Jeden Morgen weckt sie ihren Mann und fragt ihn, wie sie sich heute fühlt.

Co-Abhängigkeit hat auch Eingang in das *Newsweek*-Magazin gefunden.

Die wichtigste Erkenntnis ist die Tatsache, daß wir nicht mehr unsichtbar sind. Wir erkennen uns selbst, und andere erkennen uns gleichfalls. Es gibt vermehrt Hilfe und Hoffnung für uns – vom Teddybär, der uns sagt, daß es in Ordnung ist, so zu fühlen, wie wir uns fühlen, bis zu stationärer Behandlung von Co-Abhängigkeit, bei der wir uns mit dem Kind in uns beschäftigen (der Teil von uns, der fühlt, spielt und verhätschelt werden will) und Programmen, mit deren Hilfe wir unsere Probleme mit der Ursprungsfamilie bearbeiten (die Botschaften aus der Vergangenheit, die das bestimmen, was wir heute tun – wie ein Computerprogramm). Und wir ziehen Nutzen daraus.

Wir nehmen teil an einer anwachsenden Bewegung, einer gewaltigen Bewegung, die zur rechten Zeit kommt. Wir geben klar zu verstehen, daß es uns reicht und daß wir genug gelitten haben. Es ist Zeit, die Dinge anders anzugehen.

Seit Jahren nennen wir Suchtmittelabhängigkeit und andere Störungen ›Familienkrankheiten‹. Doch jetzt erst glauben wir unseren eigenen Worten. Endlich gibt es Hoffnung für uns, wie Carla sagt. Praktische Hoffnung. Das Wort *Co-Abhängigkeit* bezeichnet eine Störung. Für viele von uns definiert es aber auch die Lösung: Genesung.

Viele von uns haben gelitten und leiden bis zu einem gewissen Grad noch heute an einer Beziehung mit einem gestörten Menschen. Manchmal tauchte diese Person in unserer Kindheit auf, manchmal in unserem Erwachsenenleben. Meist gab es Beziehungen mit mehr als einem dysfunktionalen Menschen; dieses Muster begann in der Kindheit und wiederholte sich beim Heranwachsen.

Die Entdeckung, daß viele von uns bis zu einem gewissen Grad an Co-Abhängigkeit leiden, hat eine meiner früheren Überzeugungen bestätigt: Es ist nichts dabei, co-abhängig zu sein. Das muß so sein; es gibt zu viele von uns. Aber noch besser ist es, sich davon zu befreien.

Manche von uns genesen seit längerer Zeit; andere fangen soeben erst mit dem Genesungsprozeß an. Manche arbeiten an mehreren Genesungsprogrammen; beispielsweise an der Genesung von Co-Abhängigkeit und Drogenmißbrauch oder an der Genesung von Co-Abhängigkeit und einer Eßstörung. Wir sind vielleicht nicht immer sicher, was Genesung bedeutet oder wohin unser Genesungsprogramm führt, dennoch begeben wir uns auf den Weg.

Vielleicht sind wir ›gar nicht so sehr‹ co-abhängig. Sobald wir uns aber bemühen, von der Co-Abhängigkeit loszukommen, geht es uns in jedem Fall besser. Und das ist ein Fortschritt.

Was bringt uns die Zukunft?

Vielleicht verschwindet das Wort *Co-Abhängigkeit* eines Tages. Vielleicht schwindet das Interesse der Medien und der Öffentlichkeit. Wie immer wir das Phänomen nennen, Genesung von Co-Abhängigkeit ist keine Modeerscheinung. Wir haben die Reise zur Selbstfürsorge und Selbstliebe angetreten. Auch wenn wir unterwegs einige Umwege machen und Ruhepausen einlegen müssen, werfen wir die Flinte nicht ins Korn.

Ich möchte dieses Kapitel mit einer Anekdote über meinen Sohn Shane beschließen, der Videospiele liebt. Kürzlich entdeckte er ein neues Spiel. Dabei mußte man etwa vierzig Geschicklichkeitsstufen meistern, jede komplizierter als die vorangegangene. Es galt Hindernisse zu überwinden und Fallen auszuweichen, um nicht vom Gegner aus dem Rennen geschlagen zu werden.

Shane spielte nicht schlecht, kam aber über eine bestimmte Stufe des Spiels nicht hinaus. So sehr er sich bemühte, er schaffte es nicht. Nach einer Weile verlor er den Mut und hielt sich für unfähig, weiterzukommen.

Eines Tages besuchte ihn eine Freundin, und mein Sohn sah ihr zu, wie sie das Spiel spielte. Sie kannte das Spiel bereits länger, hatte ihrem älteren Bruder zugesehen und ein paar Tricks von ihm gelernt. Sie erreichte mit Springen und im Zickzackkurs die höchsten Schwierigkeitsgrade.

Ihr zuzusehen war alles, was Shane brauchte. Danach lernte er mit Zuversicht und völlig entspannt immer höhere Stufen zu erreichen. Er hatte den Knoten gelöst und den Durchbruch geschafft.

Darum geht es in diesem Buch: um den Glauben, daß wir mehr erreichen, als wir je geschafft haben. Wir wollen uns dafür lieben, wie weit wir gekommen sind. Wir wollen sehen, wie weit wir gehen können. Wir wollen diesen Weg gemeinsam gehen. Jeder von uns muß seine eigene Arbeit leisten; sie gemeinsam zu tun, ist das Geheimnis dabei.

2
Genesung

> Was ist ein Co-Abhängiger? Die Frage ist leicht
> zu beantworten. Es sind die liebenswertesten,
> fürsorglichsten Menschen, die ich kenne.
>
> – Lonny Owen

Das Wort *Co-Abhängigkeit* ist trotz seiner Häufigkeit und obgleich so viele Menschen darunter leiden, immer noch ein Begriff der Umgangssprache. Es existiert keine offizielle Definition. Wir sind uns nicht darüber einig, ob Co-Abhängigkeit eine Krankheit, ein Zustand oder eine normale Reaktion auf anomale Menschen ist. Wir sind uns nicht einmal darüber einig, ob das Wort mit Bindestrich geschrieben wird: *Coabhängigkeit* oder *Co-Abhängigkeit*?

Über eins sind die meisten Menschen sich jedoch einig: Was Co-Abhängigkeit auch sein mag, es ist eine Störung, und davon zu genesen ist besser, als es nicht zu tun.

Wenn Co-Abhängigkeit so weit verbreitet ist, warum soll man ihr überhaupt eine Fachbezeichnung geben? Wieso nennt man sie nicht einfach normal? Weil wir darunter leiden. Und Genesung heißt lernen, den Schmerz zu beenden. In diesem Kapitel wollen wir uns damit befassen, wie das zu bewerkstelligen ist.

Zur Erläuterung des Begriffs Genesung möchte ich eine Metapher anführen. 1982 wurde mein Haus von einem Brand beinahe völlig zerstört. Damals machte ich einige Erfahrungen bezüglich Feuer.

Der Brand ist nicht vorbei, wenn die Feuerwehr den Brandort verläßt. Feuerschäden zu beheben, erfordert langwierige, manchmal zermürbende Reparaturarbeiten.

Ein Brand schwelt lange, bevor das Feuer ausbricht. Der Brand in meinem Haus schwelte unmerklich, aber gefährlich stundenlang in einer Matratze, bevor er sichtbar wurde. Wenige Minuten vor Ausbruch des Feuers war ich in dem Raum, ohne das geringste zu bemerken.

Auch wenn wir einen Brand körperlich unbeschadet überstehen, nehmen wir seelischen Schaden. Noch Jahre nach dem Brand geriet ich beim Anblick eines Feuerwehrautos, das zu einem Brandherd raste, oder wenn ich Sirenen hörte oder ein brennendes Haus im Fernsehen sah, jedesmal in Panik. Ich bekam Beklemmungen in der Brust. Der Atem beschleunigte sich. Die Hände zitterten mir. Immer wenn ich das Haus verließ, prüfte ich alles zwei- und dreimal nach, um sicherzugehen, daß keine Brandgefahr bestand. *Ich fühlte mich nicht mehr sicher.*

Genau die gleichen Erkenntnisse lassen sich auf ein anderes Feuer anwenden, dem wir den Begriff Co-Abhängigkeit gegeben haben. Auch Co-Abhängigkeit kann einen langwierigen, manchmal zermürbenden Rehabilitationsprozeß benötigen. Sie kann lange Zeit schwelen, bevor das Feuer ausbricht. Auch wenn wir das Feuer überstehen, bleiben bei vielen von uns Narben zurück.

Diese Gedanken wollen wir näher ergründen.

Das Feuer ist nicht vorbei, wenn die Feuerwehr den Brandort verläßt

Mittlerweile gibt es eine Reihe passender Definitionen zu Co-Abhängigkeit.

Die Informationsbroschüre zu einem einwöchigen Schulungsseminar über Suchtkrankheiten in der Familie, das 1987 vom Johnson Institute of Minneapolis gefördert wurde, nennt Co-Abhängigkeit »eine Reihe fehlangepaßter, zwanghafter Verhaltensweisen, die von Familienmitgliedern erlernt wurden, um in einer Gemeinschaft zu überleben, in der großer emotionaler Schmerz und Streß herrscht... Verhaltensweisen... die von einer Generation zur nächsten weitergereicht werden, ob Alkoholismus anzutreffen ist oder nicht.«

Earnie Larsen, der Genesungspionier aus Minnesota, nennt Co-Abhängigkeit »selbstzerstörerische, erlernte Verhaltensweisen oder Charakterschwächen, die in der herabgesetzten Fähigkeit resultieren, liebevolle Beziehungen einzugehen oder aufrechtzuerhalten«.

Eine genesende Freundin definiert Co-Abhängige als »Menschen, die nicht auf sich selbst achten, ob sie gegenwärtig oder in der Vergangenheit eine Beziehung mit einem Alkoholiker unterhielten oder nicht«.

In *Die Sucht gebraucht zu werden* nannte ich einen Co-Abhängigen »einen Menschen, der sich vom Verhalten eines anderen Schaden zufügen läßt und der davon besessen ist, das Verhalten anderer Menschen zu kontrollieren«.

Diese Definitionen beziehen sich auf bestimmte Verhaltensweisen – auf gegenwärtiges selbstzerstörerisches, erlerntes Überlebensverhalten. Gewiß bedeutet Genesung, jeden derzeitigen Brandherd in unserer Familie und in unserem Leben zu löschen. Doch der Kern der Genesung ist der zuweilen mühsame, langwierige Wiederherstellungsprozeß, sich neue Verhaltensweisen anzueignen.

Statt zwanghaft andere zu kontrollieren, lernen wir loszulassen. Statt zuzulassen, daß andere uns verletzen und benutzen, setzen wir Grenzen. Statt zu reagieren, lernen wir zu entspannen und lassen die Dinge geschehen. Wir ersetzen Engstirnigkeit durch Weitsicht. Wir verzichten auf Besorgnis und Verleugnung und lernen konstruktive Techniken der Problemlösung. Wir lernen, Gefühle zu haben und sie auszudrücken; wir lernen das zu schätzen, was wir wünschen und brauchen; wir hören auf, uns für die Probleme, Scheinprobleme und Störungen anderer zu bestrafen. Wir hören auf, von uns Perfektion zu erwarten, und wir hören auf, Perfektion von anderen zu verlangen.

Wir machen Schluß damit, auf die machtvollen dysfunktionalen Systeme zu reagieren, an denen so viele von uns Schaden genommen haben. Wir hören auf, uns in Verrücktheiten zu verstricken. Wir eignen uns die Kunst an, keine Opfer mehr zu sein.

Wir hören auf, uns zwanghaft um andere Leute zu kümmern, wir kümmern uns um uns selbst. Wir lernen, gut zu uns zu sein, Spaß zu haben und das Leben zu genießen. Wir lernen uns darüber zu freuen, was wir erreicht haben. Wir hören auf, uns darauf zu konzentrieren, was falsch ist, und wir sehen, was richtig ist. Wir lernen, in Beziehungen zu funktionieren. Wir lernen, uns selbst zu lieben, um andere besser lieben zu können.

Genesung bedeutet auch, alle anderen Störungen oder zwanghaften Verhalten anzuschauen, die sich im Lauf der Zeit angesammelt haben. Co-Abhängigkeit ist heimtückisch und verräterisch. Und sie schreitet fort. Eins führt zum andern und verschlimmert die Lage.

Wir werden Arbeitssüchtige oder Wichtigtuer. Wir entwickeln Eßstörungen oder treiben Mißbrauch mit stimmungsverändernden Substanzen. Wir entwickeln zwanghaftes Sexualverhalten oder werden zwanghaft im Umgang mit Geld, Religion, Leistung oder Aussehen.

Es tauchen weitere Komplikationen auf. Wir leiden chronisch an Depressionen, entwickeln emotionale oder geistige Störungen oder streßbezogene Krankheiten.

»Wie oft hören wir, daß Alkoholismus für den Alkoholiker tödlich ist«, sagt ein genesender Mann. »Wir hören aber nicht genug darüber, daß Co-Abhängigkeit ebenfalls tödlich sein kann. Viele von uns haben Selbstmordgedanken oder begehen Selbstmord.«

Genesung bedeutet Beschäftigung mit dem gesamten Paket selbstzerstörerischer, zwanghafter Verhaltensweisen und jedem anderen daraus entstandenen Problem. Wir bewältigen negative Verhaltensweisen oder Störungen jedoch nicht, wenn wir uns für schlechte Menschen halten, weil wir davon befallen sind. Wir wenden uns der eigenen Person und unserer Genesung zu − mit der Bereitschaft zu verzeihen und einer gewissen Zärtlichkeit für uns selbst. Wir lernen zu verstehen, daß unsere bisherigen Verhaltensweisen Überlebensstrategien waren. Wir kamen damit zurecht. Wir haben unser Bestes gegeben. Wir haben uns geschützt. Manche Genesungsexperten behaupten sogar, diese negativen Verhaltensweisen haben uns das Leben gerettet.

»Hätten wir uns nicht selbst geschützt, hätten wir aufgegeben oder uns eine tödliche Krankheit zugezogen und wären gestorben«, sagt Bedford Combs.

Ob es sich um die Zwanghaftigkeit zur Fürsorge, zur Kontrolle, zur Arbeit oder zum Nüsseknabbern handelt, zwanghaftes Verhalten dient anfänglich dazu, Schmerz zu beenden. Wir lernen zu begreifen, was wir getan haben: Wir haben versucht, den Schmerz zu lindern. Und wir lernen noch etwas zu begreifen: Zwanghafte Verhaltensweisen mögen uns zwar vorübergehend helfen, Gefühle oder Probleme zu verdrängen, den Schmerz vertreiben sie jedoch nicht wirklich. Im Gegenteil: Sie erhöhen den Schmerz. Sie beginnen sogar ein gewohnheitsmäßiges und konfliktreiches Eigenleben zu führen.

Wir legen uns also allmählich neue Verhaltensweisen zu, manchmal widerstrebend und meist verbunden mit vielen Experimenten und Vorwärts- und Rückwärtsbewegungen.

Wir verändern uns nicht vollkommen oder total. Manchmal schützen wir uns auch während der Genesung mit Überlebensstrategien. Manchmal müssen wir das tun. Wir erleiden Rückschläge, und auch das ist in Ordnung. Manchmal drehen wir unser Verhalten um und lassen es für uns arbeiten, statt gegen uns. Viele von uns haben beispielsweise ihre Fähigkeit, Entbehrungen durchzustehen, dazu benutzt, um ihren Schulabschluß nachzuholen.

Auch während der Genesung sind wir Gebende. Wir kümmern uns noch immer um andere. Aber wir lernen, daß wir für unser Verhalten verantwortlich sind und daß unser Verhalten Konsequenzen hat. Wir erfahren, daß manche Verhaltensweisen selbstzerstörerische, andere hingegen nützliche Konsequenzen haben. Wir lernen, daß wir die freie Wahl haben.

Wir lernen außerdem, daß wir uns nicht durch uns selbst oder durch vermehrte Willensanstrengung ändern. An diesem Prozeß der Veränderung unserer Verhaltensweisen ist eine Höhere Macht beteiligt, Gott, so wie jeder von uns Ihn versteht. Paradoxerweise verändern wir uns erst dann, wenn wir am Ende unserer Willenskraft sind.

Genesung bedeutet, nach und mit spirituellen Prinzipien zu leben und gesund zu werden. Durch greifbare Verhaltensweisen, wie Entscheidungen treffen und Grenzen setzen, lernen wir, weniger greifbare Dinge zu tun, wie ›loslassen und Gott überlassen‹, ›kapitulieren‹ und ›annehmen‹.

Gegenwärtige, selbstzerstörerische Verhaltensweisen zu ändern, ist ein wichtiger Teil der Genesung. Damit beginnen die meisten von uns. Daran müssen die meisten von uns am längsten arbeiten. Aber Genesung bedeutet mehr.

Die schwelende Glut

Als meine Genesung von der Co-Abhängigkeit begann, nahm ich an, meine Co-Abhängigkeit habe zu der Zeit begonnen, als ich Beziehungen zu Alkoholikern aufnahm. Heute glaube ich, meine Co-Abhängigkeit sei der Grund gewesen, warum es so viele Alkoholiker in meinem Leben gab.

In mir hatte viele Jahre lang ein Brand geschwelt, vielleicht seit meiner Kindheit. Das Feuer brach aus, als ich im Alter von dreißig Jahren den absoluten Nullpunkt erreicht hatte und meinem Leben ein Ende setzen wollte.

Ein Teil dieser schwelenden Glut bestand aus Regeln – *Co-Abhängigkeitsregeln*.

Robert Subby, Experte auf dem Gebiet der Co-Abhängigkeit und der Problematik erwachsener Kinder von Alkoholikern, nennt Co-Abhängigkeit »einen emotionalen und psychischen Zustand, einen Verhaltenszustand, der dadurch entsteht, daß ein Individuum langfristig belastenden Regeln ausgesetzt ist«.

Diese Regeln besagen:

○ Hab keine Gefühle und sprich nicht über Gefühle.

- Denk nicht.
- Erkenn keine Probleme, sprich nicht darüber, und löse sie nicht.
- Sei nicht so, wie du bist – sei vielmehr gut, rechtschaffen, stark und vollkommen.
- Sei nicht selbstsüchtig – kümmere dich um andere, und vernachlässige dich selbst.
- Hab keinen Spaß, sei nicht albern und genieß das Leben nicht.
- Trau weder anderen Menschen noch dir selbst.
- Sei nicht verletzlich.
- Sei nicht direkt.
- Komm anderen Menschen nicht zu nahe.
- Wachs nicht, verändere dich nicht und gefährde die heile Welt der Familie nicht auf andere Weise.

Diese Regeln wurden vermutlich nicht auf den Kühlschrank neben die Aufforderung ›Räum dein Zimmer auf!‹ oder ›Bring den Müller runter!‹ gekritzelt. Unsichtbar aber standen sie überall.

Weitere schwelende Glut in diesem Feuer waren die *anderen Botschaften,* die ich während meines Heranwachsens deutete. Diese Botschaften enthielten unter anderem Überzeugungen wie:

- Ich bin nicht liebenswert.
- Ich verdiene nichts Gutes.
- Ich werde nie Erfolg haben.

Für viele von uns enthält die schwelende Glut noch andere glühende Kohlen. Darunter *Gefühle aus der Kindheit,* Gefühle, die so sehr verletzen, daß wir sie nicht spüren wollen. Viele von uns haben diese Gefühle verdrängt und später Situationen durchlebt, die die gleichen Gefühle wieder hochkommen ließen, die wir in der Kindheit verdrängt hatten. Die schwelende Glut ist eine lebendig begrabene Vergangenheit, sagt Earnie Larsen.

»Ich wußte immer, daß mein Vater Alkoholiker war«,

sagt eine genesende Frau. »Doch erst kürzlich erkannte ich, daß ich das erwachsene Kind eines Alkoholikers bin. Erst kürzlich erkannte ich meine Gefühle, die ich meinem Vater, dem Alkoholiker, gegenüber hatte. Erst kürzlich erkannte ich, wie sehr ich unter der Krankheit gelitten hatte.«

Bei der Co-Abhängigkeit geht es um die Art und Weise, wie wir in unserer Vergangenheit durch andere Schaden genommen haben.

Manche von uns wuchsen in stark dysfunktionalen Familiensystemen auf. Kinder, die aus solchen Systemen hervorgingen, erschaffen häufig ihre Kindheitserfahrungen als Erwachsene wieder. Wir haben einen Großteil unseres Lebens damit verbracht, von Machtsystemen, an denen wir nicht zu rütteln wagten, beeinflußt zu werden und darauf zu reagieren.

Wir haben uns ein Leben lang gefragt, was mit uns nicht stimmt, obgleich ein anderer Mensch oder ein System es waren, ›die nicht stimmten‹. Viele von uns wurden mehr als nur ›beeinflußt‹. Sie wurden bis zu einem gewissen Grad geschädigt.

Timmen Cermak bezeichnet dieses Phänomen in seinen Veröffentlichungen über Co-Abhängigkeit und Syndrome von erwachsenen Kindern als ›posttraumatische Streßstörung‹. Gemäß Cermak können Menschen davon betroffen sein, die langfristig in Verhältnissen und mit Ereignissen leben, die sich »außerhalb der Bandbreite befinden, die als normale menschliche Erfahrung zu bezeichnen ist«.

Die Symptome einer Streßstörung in der Co-Abhängigkeit gleichen den Symptomen einer Streßstörung bei Kriegsveteranen. Die Symptome gleichen der Wirkung, die der Brand in meinem Haus auf mich hatte.

Wir können dieselben Gefühle, Gedanken und Verhaltensweisen ohne Vorwarnung wieder erleben, die uns im Verlauf der ursprünglichen traumatischen Begebenheit befielen. Co-abhängige Gefühle und Verhaltensweisen – Angst, Unsicherheit, Scham und der unbezwingbare

Drang nach Kontrolle, die Vernachlässigung der eigenen Person, das Bedürfnis, sich um andere zu kümmern – können plötzlich auftreten, wenn etwas in unserer Umgebung, und sei es etwas völlig Harmloses, uns oder unser Unterbewußtsein an ein böses Ereignis aus der Vergangenheit erinnern.

Diese Reaktionen mögen bei der ursprünglichen Erfahrung völlig angemessen gewesen sein, sind heute jedoch unangebracht, unverständlich und selbstzerstörerisch.

Die Faktoren, die bei mir nach dem Brand in meinem Haus Streßreaktionen auslösten, waren folgende: Feuerwehrsirenen, vorbeirasende Feuerwehrautos, ein brennendes Haus in den Fernsehnachrichten. Das Zusammenleben mit einem Alkoholiker oder jedes andere Trauma kann vielerlei Ereignisse zu ›Auslösern‹ werden lassen.

»Für Kinder aus suchtkranken Familien dient fast alles als Auslöser«, schreibt Cermak, »das Klingen von Eiswürfeln im Glas, eine verärgerte Bemerkung oder Kritik, Streit, das Gefühl, die Kontrolle zu verlieren…«

Ein weiteres Symptom von Streßstörung ist die *psychische Abstumpfung.* Cermak nennt das, Gefühle zugunsten von Maßnahmen zur Wahrung unserer Sicherheit hintenanstellen oder die Trennung von unserem Selbst und unserer Ich-Erfahrung. Als Schutzmaßnahme – um zu gewährleisten, daß die Dinge weiterhin funktionieren, daß wir weiterhin funktionieren – trennen wir uns von unseren Gefühlen – von unserem *Selbst.* Wir begeben uns in einen ›Gefrierzustand‹ oder ›Überlebensmodus‹.

Ein weiteres Symptom von Streßstörung ist die *übertriebene Wachsamkeit,* die Unfähigkeit, uns wohl zu fühlen, wenn wir nicht ständig unsere Umgebung im Auge behalten. »Sie blieben in Alarmbereitschaft«, schreibt Cermak, »erwarteten immer das Schlimmste, waren unfähig, Vertrauen zu fassen oder ihre Gelassenheit wiederzufinden.«

Cermak spricht von Vietnamveteranen; seine Aussage trifft aber auch auf viele von uns zu. Wir sind ständig auf der Hut. Wir beobachten, hören zu, machen uns Sorgen, fragen uns, wann das nächste Unglück passiert. Wir fühlen uns nicht mehr sicher.

Schließlich führt Cermak die Überlebensschuld an. »Wenn sie lernen, die Fülle, die das Leben bietet, zu erfahren, glauben sie sofort, Verrat an denen zu üben, die diese Chance nicht haben.« Er spricht von Soldaten, die einen Krieg überlebt haben, und denen, die ihn nicht überlebt haben. »Es scheint irgendwie nicht richtig, daß sie unbeschadet aus der Sache herauskommen, wenn andere grauenhaft leiden müssen.«

Genesung bedeutet, das gegenwärtige selbstzerstörerische, erlernte Überlebensverhalten zu ändern. Genesung bedeutet, die schwelende Glut auszutreten. Und Genesung bedeutet, mit allem, wodurch wir traumatisiert wurden, umgehen zu lernen.

Wir finden wieder zu uns. Wir lernen, uns selbst Liebe und Aufmerksamkeit zu schenken. Wir lernen, uns ein Gefühl der Sicherheit zu geben.

Wir wissen, ja, wir wissen es tatsächlich, daß es in Ordnung ist, so gesund zu werden, wie wir gesunden können.

Wir sind nicht verrückt. Wir sind co-abhängig. Und Genesung bedeutet, den Brand zu löschen.

Im nächsten Kapitel sehen wir uns an, wie das vor sich geht.

3

Der Prozeß

Ich kann sagen, wie es war, und ich kann sagen,
wie es jetzt ist, aber ich bin mir immer
noch nicht sicher, was passiert ist.

– Anonym

Genesung ist ein Prozeß. Genesung ist ein Prozeß. Wie oft haben wir das gehört? Wir haben es so oft gehört, weil es wahr ist. Genesung ist ein stufenweiser Prozeß der Bewußtmachung, des Annehmens und der Veränderung. Genesung ist auch ein Heilprozeß. Genesung wird oft auch als ›Arbeitsprozeß‹ empfunden.

Beide Gedanken sind richtig. Genesung ist ein Prozeß, durch den wir uns verändern und durch den wir verändert werden. Die wichtigsten Punkte hierbei sind: zu begreifen, wann es Zeit ist, etwas zu tun, und wann es Zeit ist, etwas geschehen zu lassen.

Unsere Genesungserfahrungen sind zwar individuell, dennoch bestehen Ähnlichkeiten. Timmen Cermak und andere Experten haben bestimmte Genesungsstadien festgestellt. In diesem Kapitel erforschen wir folgende Phasen:

o Überleben/Verdrängen
o Selbsterkenntnis
o Kernprobleme
o Re-Integration
o Neubeginn

Überleben/Verdrängen

In diesem Vorgenesungsstadium wirken ungebetene Verdrängungskräfte, und wir benutzen unsere Verarbeitungsstrategien, um zu überleben. Wir übersehen Dinge, die zu schmerzhaft sind, als daß wir sie ansehen können; wir spüren Gefühle nicht, die zu schmerzhaft sind. Wir erkennen nicht, daß unsere Verarbeitungsstrategien selbstzerstörerisch sind. Wir sind oft sogar noch stolz auf unsere Verhaltensweisen.

»Seht mal, um wie viele Leute ich mich kümmere!« sagen wir. »Seht, was ich getan habe, um ihn unter Kontrolle zu bekommen!« Wir sind stolz auf unsere Fähigkeit, Entbehrungen auf uns zu nehmen und Gefühle zu ersticken.

»Nicht so schlimm«, sagen wir zu anderen und zu uns selbst. »Morgen wird alles besser.« »Im Himmel wartet der Lohn auf mich.« Oder: »Es ist alles wieder gut. Mein Baby ist zu mir zurückgekommen!« Lächelnd sagen wir: »Es ist alles in Ordnung«, wenn keineswegs alles in Ordnung ist. Wir haben den Kontakt zu uns selbst verloren. Wir existieren, aber wir leben nicht.

Dann geschieht etwas. Vielleicht ein großes Problem; vielleicht auch mehrere kleine oder mehrere große Probleme. Vielleicht ist es ein und dasselbe Problem, das immer wieder auftaucht. Was sich verändert, ist unsere Reaktion darauf. Wir haben die Nase voll. Wir haben keine Willenskraft mehr. Wir sind am Ende.

Irgendwo erkennen wir, daß wir unser Leben nicht mehr im Griff haben. Egal, was der andere tut oder nicht tut, wir wissen, unser Leben funktioniert nicht. Wir haben unser Leben ertragen, aber nicht gelebt. Und wir sind zu Veränderungen bereit. Wir wissen zwar nicht genau, *was,* wir wissen nur, daß *etwas* sich verändern muß. Etwas verändert sich. Wir treten in die nächste Phase ein.

Selbsterkenntnis

Hier finden zwei wichtige Ereignisse statt.

Wir erkennen uns und unsere Verhaltensweisen. Ich werde Melody, eine genesende Co-Abhängige (oder ein erwachsenes Kind oder eine Al-Anon). Statt auf unsere Verarbeitungsstrategien stolz zu sein, beginnen wir sie als selbstzerstörerisch zu erkennen.

Und wir kapitulieren. Wir schwenken die weiße Fahne. Wir akzeptieren unsere Machtlosigkeit über andere Menschen, ihre Probleme, unsere Vergangenheit, unsere Botschaften aus der Vergangenheit, unsere Lebensumstände, zuweilen auch über uns selbst und unsere Gefühle oder über andere Bereiche. Wir beginnen ›eine realistische Beziehung zur Willenskraft‹ aufzubauen, wie Timmen Cermak sich ausdrückt.

Manche Menschen (wie Carla aus dem ersten Kapitel) fühlen sich unendlich erleichtert, an diesem Punkt der Reise angelangt zu sein. »Ich war erleichtert, festzustellen, daß ich nicht verrückt war; ich war co-abhängig«, sagt sie.

Andere empfinden Zorn. »Ich war wütend, als ich feststellte, daß mein Problem die Co-Abhängigkeit war«, erinnert sich ein Mann. »Ich war wütend auf Gott, wütend auf das Leben und wütend, weil ich fünfundfünfzig Jahre alt werden mußte, um herauszufinden, warum mein Leben nicht klappte.«

Neben Gefühlen der Wut oder Erleichterung beginnen wir eine Reihe jener Gefühle zu spüren, die wir auf Eis gelegt hatten. Wir tauen auf. Das tun wir, wenn wir uns sicher genug fühlen, es zu tun. Wir beginnen, die ganze Trauer und den Schmerz zu empfinden, die wir so geflissentlich verdrängt haben. Wir beginnen unsere Trauerarbeit. Manche von uns müssen mehr Verluste hinnehmen als andere.

»Meine Genesung begann, als ich im Notarztwagen mein Haus und meinen sexbesessenen Mann verließ – auf dem Wege in die psychiatrische Klinik«, sagt Sheryl. »Ich wollte mich umbringen, habe es aber nicht getan. Ich wollte meinen Mann verlassen, das habe ich auch nicht geschafft. Ich bat Gott, mich da rauszuholen, und erhielt die Antwort an dem Tag, als der Notarztwagen mich abholte.

Sechs Wochen später wurde ich aus der Klinik entlassen und ging nie wieder zu meinem Mann zurück.

Im ersten Jahr weinte ich täglich stundenlang«, erinnert Sheryl sich. »Ich stand vor dem finanziellen Ruin, den meine destruktive Beziehung verursacht hatte. Ich hatte immer wieder Geld geborgt, um ein Leben zu finanzieren, das wir uns nicht leisten konnten. Ich war kaum fähig zu arbeiten. Ich war gezwungen, eine Arbeit unter meinen Fähigkeiten anzunehmen. Ich war selbstmordgefährdet und litt schreckliche seelische Schmerzen. Ich nahm Antidepressiva, ging vier Abende in der Woche zu Selbsthilfegruppen und wohnte beinahe in der Praxis meines Psychiaters. Ich war verängstigt, hilflos und bis ins Mark zerrüttet. Ich kam mir vor wie ein verwundetes Reh«, sagt Sheryl.

»Jetzt ist es besser. Hin und wieder habe ich Sehnsucht nach meinem Ex-Mann, aber ich möchte ihn nicht zurückhaben. Finanziell habe ich immer noch zu kämpfen, habe aber schon einige Schulden bezahlt. Ich habe eine bessere Stellung und wohne in einer hübscheren Wohnung. Kurzum, ich lebe. Ich habe meinen Hals aus der Schlinge gezogen. Es war eine mühsame Angelegenheit, und ich will nie wieder zurück. Nie wieder. Und das Gute daran ist, ich muß nicht zurück.«

In diesem Stadium suchen manche Genesende professionelle Hilfe. Manche unterziehen sich einer Anti-Depressiv-Therapie. Und andere, wie Sheryl, nehmen Stellungen unter ihrem Bildungsstand an. Das kann notwendig sein, ist aber auch frustrierend.

»Ich bin Zahnärztin. Mein Freund ist Alkoholiker und Frauenheld«, erklärt eine andere Frau. »Er hat mich verlassen. Jetzt lebt er mit einer anderen Frau zusammen. Er geht zur Arbeit. Ich bin so deprimiert, daß ich nicht arbeiten kann. Ich liege auf meiner Couch und stopfe mich mit Schokolade voll und verwandle mich in eine fette weiße Qualle. Ich bin so sauer. Er kann sein Leben weiterführen, und meines ist am Nullpunkt angelangt. Das ist ungerecht.«

Dieses Stadium der Genesung kann verwirrend sein. Wir sind dabei, uns vom absoluten Nullpunkt wegzubewegen. Unsere Trauerarbeit kostet viel Kraft. Wir haben begonnen, uns zu erholen, haben uns aber noch keine neue Lebensweise angeeignet.

Nun experimentieren wir mit Genesungskonzepten, wie Abstand gewinnen, weniger heftig reagieren, loslassen. Wir befinden uns in einer Phase genauer Bewertung von Sachverhalten, die wir nicht kontrollieren können. In einer Zeit des Annehmens. In dieser Phase nehmen wir Beziehungen zu anderen Genesenden auf. Jetzt gilt es, unsere Beziehung zu einer Höheren Macht aufzubauen oder sie zu erneuern. Wir nehmen Verbindung zu uns selbst auf oder erneuern diese Verbindung.

Es ist eine Zeit, in der wir uns erinnern, daß wir nicht nur aus Schmerz und Konflikten bestehen. Es ist eine Zeit, in der wir Hoffnung schöpfen. Der Genesungsprozeß hat eingesetzt. Wie beim Heilungsprozeß einer körperlichen Krankheit sind die Schmerzen am Tag nach der Operation am stärksten.

Kernprobleme

Diese Phase kann Freude bereiten, ist gelegentlich herzzerreißend, aber sie macht Spaß.

Wir sehen allmählich den Silberstreif am Horizont. Wir sehen und verstehen mehr über uns und unsere Verhaltensweisen. Wir werden bewußt. Und bewußt. Und bewußt... Oft wissen wir nicht genau, was wir mit diesem vielen Bewußtsein anfangen sollen.

Wir blicken zurück und erkennen, wie lange wir in unseren selbstzerstörerischen Verhaltensweisen verharrten. Wir schauen in die Runde und sehen, wie sehr die Co-Abhängigkeit unser Leben durchdrungen hat. Aber wir blicken auch nach vorn und machen Fortschritte.

Wir setzen Ziele. Wir experimentieren mit neuen Verhaltensweisen. Wir schaffen Distanz. Wir lernen verschiedene Methoden der Selbstfürsorge. Wir setzen Grenzen. Wir machen Fortschritte im Umgang mit Gefühlen, einschließlich der Wut. Wir wagen zaghafte erste Schritte in Richtung Lebensfreude. Wir probieren neue Beziehungen und Lebensstrategien aus. Wir versuchen etwas Neues, bekommen Angst und fallen für gewisse Zeit wieder in alte Gewohnheiten zurück. Wir beenden Beziehungen, bekommen Angst und suchen Zuflucht in alten Beziehungen.

Wir bleiben auf einem bestimmten Bewußtseinsstand stehen − wissen, daß wir nicht weiterkommen, und fühlen uns unfähig, eine Veränderung herbeizuführen.

Innerhalb kürzester Zeitspannen sind wir verängstigt, begeistert, hoffnungslos und zuversichtlich. An manchen Tagen fragen wir uns, ob überhaupt etwas geschieht. An anderen Tagen sind wir der Überzeugung, daß zuviel passiert. Und an manchen Tagen wachen wir auf und wissen, daß alles gut ist.

In diesem Stadium hat unsere Genesung immer weniger mit dem Zurandekommen mit ›anderen‹ zu tun. Sie wird zu einer persönlichen Sache: zu einer privaten Reise, um unser ›Selbst‹ und unser eigenes Leben zu finden und aufzubauen. Wir träumen und hoffen wieder, doch diesmal drehen unsere Hoffnungen sich um unsere eigenen Träume und nicht um die Träume anderer. Wir schützen das neue Leben und unser neues Selbst, das wir aufbauen.

Während der ganzen Zeit arbeiten wir in einem Programm. Wir nehmen an Meetings teil, arbeiten mit einem Therapeuten (falls erforderlich) und umgeben uns mit gesunden Freunden, die uns Rückhalt bieten.

Es ist eine Zeit des Experimentierens und Wachsens. Es ist eine Zeit, in der wir uns mit neuen Verhaltensweisen wohler und mit alten nicht mehr wohl fühlen. Unsere neuen Überzeugungen, was wir verändern können und was nicht, wachsen und festigen sich. Es ist eine Zeit, in der wir uns vorstellen, was es bedeutet, uns um uns selbst zu kümmern. Wir probieren, versagen, probieren es wieder, haben Erfolg, probieren etwas mehr, versagen etwas mehr, und dadurch machen wir Fortschritte.

Es ist eine Zeit, Geduld zu üben.

Re-Integration

Seit Beginn dieser Reise begleitete uns das Thema Macht: Machtlosigkeit und die Suche nach einer Höheren Macht. Nun kommt der aufregende und paradoxe Teil unserer Reise. Durch Machtlosigkeit und Verzicht finden wir unsere persönliche Kraft. Wir erhalten die Macht, das Mögliche zu tun – unser eigenes Leben zu leben. Der Besitz unserer Stärke ist ebenso wichtig wie das Annehmen unserer Machtlosigkeit.

In diesem Stadium entdecken wir uns als vollständig, gesund, fehlerhaft, aber liebenswert und auf jeden Fall zulänglich. Wir fühlen uns in unserer Haut wohl. Wir kommen nach Hause, um mit uns zu leben.

Wir lernen, uns zu respektieren und zu lieben. Wir stellen fest, daß wir auch andere lieben, und lassen zu, daß sie uns auf gesunde Weise lieben. Wir akzeptieren die Tatsache, daß wir gut genug sind.

Wir laufen nicht herum und sprühen über vor Gefühlen, wir unterdrücken sie aber auch nicht länger. Wir haben Gefühle und wissen, das ist in Ordnung. Wir machen Fehler, und wir wissen, das ist in Ordnung; und wir bemühen uns, daraus zu lernen, so gut es geht. Der Wunsch nach Kontrolle mag noch immer unsere instinktive Reaktion auf Situationen sein; das Loslassen wird dennoch zu einer häufigen Reaktion – da wir mittlerweile wissen, daß wir andere nicht kontrollieren können.

Gelegentlich fallen wir zurück in Rollenverhalten des Sichkümmerns um andere, der Schuldgefühle und des Märtyrertums. Aber wir holen uns wieder heraus. Wir haben immer noch Schuldgefühle, wenn wir nein sagen, eine Grenze setzen oder uns weigern, uns um andere zu kümmern, aber wir wissen, daß diese Schuldgefühle verschwinden. Wir haben die Zuversicht gewonnen, daß Fürsorge für uns selbst in jedermanns eigenem Interesse ist. Wir haben gelernt, daß wir uns selbst Pflege angedeihen lassen dürfen. Und wir haben gelernt, was wir nicht schaffen, kann und wird Gott für uns tun.

Zu diesem Zeitpunkt haben wir das Prinzip akzeptiert, daß Probleme eine vorübergehende Phase unseres Lebens sind. Wir haben ein gewisses Maß an Vertrauen in unsere problemlösenden Fähigkeiten gewonnen. Unsere Botschaften aus der Vergangenheit sind zwar nicht verschwunden, aber wir sind hellhöriger geworden und erkennen, wann diese Botschaften uns zu sabotieren versuchen.

Unsere Beziehungen zu uns selbst, unseren Freunden, unserer Familie und zu unserer Höheren Macht haben sich gebessert. Intimität wird zur Realität.

Es fällt uns leichter, die vier Machtkonzepte der Genesung anzuwenden: Machtlosigkeit akzeptieren, eine Höhere Macht finden, unsere persönliche Macht besitzen und lernen, Macht zu teilen, indem wir Beziehungen eingehen.

Manchmal haben wir noch immer Angst. Es gibt immer noch graue Tage, aber sie sind grau, nicht schwarz. Und wir wissen, Regentage gehen vorüber.

Wenn wir dieses Stadium erreichen, wird das Leben mehr als nur erträglich. Manchmal ist es immer noch schwer. Dann wieder ist es ausgesprochen friedlich und zu anderen Zeiten ein Abenteuer. Und wir sind mittendrin.

»Ich habe begriffen, daß alles geschehen kann«, sagt eine Frau. »Und ›alles‹ heißt nicht mehr unbedingt ›alles Schlimme‹.«

Spaß wird Spaß; Liebe wird Liebe; das Leben wird lebenswert. Und wir werden dankbar.

»Vor acht Jahren begab ich mich in ein Behandlungszentrum, um Hilfe für meinen alkoholkranken Ehemann zu suchen. Der Berater sagte mir, ich solle beginnen, mir selbst zu helfen, statt meinem Mann zu helfen«, sagt Lisa.

Lisa begann an ihrer Genesung zu arbeiten, und sie arbeitete hart daran. Sie besuchte ihre Al-Anon-Meetings.

Sie holte ihren College-Abschluß nach. Sie begriff, worum es in der Selbstfürsorge ging.

»Als ich vor acht Jahren diesen Berater aufsuchte, war ich am Ende. Den Alkoholismus meines Mannes zu durchleben, war für mich das Schlimmste, was mir je zugestoßen war. Aber es war auch das Beste«, sagt Lisa. »Wäre es weniger schlimm gewesen, hätte ich nicht diesen Tiefpunkt erreicht und folglich nicht zu einem eigenen Leben gefunden. Und dafür bin ich dankbar.«

Während dieser Phase der Genesung nehmen wir weiterhin an Zwölf-Schritte-Programmen teil. Wir müssen gelegentlich noch andere um Hilfe bitten, und wir brauchen noch immer Verständnis und Anteilnahme. Aber der Heilungsprozeß ist in Gang gesetzt.

Neubeginn

Es ist nicht das Ende. Es ist ein Neuanfang. Wir schleppen nicht mehr unser ›gefangenes Selbst‹ mit uns herum. Wir erfüllen uns aber auch nicht jeden Wunsch und geben nicht jedem Verlangen nach. Disziplin hat ebenfalls ihren Platz in unserem Leben eingenommen. Wie ein Schmetterling, der sich aus seinem Kokon befreit, beginnt unser Selbst sich ›freizufliegen‹ und bleibt dennoch hingebungsvoll einer liebenden, fürsorglichen Höheren Macht verbunden. Wir haben einen neuen Lebensstil gefunden — einen, der funktioniert.

Das ist der Genesungsprozeß. Ein fließender Vorgang mit Überlappungen und Überschneidungen der einzelnen Phasen. Es gibt keinen festen Zeitrahmen, wie wir die einzelnen Stadien durchlaufen.

Er beginnt mit der Gnade Gottes und setzt sich in gleicher Weise fort, unterstützt durch unsere Bindung an den Prozeß. Genesung ist vielschichtig. Sie ist ein allmählicher Vorgang, ein Heilungsprozeß und ein vorhersehbarer Prozeß. Sie ist auch ein spiritueller Prozeß.

Was müssen wir dazu tun?

○ Zwölf-Schritte-Meetings oder andere problembezogene Selbsthilfegruppen besuchen.

○ Die Schritte und andere Genesungskonzepte auf unser Leben anwenden.

○ Mit einem Therapeuten arbeiten, falls es erforderlich scheint.

○ Seminare und Workshops besuchen.

○ Eine Einstellung der Ehrlichkeit, Offenheit und Bereitschaft beibehalten.

○ Sich durch die Frustrationen, Schwierigkeiten und Unannehmlichkeiten der Veränderung kämpfen.

○ Sich mit anderen Genesenden treffen.

○ Meditationsbücher und andere nützliche Literatur lesen.

○ Immer wieder kapitulieren.

Unsere Aufgabe besteht in unserem Mut, das zu fühlen, was wir fühlen müssen, und das zu tun, was wir tun müssen. Unsere Aufgabe besteht darin, unsere eigene Genesungsarbeit zu leisten. Wenn wir nach unseren besten Fähigkeiten an diesem Prozeß mitarbeiten, wissen wir, was wir tun und wann wir es tun müssen. Genesung ist nichts, das wir perfekt oder sofort können. Ganz gewiß nicht.

»Ich kontrolliere immer noch, aber wenigstens erkenne ich, wann ich es tue«, sagt eine Frau.

»Ich gehe nach Hause und verlange das, was ich wünsche und brauche«, sagt eine andere, »immer dann, wenn mir klar wird, was das ist.«

Diese Kommentare veranschaulichen Genesung ebenso wie alle dramatischen ›Vorher-Nachher‹-Berichte. Kampf ist völlig in Ordnung. Rückschläge sind normal. Kleine Schritte der Besserung sind nicht nur normal, sie sind bewundernswert.

Menschen, die bereits seit geraumer Zeit im Genesungsprozeß arbeiten, gehen leichter mit bestimmten Situationen um, weil sie schon so häufig ähnlichen Situationen begegnet sind, aber sie haben es immer noch schwer damit.

An manchen Tagen fließen meine Gefühle ungehindert durch mich hindurch. Die Selbstbejahung kommt so natürlich daher, als sei sie immer mein Freund gewesen. Ich fühle mich auch nicht mehr beschämt, wenn ich mich schäme. Ich stelle es fest und begebe mich gelassen in die nächste Situation. Ich bin Teil des Universums. Es gibt einen Platz für mich, an dem ich Glück und Frieden finde. Mein Leben wurde von einem liebevollen Freund geplant, Gott, ich muß lediglich daran teilhaben.

Dann gibt es wieder Tage, an denen ich Gefühle nicht von einem Kanaldeckel unterscheiden könnte. Wie eine Freundin sich ausdrückte: »Ich bin sicher, Gott hat vergessen, wo ich wohne.«

Anne Morrow Lindbergh schreibt in *Geschenke des Meeres*:

> *So vage diese Definition auch klingen mag, ich glaube, die meisten Menschen kennen Zeiten ihres Lebens, in denen sie sich ›in Gnade‹ und andere, in denen sie sich ›in Ungnade‹ fühlen, auch wenn sie andere Worte benutzen, um diese Zustände zu beschreiben. Im erstgenannten glücklichen Zustand erfüllt man seine Aufgaben mit Leichtigkeit, als würde man von einer hohen Welle getragen; im anderen Fall schafft man es kaum, sich die Schnürsenkel zu binden. Es stimmt zwar, daß man einen großen Teil seines Lebens damit verbringt, die Technik des Schnürsenkelbindens zu lernen, ob man sich in Gnade befindet oder nicht. Es gibt aber auch gewisse Lebenstechniken; es gibt auch Techniken, um Gnade zu erlangen. Und Techniken kann man kultivieren.*

Ein Großteil der Genesung bedeutet es zu lernen, wie wir unsere Schnürsenkel binden, ob wir uns in Gnade fühlen oder nicht, während wir Genesungstechniken kultivieren. An manchen Tagen fällt uns das leichter als an anderen.

In einem Workshop sprach mich eines Tages ein Mann

an. »Ich bin achtunddreißig Jahre alt und seit drei Jahren in der Genesung«, sagte er. »Ich trenne mich von allen Verhaltensweisen und Bewältigungsstrategien, die mich bisher durchs Leben gebracht haben. Ich wünsche mir so dringend, daß die zweite Hälfte meines Lebens so gut wird, wie die erste Hälfte schlecht war. Der Schmerz hat aufgehört, aber jetzt habe ich Angst.«

Auch ich habe Angst. Auch ich wünsche mir, daß die zweite Hälfte meines Lebens so gut wird, wie die erste Hälfte schlecht war. Ich habe Angst, daß das nicht eintrifft, und manchmal habe ich Angst, daß es eintrifft. Manchmal fürchte ich mich einfach. Dennoch arbeite ich an meiner Genesung. Ich glaube, wenn wir wirklich wollen, daß unser Leben anders und besser wird, und wenn wir wirklich daraufhin arbeiten, wird unser Leben anders und besser.

Co-Abhängigkeit ist ein fortschreitender Prozeß, ein Prozeß der Reaktion, Untätigkeit und des Fehlverhaltens. Eins führt zum anderen, und die Dinge werden immer schlimmer. Genesung ist gleichfalls ein fortschreitender Prozeß – ein Prozeß der Aktivität. Wenn wir bestimmte Schritte tun, geht es uns besser, und die Umstände bessern sich. Co-Abhängigkeit hat ein Eigenleben, die Genesung aber auch.

Genesung ist ein Vorgang, und diesem Vorgang können wir vertrauen. Trotz des Auf und Ab, des Vorwärts und Rückwärts und der toten Punkte funktioniert sie schließlich doch.

Wir leisten unsere Arbeit, dann lassen wir los und lassen uns wachsen.

Hausaufgabe

1. In welchem Stadium des Genesungsprozesses befinden Sie sich?
2. Welche Schritte haben Sie unternommen, um Ihren Beitrag zum Genesungsprozeß zu leisten? Haben Sie einen

Selbsthilfe-Plan? Gehen Sie zu Zwölf-Schritte-Meetings oder anderen Selbsthilfegruppen? Wie oft? Lesen Sie regelmäßig ein Meditationsbuch? Gehen Sie zu einem Therapeuten, oder haben Sie sich einer Therapiegruppe angeschlossen? Besuchen Sie Seminare oder Workshops? Lesen Sie Genesungsbücher? Verbringen Sie Zeit mit anderen Genesenden?

3. Wenn Sie sich bereits einige Zeit auf dem Weg der Genesung befinden, was hat Ihnen im Anfangsstadium Ihrer Genesung geholfen, um sich wohl zu fühlen? Tun Sie diese Dinge immer noch?

4. Welches ist die jüngste Aktion, die Sie für Ihre Genesung unternommen haben? Welche Erkenntnis haben Sie daraus gewonnen?

4

Ihre und meine Geschichte

Erfreue uns so viele Tage, wie du uns gebeugt hast...
und laß gedeihen das Werk unserer Hände.

– Psalm 90:15–17

Meine Geschichte

Es gibt unendlich viele verschiedene Genesungsgeschichten. Auch ich habe eine.

In meiner weitläufigen Verwandtschaft gab es einige Alkoholiker. Meine Mutter war alleinerziehend und ließ mir eine gute Erziehung angedeihen. Sie schickte mich in die besten Privatschulen, die für Geld zu haben waren. Ich besuchte die Kirche, die Sonntagsschule und verbrachte einen Teil der Sommerferien im Ferienlager unserer Kirchengemeinde.

Als ich fünf Jahre alt war, lockte mich ein Mann in eine verlassene Kirche in der Straße, in der wir wohnten, und belästigte mich sexuell.

Mit zwölf begann ich zu trinken, um mich zu betrinken. Der Schmerz, ich zu sein, war so stark. Mit vier hatte ich bereits Depressionen.

Als Teenager haßte ich mich, so weit ich zurückdenken konnte.

Mit dreizehn hatte ich Blackouts. Trotzdem bestand ich meine Highschool-Abschlußprüfung in Minneapolis mit Auszeichnung als Klassenbeste. Ich konnte gut schreiben. Ich war außerdem chronisch leistungsbezogen und eine Perfektionistin. Ich liebte die Schule, doch so gut ich auch war, ich fand mich nie ›gut genug‹. Als Kind hatte ich den Wunschtraum, eines Tages Schriftstellerin und Zeitungsreporterin zu werden, doch bei meinem Highschool-Abschluß hatte ich aufgehört, von mir oder dem Leben etwas Gutes zu erwarten.

Im Verlauf meiner Kindheit fesselten mich mehrere langanhaltende Kinderkrankheiten für lange Zeit ans Bett. Mit einem Mädchen war ich einige Jahre lang befreundet, mit einem anderen ein paar Monate lang; enge Freunde hatte ich nie. Ich konnte mich nicht an Menschen anschließen. Ich hatte mich bewußt von Gott abgewandt und war sicher, daß Er sich ebenfalls von mir abgewandt hatte.

Mit zwanzig war ich heroinsüchtig. Die Männer, die ich liebte, schikanierten mich oder waren gleichfalls heroinsüchtig. Mit dreiundzwanzig nahm ich an einem staatlichen Entziehungsprogramm teil, das die Ersatzdroge Methadon unter Aufsicht an Heroinsüchtige einsetzte. Mit sechsundzwanzig wurde ich von den Behörden des Staates Minnesota zur Entziehung in eine staatliche Klinik eingewiesen.

Hinter mir lag eine gescheiterte Ehe und ein gescheitertes Leben. Ich wollte nicht aufhören, Suchtmittel zu nehmen; ich wollte aufhören zu leben.

Dann geschah etwas Unerwartetes. Ich entschloß mich, Gott noch eine Chance zu geben. Er entschloß sich, mir noch eine Chance zu geben. Ich kapitulierte. Ich gestand meine Machtlosigkeit gegenüber Drogen und Alkohol ein. Ich sah die Unkontrollierbarkeit meines Lebens ein. Ich wurde ehrlich. Und ich wurde clean.

Nicht ich arbeitete in dem Programm, das Programm arbeitete in mir.

Nach acht Monaten verließ ich die Klinik mit großer Angst, einem Funken Hoffnung und einer Reihe von Vorsätzen: Bitte Gott jeden Morgen, dir zu helfen, diesen Tag clean zu überstehen; danke Ihm, daß Er es getan hat, wenn du abends zu Bett gehst; warte mindestens zwei Jahre, bevor du auf dem Gebiet der Suchtkrankenhilfe arbeitest, und warte ein Jahr, bevor du eine Beziehung eingehst.

Die ersten drei Regeln hielt ich ein. Da meine Beziehung nicht klappte, fand ich, daß ich auch diesen Punkt erfüllt hatte.

Ich blieb clean, und mein Leben verbesserte sich in vieler Hinsicht. Zwei Jahre nach meinem Entzug begann ich als Sucht- und Familienberaterin zu arbeiten. Ich heiratete und bekam Kinder.

Sieben Jahre nach meinem Entzug klappte es nicht mehr mit meinem Beruf, meinen Beziehungen und meinem Leben. Es war unwichtig, wie lange ich wartete, um eine Beziehung einzugehen, ich wußte nicht, wie ich damit umgehen sollte.

Ich war von Alkoholikern umgeben. Ich arbeitete mit ihnen; ich liebte sie; ich ließ einige sogar auf meinem Dachboden wohnen. (Sie wollten nicht in die Entziehungsklinik. Sie wollten bei mir wohnen und versuchen, vom Trinken loszukommen.)

Ich kam mir als ein ständiges Opfer vor. Nüchternheit wurde für mich zum »langen, schwarzen Tunnel, durch den ich mich schleppte. Und jedes Jahr öffnete sich eine Falltür, aus der ein Kuchen herunterfiel«, wie jemand sich ausdrückte, der 1986 bei einer Polizeirazzia gefaßt worden war.

Ich bekam Depressionen. Eines Tages rief ich bei der Telefonseelsorge an und erzählte einem Fremden, daß ich mich mit dem Gedanken trüge, Selbstmord zu begehen. Ich sagte dem Berater, ich würde mich wahrscheinlich nicht wirklich umbringen, weil zu viele Menschen mich brauchten. Aber ich hatte Angst. Ich hatte eine zweite Chance im Leben bekommen und wußte nicht, ob ich sie haben wollte. Ich wußte nicht, ob sich das Leben lohnte. Ich wußte nicht, was falsch war. Mir war, als hätten mich alle verlassen, auch Gott. Ich fragte mich, ob ich übergeschnappt sei.

Dann passierte etwas. Ich stellte fest, daß ich nicht verrückt war. Ich stellte fest, daß ich, ohne einen Tropfen Alkohol anzurühren, von der Krankheit Alkoholismus auf eine so erdrückende und verblüffende Weise beeinflußt wurde, daß es Jahre dauern sollte, bis ich die Zusammenhänge voll begriff. Ich hörte auf, Widerstand zu leisten, und nahm an Meetings für Alkoholgeschädigte teil.

Das paßte mir gar nicht. Ich ärgerte mich über alle diese forschen kleinen Frauen, die mit strahlenden Gesichtern herumliefen. Aber ich war da. Ich weinte. Ich wurde ehrlich. Ich arbeitete das Zwölf-Schritte-Programm nicht durch. Es bearbeitete mich.

Ich gestand meine Machtlosigkeit dem Alkoholismus anderer und dem Chaos gegenüber ein, zu dem mein Leben geworden war. Ich erkannte, wie verfahren mein Leben war.

Ich gab auf. Ich schwenke die weiße Fahne. Von nun an führte ich zwar kein absolut glückliches Leben, aber ich begann, mein eigenes Leben zu führen. Und dieses Leben wurde immer besser.

Jahrelang schleppte ich mich durch die Genesung von meiner Co-Abhängigkeit, war ängstlich und unsicher, wohin die Reise mich führen würde. Aber ich behielt den Glauben, daß ich an einen Ort gelangen würde, an dem ich noch nie gewesen war. Ich kämpfte und arbeitete daran, meine Verhaltensweisen zu ändern – das Sichkümmern, die Kontrolle, die geringe Selbstachtung.

Ich beobachtete mich in Beziehungen und lernte, mich so zu verhalten, daß ich mir weniger als Opfer vorkam. Ich lernte, meine Wünsche zu erkennen. Ich arbeitete am Loslassen und übte, Abstand zu gewinnen. Ich schwelgte in Gefühlen, besonders in Wut, als ich emotional zum Leben erwachte. Ich lernte, Beziehungen zu beenden und Beziehungen anzuknüpfen. Ich lernte, Freude zu empfinden. Ich mußte mich dazu zwingen. Es dauerte Jahre.

Ich habe viele Fehler gemacht. Aber ich habe auch gelernt, daß Fehler ebenfalls in Ordnung sind. Ich lernte, mich mitzuteilen, zu lachen, zu weinen und um Hilfe zu bitten. Ich bin im Begriff zu lernen, weniger heftig zu reagieren, mehr zu agieren und mit mir zufrieden zu sein.

Ich habe gelernt, meine Kraft zu besitzen. Ich habe auch gelernt, daß ich immer wieder aufs neue loslassen muß, um dazu fähig zu sein.

Die Genesung von der Co-Abhängigkeit war die spannendste Reise, die ich je unternommen habe.

Ich habe gelernt, daß Selbsthilfe nicht narzißtisch oder ein Sichverwöhnen ist. Selbsthilfe ist genau das, was mir und anderen am besten hilft.

Meine Beziehungen zu Familie, Freunden, Bekannten, zu mir und zu Gott haben sich verbessert. Das Schwierigste, das ich in meiner Genesung durchzustehen hatte, war das Ende meiner Ehe. Im Augenblick arbeite ich an der härtesten Aufgabe, die ich je zu meistern hatte. Ich lerne, mich von anderen lieben zu lassen und die ›guten Dinge‹ in meinem Leben geschehen zu lassen. Ich lerne, Gottes Liebe anzunehmen. Und ich lerne mich zu lieben, wirklich zu lieben.

Ich erkenne, wie sehr ich in meinem Leben Intimität, Beziehungen und mich selbst sabotiert habe. Ich verändere meine Verhaltensweisen. Ich verändere meine Gesetze, die mächtigen Botschaften aus der Vergangenheit, die das bestimmen, was ich heute tue oder nicht tue. Ich arbeite konsequent mit Affirmationen (Selbstinstruktionen). Ich befasse mich mit der Vielfalt von Methoden, wie andere und deren Probleme auf mich eingewirkt haben. Das bedeutet manchmal, einfach eine gegebene Situation anzunehmen.

Und ich werde anders.

Kürzlich fragte mich der Sprecher bei einem Hörfunkinterview, ob mein Leben nun besser sei. Ich antwortete natürlich mit Ja. Auf der Heimfahrt nach dem Gespräch wurde mir klar, was ich ihm eigentlich hätte antworten wollen.

Ich wollte ihm sagen: »Ich habe viele gute Tage. Ich habe einige schwierige Tage. Aber ich lebe mein Leben. Ist das besser? Darauf können Sie wetten. Zum ersten Mal in meinem Leben habe ich ein Leben!«

Ihre Geschichte

Im Verlauf dieses Buches erzähle ich die Geschichten anderer. Aber eine wichtige Geschichte fehlt. Ihre Geschichte.

Ein Zwölf-Schritte-Programm ist ein geeignetes Raster, mit dem Sie Ihre Geschichte erzählen können. Wie war es? Was ist geschehen? Wie ist es heute?

Leute, die aufgehört haben zu trinken, können präzise ein Datum nennen und sagen: »An diesem Tag habe ich aufgehört zu trinken.« Für uns ist das weniger einfach. Wir können nicht sagen: »An dem und dem Tag habe ich aufgehört, mich um andere zu sorgen, und angefangen, mich um mich selbst zu kümmern.« Versuchen Sie es trotzdem. Wie und wann begann Ihre Genesung? Was hat Sie dazu veranlaßt?

Denken Sie über die Veränderungen nach, die Sie gemacht haben, und die Veränderungen, die mit Ihnen passiert sind. Welche Einsichten haben Sie gewonnen? Fühlen Sie sich wohl mit Ihrem Fortschritt?

Denken Sie ein wenig darüber nach, wie Sie an der Genesung gearbeitet haben. Mit welchem Verhalten mußten Sie kämpfen? Nennen Sie die schwierigste Sache, mit der Sie in Ihrer Genesung fertig werden mußten und wie Sie es geschafft haben. Was ist das Beste, was Ihnen in Ihrer Genesung widerfahren ist? Nennen Sie die Dinge, an denen Sie jetzt arbeiten. Welcher Lohn wurde Ihnen zuteil? Sagen Sie, in welcher Weise Ihr Leben heute besser und anders verläuft.

Im letzten Kapitel nannte ich Genesung einen Prozeß. Ich sagte, wir können Vertrauen in diesen Prozeß haben. Ich möchte diesem Gedanken einen weiteren Aspekt hinzufügen. Wir können dem Prozeß nicht nur vertrauen, wir können auch der Stelle vertrauen, an der wir uns gerade befinden.

Genesung ist ein heilender und ein spiritueller Prozeß. Eine Reise, keine Bestimmung. Wir legen eine Wegstrecke von Selbstvernachlässigung zu Selbstverantwortung, Selbsthilfe und Selbstliebe zurück. Wie bei anderen Reisen führt uns der Weg auch hier eine Weile geradeaus, dann über Umwege und ein Stück zurück, wir verirren uns, finden den richtigen Weg wieder und machen gelegentlich Rast, um Kraft zu schöpfen. Der Unterschied zu anderen Reisen besteht darin, daß wir den nächsten Schritt nicht erzwingen können. Es ist eine gemächliche, von Disziplin begleitete Reise, auf der wir Gegebenheiten hinnehmen und uns darüber freuen, wo wir uns am jeweils heutigen Tag befinden.

Wo wir heute sind, dort sollen wir sein. Und der Ort, den wir morgen erreichen, wird besser sein als der, an dem wir gestern gewesen sind.

Hausaufgabe

1. Schreiben Sie Ihre Geschichte auf. Zu gegebener Zeit und Gelegenheit erzählen Sie einem Menschen, dem Sie vertrauen können, Ihre Geschichte.
2. Loben Sie sich dafür, was Sie erreicht haben.

Teil II

RÜCKFALL

Vielleicht sollten wir den Rückfall
nicht ›Rückfall‹ nennen.
Vielleicht sollten wir ihn
›Wachstumszyklus‹ nennen.
Oder vielleicht ganz einfach ›Wachstum‹.

5
Keine Angst vor dem Rückfall!

»Erzählen Sie mir, was Genesung bedeutet«, sagte ich. »Ach das!« antwortete sie. »Sie meinen zwei Schritte vorwärts und einen Schritt zurück.«

– Anonym

»Ich habe es wieder getan«, gestand Jan. »Und das nach zehn Jahren Genesung von Co-Abhängigkeit!

Steve und ich sind geschieden. Seit einem halben Jahr hat er keinen Unterhalt mehr für das Kind bezahlt, weil er wieder trinkt und nicht arbeitet. Ich gab ihm 250 Dollar meines sauer verdienten Geldes – und das versäuft er vermutlich.

Ich bin wütend! Ich kann es nicht fassen, daß ich es zuließ, daß er mir das antut. Ich hätte es besser wissen müssen. Ich wollte es nicht tun. Ich ließ mich von ihm schikanieren und ließ es zu, daß er mir Schuldgefühle auflud, bis ich ihm das Geld gab.«

Jan holte tief Luft und sprach weiter. »Hinterher fuhr ich in seine Wohnung und verlangte das Geld zurück. Ich machte mich lächerlich, kreischte herum und stampfte mit den Füßen auf.

Ich bin wütend, deprimiert und beschämt. Ich rief meine Sponsorin an und klagte ihr mein Leid. Alle diese Meetings! Die ganze Therapie! All die Arbeit! War das alles umsonst? Ich kümmere mich immer noch um andere. Ich lasse mich immer noch von anderen ausnutzen. Und ich führe mich immer noch auf wie eine Verrückte und stampfe mit den Füßen auf.«

Ich fragte Jan, was ihre Sponsorin entgegnet habe. »Sie meint, wenigstens frage ich jetzt, warum ich mich von anderen ausnutzen lasse, statt zu fragen, warum sie mir das antun«, antwortete Jan. »Und sie meint, wenigstens könnte ich erkennen, wann mein Verhalten verrückt sei.«

Im Lauf der Jahre habe ich viele grafische Darstellungen gesehen, die eine Genesung oder einen Wachstumsprozeß veranschaulichen. So wird Genesung etwa als vorwärts und aufwärts verlaufende Zickzacklinie dargestellt, wobei jede Zacke eine höhere Stufe bezeichnet als die vorangegangene (siehe Abbildung 1). Genesung wird auch als Spirale dargestellt mit immer kleiner werdenden nach innen

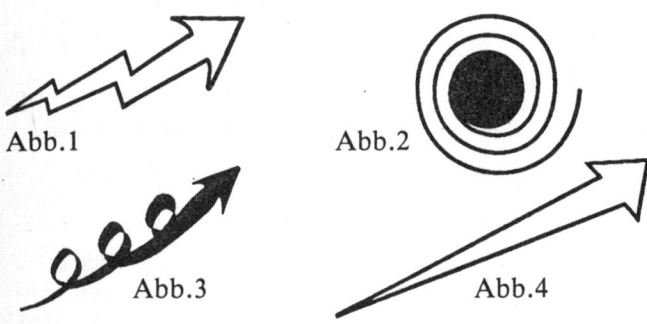

Abb.1   Abb.2

Abb.3   Abb.4

verlaufenden Kreisen, bis eine Kernstabilität erreicht ist; ein innerer Kern, groß genug, um kontinuierliches Wachstum zu gewährleisten (siehe Abbildung 2). Genesung wird auch dargestellt als vorwärts und aufwärts verlaufende Linie, mit Schlaufen in gewissen Abständen, die zyklisch und nach vorn verlaufen (siehe Abbildung 3). Ich habe allerdings nie eine Grafik gesehen, die eine Genesung als geradlinig nach vorn und oben verlaufende Linie darstellt (siehe Abbildung 4). Diesen Verlauf nimmt Genesung nicht.

Genesung ist ein Prozeß. Innerhalb dieses Prozesses findet ein anderer Prozeß statt, den wir Rückfall nennen. Regression, Rückschritt, Fehlverhalten – welche Bezeichnung wir auch wählen –, jede Abbildung, die Wachstum veranschaulichen soll, muß dieses Element enthalten.

Trotz bester Vorsätze zur Standhaftigkeit verfallen wir gelegentlich in alte Denkweisen, Gefühle und Verhaltensmuster, obwohl wir es besser wissen müßten.

Der Rückfall kann sich unmerklich einschleichen, sich lange einnisten und ebenso schädliche Wirkung haben, wie unsere ursprüngliche Co-Abhängigkeit sie hatte. Er kann aber auch von kurzer Dauer sein. Manchmal reagieren wir auf die Verrücktheiten anderer Leute. Manchmal reagieren wir auf uns selbst. Manchmal reagieren wir auf die langen Jahre, in denen wir auf Co-Abhängigkeit geeicht waren. Manchmal reagieren wir einfach, um zu reagieren.

Wir fallen aus vielen Gründen in Bewältigungsstrategien zurück, denen wir uns entwachsen glaubten. Wir vernachlässigen uns wieder, kümmern uns um andere, fühlen uns als Opfer, legen Gefühle auf Eis, zeigen Überreaktionen, machen Kontrollversuche, fühlen uns abhängig und bedürftig, schuldig, ängstlich, verpflichtet, deprimiert, benachteiligt, wertlos und wie im Gefängnis. Die Verrücktheiten der Co-Abhängigen kehren zurück, und wir fühlen uns tief beschämt.

Es besteht kein Grund, sich zu schämen. Ich habe Tausende von Genesende befragt. Niemand behauptete, einen perfekten Genesungsverlauf gehabt zu haben.

»Ich dachte, mit mir muß etwas absolut nicht in Ordnung sein«, erinnert sich Charlene. »Ständig drohte ich, meinen Freund zu verlassen, aber ich blieb bei ihm. Ich fühlte mich Menschen entfremdet – ganz allein auf der Welt. Ich war gereizt, deprimiert und konnte nicht schlafen. Ich dachte, ich müsse sterben. Ich ging zum Arzt. Er sagte, ich sei gesund, aber ich fühlte mich nicht gesund. Das ging monatelang so, bevor ich erkannte, daß es meine Co-Abhängigkeit war. Ich bekam es wirklich mit der Angst zu tun. Es kostete mich einige Arbeit, aber nun bin ich wieder auf dem richtigen Weg.«

Jack erzählt folgende Geschichte: »Letztes Wochenende rief die Frau eines Freundes bei mir an. Ich bin dabei, von Drogensucht und Co-Abhängigkeit zu genesen. Mein

Freund trinkt noch immer, und seine Frau trägt sich immer noch mit dem Gedanken, zu Al-Anon zu gehen. Sie hatte vor, übers Wochenende wegzufahren und bat mich, in der Zeit bei ihrem Mann zu bleiben. Sie sagte, *er* habe sich vorgenommen, an diesem Wochenende nüchtern zu bleiben, und *er* wolle mit mir angeln gehen. Ich willigte ein. Als ich dort ankam, stellte ich fest, daß mein Freund keineswegs die Absicht hatte, angeln zu gehen. Er wollte saufen gehen. Sie hat mich an diesem Wochenende zu seinem Babysitter gemacht. Ich fühlte mich ausgetrickst und wie in die Falle getappt. Es war eines der erbärmlichsten Wochenenden, das ich in den zwei Jahren meiner Genesung erlebt habe. Und ich konnte meinen Mund nicht aufmachen und einfach gehen. Das war ein starkes Fehlverhalten, ein Co-Abhängigkeitsfehltritt.«

Marilyn erzählt folgende Geschichte: »Ich war seit fünf Jahren auf dem Weg der Genesung, als ich zu Bob zog, einem genesenden Alkoholiker. Ein Jahr später stellte ich fest, daß ich mit einem trockenen Alkoholiker zusammenlebte, der seine Meetings vernachlässigte, einfach nicht mehr hinging. Ich fühlte mich wieder verrückt. Ich fühlte mich schuldig, unsicher, hilflos und verärgert. Ich rutschte ganz allmählich hinein. Ich hörte auf, Grenzen zu setzen. Ich verlangte nicht mehr das, was ich wollte und brauchte. Ich hörte auf, nein zu sagen. Ich hörte auf, mich um mich zu kümmern. Ich konnte mir nicht vorstellen, was falsch gelaufen war. Und eines Tages, als ich mich mit dem Gedanken trug, die Beziehung zu beenden, ertappte ich mich dabei zu denken: *Nein! Das kann ich nicht tun. Ich kann ohne ihn nicht leben.* Dieser Gedanke rüttelte mich wach, und ich begann zu handeln. Denn theoretisch weiß ich es ja besser.«

Viele von uns erleben Rückfälle. Ob sie zehn Monate oder zehn Jahre an ihrer Genesung arbeiten, sie erleben Rückfälle. Wir werden nicht rückfällig, weil wir schwach und lustlos sind. Rückfälle passieren, weil sie ein normaler Bestandteil des Genesungsprozesses sind.

Sie sind so normal, daß ich das Phänomen nicht Rückfall nennen möchte. Ich nenne es lieber Wiedereingliede-
rung und Weitergehen.

»Rückfall klingt, als müßten wir den ganzen Weg bis
zum Ausgangspunkt zurückgehen – zu Feld eins auf dem
Spielbrett« erklärt Scott Egleston, ein Therapeut, mit dem
ich befreundet bin. »Wir gehen aber nicht den ganzen Weg
zurück. Wenn wir uns wieder gefangen haben, setzen wir
unsere Genesungsreise von einem besseren Ausgangspunkt
aus fort.«

Das Herausfinden aus dem Rückfall ist nicht nur nor-
maler Bestandteil der Genesung, es ist vielmehr ein not-
wendiger Bestandteil. Zu Beginn dieses Kapitels sprach
Jan beispielsweise davon, sie habe es zugelassen, daß ihr
Ex-Mann ihr so lange zusetzte, bis sie ihm Geld gab. Ihre
Geschichte hat ein Nachspiel. Etwa vier Monate nach dem
Vorfall trank Jan Kaffee mit ihrer Sponsorin. Sie fragte
Jan, ob sie etwas aus diesem Vorfall gelernt habe.

»Und ob ich etwas daraus gelernt habe«, sagte Jan.
»Etwas Wertvolles. Dieser Vorfall war Teil einer bedeuten-
den Lektion, die ich zu lernen hatte. Finanziell kam ich
endlich auf die Beine, und ich begann, den suchtkranken
Menschen in meinem Leben den Rücken zuzukehren. Ich
wehrte mich gegen die Schikanen, und ich hörte auf, mir
Vorwürfe zu machen, daß ich gesund werden wollte. Die
Lektion, die ich lernte, hatte etwas damit zu tun, daß ich
Mitgefühl für Menschen haben konnte, ohne mir gleich
das letzte Hemd ausziehen zu lassen.«

Jeder Rückfall kann zum guten Ende führen. Wir können Gewinn daraus ziehen. Wir bekommen dadurch eine
Chance, an unserer Genesung zu arbeiten. Wir stellen fest,
woran wir arbeiten müssen und wie wir es durchstehen
können. Es ist ein Weg, um herauszufinden, was wir noch
nicht gelernt haben, damit wir beginnen können, es zu lernen. Ein Weg, um das bereits Gelernte zu festigen. Ein
überstandener Rückfall ist eine Form, unsere Lektionen
zu lernen, damit wir unsere Reise fortsetzen können.

Hausaufgabe

1. Wie würde eine grafische Darstellung Ihrer Genesung aussehen?
2. Es ist ratsam, sich im Verlauf der Lektüre dieses Buches eine Liste von Affirmationen anzulegen. Einige Vorschläge für Affirmationen bei Rückfällen könnten so lauten:

   ○ Meine Genesungsgeschichte ist in Ordnung. Alle meine Erfahrungen sind notwendig und wertvoll.
   ○ Ich lerne, was ich wissen muß. Ich lerne das, was notwendig ist, wenn die Zeit dafür reif ist.
   ○ Ich bin genau da, wo ich sein muß.

6

Häufige Situationen,
die einen Rückfall verursachen

»Danke, daß Sie über *wieder co-abhängig* schreiben.
Hoppla! Freudscher Versprecher!
Ich meine *nie wieder co-abhängig.*«

Unsere Gesellschaft stellt eine ständige Aufforderung zur
Co-Abhängigkeit dar, sagte Anne Wilson Schaef einmal.
Und wenn wir nicht dazu aufgefordert werden, fordern
wir uns möglicherweise selbst dazu auf. In diesem Kapitel
nehmen wir uns einige dieser Situationen vor.

Der Rückfall im Beruf

Es gibt viele Gründe, im Beruf rückfällig zu werden.
Manchmal bringen wir unsere Verhaltensmuster mit.
Wenn wir weiterhin versuchen, zu Hause Kontrolle auszuüben, tun wir das vielleicht auch im Beruf. Wenn wir zu
Hause keine Grenzen setzen, tun wir das auch nicht am
Arbeitsplatz. Manchmal haben wir uns Selbsthilfe-Techni-
ken zu Hause und in persönlichen Beziehungen angeeignet, ohne gelernt zu haben, wie wir uns im Beruf und in beruflichen Beziehungen selbst helfen können.

Dann wieder können Probleme im Beruf auf ein größe-
res Problem hinweisen, mit dem wir uns befassen müssen.
»Ich war nicht glücklich in meinem Job«, sagt Alice, die
seit vielen Jahren an ihrer Genesung von Co-Abhängigkeit
arbeitet. »Ich habe mich ständig darüber beklagt und ge-
jammert. Deshalb beschloß ich, zur Beratung zu gehen,
und während der Beratung gewann ich neue Klarheit.

Ich mag meinen Beruf nicht. Ich habe ihn meinen Eltern
zuliebe ergriffen. Ich bin dabei geblieben, weil sie Einwän-

de dagegen erhoben hätten, wenn ich den Beruf gewechselt hätte. Ich höre sie förmlich sagen: ›Und die ganzen Vorteile? Deine Dienstjahre? Das alles willst du wegwerfen?‹

Ja«, sagt Alice, »genau das werde ich tun.«

Manchmal arbeiten wir mit Alkoholikern oder anderweitig suchtkranken Menschen zusammen. Ein Süchtiger kann im Beruf ebensoviel Chaos anrichten wie zu Hause.

Als Marlyss ein Angebot von einer renommierten Klinik erhielt, war sie begeistert. Sie hatte die Schwesternschule auf dem zweiten Bildungsweg geschafft. Vor acht Jahren begann sie von der Co-Abhängigkeit zu genesen. Ein Großteil ihrer Genesung bestand darin, ihre Karriere aufzubauen. Doch zweieinhalb Jahre, nachdem sie die Arbeit in der Klinik begonnen hatte, kam Marlyss sich wieder wie eine Verrückte vor. »Schließlich begriff ich, was los war«, sagt sie. »Ich war in eine höhere Position befördert worden. Meine Vorgesetzte war eine nasse Alkoholikerin. Die Schwestern unter meiner Aufsicht reagierten auf meine alkoholkranke Vorgesetzte und auf das verrückte System. Ich reagierte auf alle — auf meine Vorgesetzte und die Schwestern unter mir. Ich hatte meine altgewohnte Rolle der Friedensstifterin und Fürsorgerin wieder, fühlte mich für alles und jeden verantwortlich. Es waren die gleichen Strukturen wie früher in meiner Familie. Und ich fühlte mich wie früher — wirklich co-abhängig.«

Marlyss begann sich von der Situation an ihrem Arbeitsplatz zu distanzieren. Nach einer Weile fand sie eine neue Stelle. Dort arbeitet sie nun seit drei Jahren. »Ich bin glücklich«, sagt Marlyss. »Der Stellungswechsel war einer der wichtigsten Schritte, die ich je getan habe.«

Manche stellen fest, daß sie im Beruf mißbraucht und ausgenutzt werden. »Mein Chef behandelte mich schlecht«, sagt Ella. »Er beschimpfte mich. Er machte sexuelle Anspielungen. Seit einigen Jahren befand ich mich auf dem Weg der Genesung von Co-Abhängigkeit, und es dauerte dennoch Monate, bevor ich begriff, daß nicht ich etwas falsch machte, sondern er.«

Jerry, ein genesender Co-Abhängiger und Alkoholiker, selbständiger Unternehmer, machte folgende Erfahrung. »Ich stellte eine Sekretärin ein. Anfangs war sie sehr tüchtig«, erinnert Jerry sich. »Sie war lernwillig und eifrig. Es dauerte nicht lang, bis ich feststellte, daß sie mit einem Alkoholiker verheiratet war. Anfangs tat sie mir leid, dann wurde ich wütend. Immer wenn er zu viel trank, wollte sie nicht zu Hause sein. Sie arbeitete abends und an Wochenenden, und ich mußte Überstunden bezahlen. Sie ließ sich Zeit mit der Arbeit. Und sie machte eine Menge Fehler auf meine Kosten.

Anfangs sagte ich kaum etwas. Ich schlug vor, sie solle zu Al-Anon gehen, aber dazu war sie nicht bereit. Ich schämte mich meiner Wut. Sie hatte es wirklich nicht leicht, mit einem Alkoholiker verheiratet zu sein. Ich sah aber auch, wie sie sich bereitwillig von dem Kerl ausnutzen ließ. Ich wurde immer wütender, bis bei mir endlich der Groschen fiel. Ich hörte auf, Mitleid mit ihr zu haben, und kümmerte mich um mich selbst. Ich weiß, es ist übertrieben zu sagen, Co-Abhängige seien kränker als Alkoholiker. Aber ich weiß, wie sehr Co-Abhängige leiden; ich bin selbst einer. Und ich sehe auch, wie schwierig es sein kann, mit einem zu tun zu haben. Man kann von einem Co-Abhängigen genauso co-abhängig werden wie von einem Alkoholiker.«

Eine Familie ist ein System mit eigenen Gesetzen, Rollen und Persönlichkeitsstrukturen. Ähnliche Bedingungen können im Beruf herrschen. Manchmal ist eine Person in diesem System dysfunktional. Manchmal ist das System dysfunktional, entweder eindeutig oder nur unterschwellig.

»Ich war etwa zwei Jahre auf dem Weg der Genesung, als ich eine Stelle bei einer Rundfunkstation bekam«, sagt Al, erwachsenes Kind eines Alkoholikers. »Ich wollte den Job unbedingt haben. Ich will ihn immer noch. Aber Mann, welch ein gefundenes Fressen für meine Co-Abhängigkeit! Wir sind ein kleiner Sender mit wenig Geld und einem kleinem Mitarbeiterstab und einer großen Mission – wir wollen um jeden Preis unsere Stadt retten.

Nachdem ich ein paar Monate dort verbracht hatte, bemerkte ich, wie viele meiner Co-Abhängigkeits-Symptome wieder auftauchten. Diesmal ging es nicht um meine Beziehung; es ging um meinen Job. Ich arbeitete sechzig Stunden in der Woche, vernachlässigte mich, und soviel ich auch arbeitete, nie glaubte ich, genug getan zu haben. Ich fühlte mich gereizt, verärgert und schuldig, weil ich nicht mehr tun konnte. Immer wenn ich in Erwägung zog, Grenzen zu setzen oder mich um mich selbst zu kümmern, meldeten sich meine Schuldgefühle. Wie konnte ich so egoistisch sein? Wer sollte es denn tun, wenn nicht ich? Was war mit unserer Mission? Heute überlege ich mir, wie ich in dieser Organisation für mich selbst sorgen kann.«

Sally befand sich in einer schwierigen Arbeitssituation. Nach einigen Jahren der Genesung von Drogensucht und Co-Abhängigkeit nahm sie eine leitende Stellung in einer Verkaufsorganisation an. Innerhalb von sechs Monaten begann sie sich wieder ›übergeschnappt‹ vorzukommen. »Genau wie früher«, sagt Sally.

»Die Unternehmenspolitik verlangte mehr als hohen Leistungseinsatz. Sie bediente sich unlauterer Praktiken. Die Firma nutzte die Menschen aus – Angestellte wie Kunden. Ich fühlte mich bei dieser Geschäftspolitik nicht wohl. Eine gewisse Zeit versuchte ich mich anzupassen. Doch das Vortäuschen fiel mir immer schwerer. Ich sprach mit meinem Vorgesetzten. Er hatte Verständnis, doch Unternehmenspolitik war Unternehmenspolitik. Unterdessen hatte ich gelernt, daß man andere nicht ändern kann. Nun lernte ich, daß man auch eine Firma nicht ändern kann. Mir blieb nichts anderes übrig, als mich selbst zu ändern. Das tat ich. Ich wechselte die Stellung.«

Seit Jahren predigt Earnie Larsen, ein angesehener Autor und Lehrer über Genesungsfragen, daß manche Strukturen von den darin lebenden Menschen ein krankhaftes Verhalten verlangen. Er bezog sich dabei auf Familien; doch Strukturen im Berufsleben können diese Forderung ebenfalls stellen.

Ein Rückfall am Arbeitsplatz kann auch ein Hinweis auf etwas sein, das wir bearbeiten oder durcharbeiten müssen; ist auch ein Hinweis darauf, wie sehr wir gewachsen sind. Oftmals gehen wir Beziehungen ein, die in etwa so gesund sind wie wir und die unseren gegenwärtigen (sich verändernden) Bedürfnissen entsprechen; Arbeitsplätze suchen wir uns häufig nach den gleichen Gesichtspunkten aus. Wir können Beziehungen entwachsen; ebenso können wir Arbeitsstellen entwachsen.

»Im ersten Jahr meiner Genesung von Co-Abhängigkeit nahm ich eine Stellung an«, sagt Kelly. »Zu dieser Zeit hatte ich einen absoluten Tiefpunkt erreicht, war völlig zerrüttet durch eine kranke Beziehung, die sich Jahre dahinschleppte. Anfangs tat mir die Arbeit gut. Ich war gut aufgehoben. Die Arbeit stellte keine hohen Ansprüche, aber ich war beschäftigt. Und die Leute waren freundlich. Ich hatte das Gefühl, zu ihnen zu gehören.«

Nach etwa achtzehn Monaten änderte sich Kellys Meinung über ihre Arbeit. Sie fühlte sich fehl am Platz. Sie begann Gefühle zu unterdrücken, stumpfte bei der Arbeit ab.

»Ich weiß nicht, wie oder wann es geschah, aber ich erkannte, daß ich nicht mehr dazu paßte. Je gesünder ich wurde, desto klarer sah ich in vielen meiner Arbeitskollegen Opfer. Und sie wollten, daß auch ich zum Opfer wurde. Je mehr Fortschritte ich machte und je besser ich für mich sorgte, desto wütender wurden sie auf mich. Ich saß zwischen den Stühlen. Einerseits wollte ich dazugehören und mich anpassen. Andererseits wollte ich kein Opfer sein.«

Kelly entschloß sich zwar, ihren Job noch eine Weile beizubehalten, sagt aber, sie gedenke, die Stellung bald zu wechseln. Sie ist lange genug im Genesungsprozeß, um zu wissen, daß eine Veränderung nicht zwangsläufig negativ sein muß, sondern uns zur nächsten Wachstumsstufe bringen kann.

Neben der Arbeitswelt können uns auch andere Strukturen zu co-abhängigem Verhalten verleiten. Wir können in der Kirche, in Genesungsgruppen, in sozialen, beruflichen Bereichen Rückfälle erleiden. Wo Menschen zusammenkommen, besteht die Möglichkeit, daß wir unsere Co-Abhängigkeits-Bewältigungsstrategien wieder einsetzen.

»Ich ging am Sonntag zur Kirche, um mich gut zu fühlen. Beschämt ging ich nach Hause. Ich fühlte mich nie gut genug, egal, was ich auch tat«, sagt Len, ein genesender Co-Abhängiger. »Ich fühlte mich ständig unter Druck gesetzt, freiwillige Aufgaben zu übernehmen. Ich konnte nicht sagen, ob ich Geld spendete, weil ich es wollte oder weil ich Schuldgefühle hatte. Unter der Woche ging es mir gut. Am Sonntag in der Kirche fühlte ich mich verrückt.

Ich habe den Glauben gewechselt. Ich möchte hören, daß Gott mich liebt und nicht, daß Er darauf wartet, mich zu bestrafen. Mein ganzes Leben lang habe ich mit Angst und Verdammnis zugebracht. Rückblickend finde ich, daß die Kirche die gleichen Mittel der Beschämung einsetzt wie meine Familie. Das erkannte ich aber erst im Verlauf meiner Genesung.«

Wir können auch in der Therapie oder in Selbsthilfegruppen rückfällig werden. »Mir war klar, daß ich Alkoholikerin war und die AA brauchte. Ich wußte auch, daß ich co-abhängig war und Al-Anon brauchte«, sagt Theresa. »Doch da fingen die Teilnehmer meiner AA-Gruppe an, mir das Leben schwer zu machen. Sie sagten, wenn ich wirklich gut im AA-Programm arbeite, brauche ich Al-Anon nicht.

Ich ging nicht mehr zu Al-Anon und fing wieder an, mir wirklich verrückt vorzukommen. Dann kapierte ich, daß es egal war, ob die Leute in meiner AA-Gruppe damit einverstanden waren oder nicht, wenn ich mich mit meiner Co-Abhängigkeit befaßte. Entweder sie begriffen das Problem nicht, oder meine Arbeit in Al-Anon paßte ihnen nicht. Ich mußte es nicht genau wissen; meine Aufgabe war es, mich um mich selbst zu kümmern.«

Selbstfürsorge kann bedeuten, den Arbeitsplatz, die Glaubensgemeinschaft oder die Gruppe zu wechseln. Sie kann aber auch bedeuten, herauszufinden, wie wir an der Arbeitsstelle, in der Glaubensgemeinschaft oder der Gruppe funktionieren, in der wir uns befinden. Theresa besucht noch immer dieselbe AA-Gruppe. Und sie geht weiterhin zu Al-Anon.

Der Rückfall in unseren Beziehungen

Ein Rückfall ist in jeder Beziehung möglich und ziemlich genau vorhersehbar. Wir geben unsere Machtstellung auf und kommen dann mit Menschen, die wir seit Jahren kennen, oder mit Fremden nicht mehr zurecht. Wir reagieren auf Menschen, die wir lieben, und Menschen, bei denen wir nicht sicher sind, ob wir sie mögen.

Wir bekommen Schuldgefühle, als sei es unser Fehler, wenn andere sich unangemessen verhalten. Wir werden aber auch ganz ohne das Zutun anderer rückfällig.

Zuweilen müssen wir lernen, bestimmte Genesungstechniken, die wir uns im Umgang mit einer bestimmten Form der Beziehung – etwa unserer Liebesbeziehung – angeeignet haben, auf eine andere Form der Beziehung – beispielsweise eine Freundschaft – zu übertragen.

»Bei meinem Mann und den Kindern kann ich Grenzen setzen. Bei Freunden stelle ich mich ungeschickt an, Grenzen zu setzen«, sagt eine Frau.

Wir können auf neue Menschen in unserem Leben reagieren – Menschen, deren Sucht oder Problemverhalten uns überraschend trifft. Oder wir reagieren auf Menschen, deren Sucht oder Störung uns nur allzugut bekannt ist.

»Ich komme meist gut zurecht«, sagt Sarah. »Doch schon nach zehn Minuten am Telefon mit meinem Ex-Mann bin ich ein Nervenbündel. Ich bin immer noch versucht, ihm zu glauben. Ich leugne noch heute seinen Alkoholismus. Ich bekomme immer noch Gefühle von Scham und Schuld, wenn ich mit ihm spreche. Es hat lange gedauert, aber endlich begreife ich, daß ich nicht mit ihm sprechen muß. Es läuft immer aufs gleiche hinaus.«

Manchmal erteilen uns frühere Beziehungen wichtige Lektionen. Wir müssen oft weit zurückgehen, um zu erkennen, daß wir dort nicht bleiben müssen.

Familienfeiern, Ferien und andere Familienzusammenkünfte können unsere Genesung auf die Probe stellen. Sie lösen nicht nur Reaktionen auf gegenwärtige Situationen aus, sie wühlen alte Gefühle auf.

Der Umgang mit Familienmitgliedern, ob sie an ihrer Genesung arbeiten oder nicht, kann provozierend wirken. »Wenn ich mit meiner Familie telefoniere, sitze ich in der Falle«, erklärt Linda. »Ich spüre, wie ich den ganzen Prozeß erneut durchlebe, ich fühle mich wütend, schuldig, dann schalte ich ab. Sie arbeiten nicht an sich. Sie machen immer so weiter. Ich sage ihnen, daß ich nicht mehr mitmache, aber sie hören nicht zu. Am liebsten würde ich den Hörer auflegen, weil ich nicht weiß, was ich tun soll!

Manchmal bin ich danach stundenlang zu nichts fähig. Ich werde so wütend. Meine Familie ist mir wichtig. Zu gern würde ich diese Telefonate auf Tonband aufnehmen und sie zwingen, sich selbst stundenlang zuzuhören, wie ich es tue.

Ich arbeite seit acht Jahren an meiner Genesung von der Co-Abhängigkeit. Ich weiß, daß es nicht darum geht, daß andere Menschen sich selbst zuhören und ihnen ›ein Licht aufgeht‹. Es geht vielmehr darum, daß ich mir zuhöre und daß ›mir ein Licht aufgeht‹. Manchmal komme ich mit meiner Familie zurecht, dann wieder bringen sie mich völlig durcheinander.«

Wir reagieren auf bestimmte Menschen in unserem Leben periodisch oder zyklisch. »Ich habe festgestellt, daß die Rückfälle in meinen Beziehungen in Zyklen auftreten. Ein paar Monate geht es mir gut, dann habe ich das Gefühl, lauter Verrückte kriechen wie Küchenschaben aus der Holzverkleidung. Es sind meist die gleichen Leute, und sie scheinen entschlossen zu sein, ihren Wahnsinn auf mich zu übertragen, alle zur gleichen Zeit«, sagt eine Frau. »Ich verstehe es nicht. Aber eins verstehe ich: Es wird Zeit, daß ich mich davon löse und um mich selbst kümmere.«

Der Umgang mit Kindern kann unsere Genesung auf die Probe stellen. »Ich schaffe es im Umgang mit allen anderen, meine Selbstfürsorge beizubehalten. Aber bei meinen Kindern habe ich Schuldgefühle, wenn ich nein sage. Ich fühle mich schuldig, wenn ich wütend auf sie bin. Ich fühle mich schuldig, wenn ich sie bestrafe. Ich lasse mich schrecklich von ihnen behandeln und bin diejenige, die Schuldgefühle hat«, sagt eine Frau.

»Mein Sohn gibt zu, daß er absichtlich schulderzeugende Taktiken bei mir anwendet. In schwachen Stunden nennt er das eine ›Schuldfalle‹. Er gibt zu, daß er mich mit anderen Müttern vergleicht und mir Lügen erzählt, was andere Kinder bei ihren Eltern alles dürfen, nur um mich um den Finger zu wickeln. Meine Kinder wissen, was sie tun. Es wird Zeit, daß ich lerne, was ich tun muß«, sagt sie zum Schluß.

»Grenzen bei meinen Kindern zu setzen, ist für mich schwieriger, als Grenzen im Beruf, mit Bekannten oder mit meiner Freundin zu setzen«, sagt ein geschiedener Mann. »Wenn ich es tue, habe ich Schuldgefühle, und wenn ich es nicht tue, komme ich mir als Opfer vor.«

Der Umgang mit Kindern anderer Leute kann schwieriger sein als der Umgang mit den eigenen. Ich habe Genesende gefragt: »Was ist der schwierigste Aspekt in Ihrer Beziehung?« Viele Genesende, in deren neuer Beziehung es Kinder aus anderen Ehen gibt, sagen: »Der Umgang mit den Kindern.«

Die größte Herausforderung für unsere Genesung scheint jedoch unsere ganz besondere Liebesbeziehung zu sein. »Ich weiß nicht, wie ich verliebt und nicht co-abhängig sein kann«, sagt eine genesende Frau. »Ich war über ein Jahr mit einem Mann befreundet. Sobald wir zusammenzogen, hörten wir beide auf, uns um uns selbst zu kümmern, und versuchten einander zu kontrollieren. Es ist zum Verrücktwerden. Wenn ich verliebt bin, ist alles aus. Und gewöhnlich ist es am schnellsten mit meinem Genesungsverhalten aus.«

Ich befinde mich in einer guten privaten Beziehung, die mir sehr viel gibt«, sagt eine genesende Frau. »Wir verstehen uns blendend, doch jedesmal, wenn es uns zu gut geht, erschaffe ich ein Problem. Anfangs sah ich nicht, daß es mein Verhaltensmuster war. Ich dachte, mal läuft es gut, mal wieder schlecht. Jetzt fange ich an, meine Rolle dabei zu durchschauen.«

Es gibt viele Gründe für Rückfälle in Beziehungen. Manchmal ist die Beziehung vorbei, ohne daß wir uns bereit finden, sie zu beenden. Manchmal würde einer Beziehung mehr Spaß und Vergnügen guttun, aber wir haben Angst vor Spaß und Vergnügen. Manchmal erschaffen wir Chaos, um Intimität zu vermeiden. Das Sichverlieben hat manchmal Ähnlichkeit mit der Co-Abhängigkeit; wenn unsere Grenzen wackeln, fixieren wir uns auf andere und erleben einen Kontrollverlust. Manchmal ist das, was wir ›Co-Abhängigkeitsverhalten‹ nennen, normaler Bestandteil einer intimen oder engen Beziehung.

Sich um die eigene Person zu kümmern, bedeutet nicht, daß wir Beziehungen meiden. Das Ziel unserer Genesung ist der Lernprozeß, wie wir in Beziehungen funktionieren. Unsere Aufgabe beim Herausfinden aus einem Rückfall besteht darin, zu entspannen und gelassen zu sein, um zu lernen, was wir lernen müssen.

Weitere Rückfallsituationen

Unsere Co-Abhängigkeit kommt durch eine Reihe von Umständen wieder hervor. Wir leugnen plötzlich, daß wir co-abhängig sind und die Genesung in unserer Verantwortung liegt. Wir vernachlässigen unsere Genesung und Selbstfürsorge. Manchmal vernachlässigen wir uns in der Zeit vor einem Rückfall; aber auch nachdem wir wieder herausgefunden haben, vernachlässigen wir uns und verschlimmern dadurch die Lage.

»Wie lange muß ich wohl an meiner Genesung arbeiten?« fragt eine Frau. »Wahrscheinlich mein ganzes Leben lang«, beantwortet sie die Frage selbst. »Immer wenn ich aufhöre, mich mit meiner Genesung zu beschäftigen, gerät mein Leben aus den Fugen.«

Manchmal verfallen wir *ohne Grund* in alte Reaktionen.

Manchmal gehört ein Rückfall zu den Versuchen, die wir bei unseren Bemühungen um neue Verhaltensweisen im Austausch gegen alte, selbstzerstörerische machen.

Krankheit und Erschöpfung können Reaktionen der Co-Abhängigkeit auslösen. Streß – augenblicklicher und vergangener – kann unsere Co-Abhängigkeit aktivieren. Unsere instinktive Reaktion auf streßbelastete Situationen führt zur Vernachlässigung der eigenen Person.

Auch geringfügige Vorkommnisse, die uns an traumatische Erlebnisse aus der Vergangenheit erinnern, können unsere Co-Abhängigkeit auslösen.

»Ein einmal von traumatischen Ereignissen überwältigter Mensch ist dafür anfällig, erneut von Gefühlen, Gedanken und Verhaltensweisen befallen zu werden, die während des ursprünglichen Schmerzes vorhanden waren«, erläutert Cermak in *Diagnosing and Treating Co-Dependence.* »Dieses Wiederaufleben geschieht meist dann, wenn der/die Betroffene mit einem Sachverhalt konfrontiert ist, der das Ursprungstrauma symbolisch veranschaulicht – dem ›Auslöser‹.«

Auslöser erinnern unser Unterbewußtsein an eine schmerzhafte Begebenheit, die co-abhängige Gefühle und Verhaltensweisen zum Vorschein bringen. Zum Beispiel:

○ sich unsicher und ängstlich fühlen;
○ Gefühle auf Eis legen, oder ›sich verschließen‹;
○ sich auf andere fixieren und sich selbst vernachlässigen;
○ versuchen, Kontrolle über Dinge, Situationen und Menschen auszuüben;

○ alle co-abhängigen Verhaltensweisen oder Gefühle, die wir während der tatsächlichen Begebenheit hatten.

Wir beginnen, automatisch zu reagieren und uns zu schützen.

Jeder von uns kennt solche Auslöser. Alles was mit einem beängstigenden oder schmerzhaften Sachverhalt aus der Vergangenheit zu tun hat, kann heute ein Auslöser sein.

Auslöser kann fast alles sein:

○ Konflikt;

○ die Bedrohung, von jemand verlassen zu werden, auch wenn wir wünschen, daß er/sie geht;

○ Konfrontation;

○ Rechnungen bezahlen;

○ der Klang einer bestimmten Musik.

Alles, was mit einer vergangenen schmerzhaften Erfahrung in Verbindung steht, ihr ähnelt oder sie repräsentiert, kann ein Auslöser sein. Sich verlieben kann der Co-Abhängigkeit gleichen – und kann sie auslösen.

Das Wissen um unsere Auslöser bewirkt zwar nicht, daß diese plötzlich wiederkehrenden Co-Abhängigkeitsphänomene sofort verschwinden, dennoch hilft uns dieses Verständnis dazu, daß sie schneller wieder verschwinden.

»Rechnungen bezahlen ist für mich ein Auslöser«, sagt Carol. »Ich habe jetzt genug Geld. Das ist nicht das Problem. Das Problem sind die vielen Jahre meiner Ehe mit einem Alkoholiker, als nie genug Geld im Haus war. Bevor ich über meine Auslöser Bescheid wußte, geriet ich jedesmal beim Bezahlen von Rechnungen in Panik und war voller Angst. Heute weiß ich, was los ist. Ich zittere immer noch, aber ich sage mir, keine Bange. Ich habe genug Geld. Und ich werde auch in Zukunft genug Geld haben.«

Probleme und Verletzungen sind nicht die einzigen Faktoren, die Co-Abhängigkeit auslösen. Auch Erfolg in jedem Bereich unseres Lebens kann uns dazu veranlassen, andere erneut zu kontrollieren und uns um sie zu kümmern.

»Ich kann mit Notsituationen umgehen, mit Tragödien und Enttäuschungen«, gesteht eine genesende Frau. »Ich kann nicht mit Erfolg, Frieden und harmonischen Beziehungen umgehen. Diese Dinge beunruhigen mich. Ich bekomme Angst. Ich frage mich, welche Katastrophe als nächstes eintritt. In der Vergangenheit ist immer etwas Furchtbares passiert. Es fällt mir schwer zu glauben, daß ich Gutes verdiene. Es fällt mir noch schwerer zu glauben, das gute Dinge von Dauer sein können.«

Veränderungen können Rückfälle bewirken. Ein Wechsel des Arbeitsplatzes, ein Umzug, das Ende einer Beziehung, eine Beziehung, die zu Ende zu gehen droht, die Veränderung einer finanziellen Situation oder die Veränderung gewohnter Alltagsumstände können uns zermürben. Selbst eine erwünschte Veränderung kann Verlustgefühle in uns hervorrufen. Die meisten von uns haben so viele Veränderungen und Verluste durchgemacht, daß wir sie nicht noch einmal durchmachen wollen.

Etwa sechs Monate nach Erscheinen von *Die Sucht gebraucht zu werden* begann mein Leben sich zu verändern. Ich schrieb für eine Zeitung und arbeitete in meiner Freizeit und an Wochenenden als freie Journalistin. Ich bekam immer mehr Anfragen mit der Bitte um Vorträge. Das alles versuchte ich in meinen Alltag als alleinerziehende Mutter von zwei kleinen Kindern unterzubringen. Ich versuchte, auch weiterhin an meinem Genesungsprozeß zu arbeiten und Zeit für Vergnügungen zu finden.

Mein Leben füllte sich immer mehr mit Aktivitäten. Ich versuchte, alte beizubehalten und Platz für neue zu schaffen, und wartete darauf, daß die Dinge wieder einen normalen Verlauf nehmen würden. Was ich nicht realisierte: Die Normalität hatte sich verändert.

Eines Tages erkrankte ich an doppelseitiger Lungenentzündung. Die Diagnose erhielt ich vierundzwanzig Stunden vor einem geplanten Vortag in Joplin, Missouri. Ich hielt es für unangebracht, den Vortrag so kurzfristig abzusagen und zwang mich dazu. Bei meiner Rückkehr nach

Minnesota hatte ich einige Artikel für die Zeitung zu schreiben. Ich war der Meinung, auch diese Arbeit nicht absagen zu können.

Ich quälte mich einen Tag damit ab, einen Artikel zu fabrizieren, den ich normalerweise in drei Stunden geschafft hätte. Nach acht Stunden war ich über den ersten Absatz noch nicht hinausgekommen. Ich arbeitete abends in der Hoffnung, die Stille werde mir helfen, klarer zu denken. Gegen acht Uhr abends hatte ich mir vier oder fünf Absätze abgerungen.

Als ich in den Aufenthaltsraum der Redaktion ging, um eine Pause einzulegen, sagte eine Stimme in mir: *Es ist Zeit, daß du dich um dich selbst kümmerst.* Da reiste ich durch das ganze Land und predigte diese Worte. Ich hatte ein Buch geschrieben, das diese Botschaft vermittelte. Es war höchste Zeit, daß ich auf mich hörte.

Wenn wir beginnen, den Co-Abhängigkeits-Wahnsinn wieder zu spüren, wissen wir, daß es höchste Zeit ist, uns um uns selbst zu kümmern.

Ob rückfällig oder nicht, wir profitieren davon, wenn wir unserer Selbstfürsorge erhöhte Aufmerksamkeit schenken. Und ob wir auf schädliche Strukturen, Personen, auf uns selbst oder unsere Vergangenheit überreagieren oder nur reagieren, Selbstfürsorge ist immer angebracht. Sie ist unsere Verantwortung.

Irgendwo zwischen unserer spontanen ersten Reaktion (mit dem Finger auf den anderen zu zeigen und zu sagen: »Es ist dein Fehler.«) und unserer zweiten Reaktion (diesen Finger gegen uns selbst zu richten und zu fragen: *Was stimmt mit mir nicht?*) liegt eine Lektion. Diese Lektion müssen wir lernen.

Hausaufgabe

1. Haben Sie beim Lesen dieses Kapitels an irgendwelche Rückfallbegebenheiten gedacht? In welcher Form haben Sie sich in dieser Situation um sich selbst gekümmert?

2. Gibt es Menschen in Ihrem Leben, die Ihre Co-Abhängigkeit besonders stark auslösen? Wer? Was geschieht? Können Sie einige Methoden der Selbstfürsorge nennen, die Sie im Umgang mit diesen Menschen anwenden können?

3. Achten Sie bei der Erledigung Ihrer Alltagspflichten auf Ihre ›Auslöser‹. Welche Dinge rufen ›grundlos‹ alte Co-Abhängigkeits-Empfindungen hervor? Suchen Sie nach dem Grund, dem Bezug zur Vergangenheit. Wenn Sie das getan haben, was können Sie dann tun, um sich besser zu fühlen?

7

Genesungsarbeit

Ich habe immer noch schlechte Tage, aber das ist
nicht schlimm. Früher hatte ich schlechte Jahre.

– Anonym

Ein Rückfall kann ein vorübergehendes Aufnehmen alter
Gewohnheiten sein. Ein Rückfall kann auch zu ernsten
Problemen führen: zu Depressionen, zum Versuch, Trost
in stimmungsverändernden Substanzen zur Überwindung
von depressiven Zuständen zu suchen, oder zum Entstehen
körperlicher Krankheit. Co-Abhängigkeit kann schlimmer
werden; ein Rückfall kann ebenfalls schlimmer werden.
Wir sitzen fest, versuchen den Wagen wieder in Gang zu
bringen, nur um festzustellen, daß wir uns tiefer in den
Morast gebracht haben.

Egal ob unsere Rückfall-Erfahrung sechs Minuten oder
sechs Monate dauert, unsere instinktive Reaktion darauf
besteht meist aus Verdrängung, Scham und Selbstvernachlässigung.

Damit kommen wir jedoch nicht weiter. Dadurch geraten wir nur tiefer in den Schlamassel.

Durch einen Rückfall-Prozeß hindurch und aus ihm heraus kommen wir, wenn wir kapitulieren, Selbstliebe und
Selbstfürsorge üben. Diese Einstellungen und Verhaltensweisen fallen uns erheblich schwerer als Verdrängung,
Scham und Selbstvernachlässigung. Wir haben Jahre
damit verbracht, Verdrängung, Scham und Selbstvernachlässigung zu praktizieren. Aber wir können lernen, heilsa-
mere Alternativen zu finden, auch wenn es uns schwerfällt.

Nachstehend einige Vorschläge:

Nützliche Alternativen finden

Der erste Schritt, um eine Rückfall-Situation zu meistern, ist die Erkenntnis, wann wir uns darin befinden. Hier einige Warnzeichen:

Gefühle stumpfen ab. Wir schotten uns ab und legen Gefühle auf Eis oder beachten sie nicht. Wir kehren zu Denkmustern zurück, wonach Gefühle unnötig, unangemessen, unberechtigt oder unwichtig sind. Das gleiche reden wir uns in bezug auf Wünsche und Bedürfnisse ein.

Zwangsverhalten kehrt zurück. Wir beginnen, zwanghaft zu essen, uns um andere zu sorgen, zu kontrollieren, zu arbeiten, Hektik zu verbreiten, Geld auszugeben, zwanghaftes Sexualverhalten oder jede andere zwanghafte Tätigkeit zu zeigen, um Gefühle zu vermeiden.

Die Opferhaltung kehrt zurück. Wir beginnen wieder wie ein Opfer zu fühlen, zu denken, zu reden und zu handeln. Wir richten unsere Aufmerksamkeit auf andere oder weisen anderen Schuld zu und suchen in anderen den Sündenbock. Für mich ist ein klarer Hinweis dafür, daß ich ›drin‹ bin, wenn ich mich klagen höre, daß jemand mir dieses oder jenes antut oder wie furchtbar dieses oder jenes ist. Meine Stimme zehrt an meinen Nerven.

Der Selbstwert sinkt. Unsere Selbstachtung verringert sich. Wir stecken voller Selbsthaß und Scham. Wir werden überkritisch mit uns und anderen. Perfektionismus und das Gefühl, nicht gut genug zu sein, kehren zurück.

Selbstvernachlässigung setzt ein. Die Vernachlässigung der vielen kleinen und großen Schritte zur Selbstfürsorge, die feste Bestandteile unserer Genesungsarbeit sind, weist darauf hin, daß uns ein Rückfall bevorsteht. Auch das Vernachlässigen unserer Alltagsroutine ist ein Zeichen hierfür.

Die Verrücktheiten kehren zurück. Alle die alten Negativposten können wieder auftauchen, wie da sind: Unsicherheit und Angst; sich anderen und unserer Höheren Macht entfremdet fühlen; Schlafstörungen (zuviel oder zuwenig Schlaf); kreisende Gedanken; sich durch Konfusion erdrückt fühlen (oder sich ohne erkennbaren Grund erdrückt fühlen); nicht klar denken können, wütend und verärgert sein; Schuldgefühle über unsere Wut und unseren Ärger haben; sich verzweifelt, deprimiert, benachteiligt, wertlos und ungeliebt fühlen. Dazu kommen die Negativposten mit der Vorsilbe ›Über‹: Übermüdung, Überarbeitung, Überanstrengung, Überlastung, Überempfindlichkeit sowie die mit der Vorsilbe ›Unter‹: unterbezahlt, unterbewertet, unterernährt.

Eine anhaltende körperliche Störung kann ein Warnzeichen sein, daß etwas an unseren Gedanken und Emotionen nagt. Wir ziehen uns von Menschen zurück und gehen ihnen aus dem Weg. Die Rückkehr zur Märtyrerrolle oder zum ›Durchhaltedenken‹ ist gleichfalls ein Warnzeichen. Hierzu gehört die wiederauflebende Überzeugung, daß wir das Leben nicht genießen dürfen; heute, diese Woche, oder diesen Monat können wir keine Freude haben; das Leben ist etwas, das man ›durchstehen‹ muß; vielleicht können wir nächste Woche oder nächstes Jahr glücklich sein.

Auch *Verhaltensweisen kehren zurück.* Befinden wir uns einmal in einem Rückfall, können einige oder alle unsere früheren Überlebensstrategien zurückkehren.

Gefangen! Die Überzeugung, in der Falle zu sitzen, keinen Ausweg zu haben, ist eine sehr gefährliche und negative Einstellung.

Nicht das schon wieder! Der Rückfall kann auch gefährlich werden. Symptome hierfür sind unter anderem chronische körperliche Krankheit, Suchtmittelabhängigkeit, chronische Depression oder mögliche Selbstmordgedanken.

Nachdem wir die Rückkehr in unsere alten Gewohnheiten festgestellt haben, ist der nächste Schritt einfach. Wir sagen: »Aha! Ich tue es schon wieder.« Das bezeichnen wir mit *Einsicht und Aufrichtigkeit*. Hier empfiehlt sich das wiederholte Bekennen zu unserer Machtlosigkeit und unserer Unfähigkeit, das Leben zu meistern. Wenn wir in einem Zwölf-Schritte-Programm arbeiten, ist dies der Zeitpunkt, um uns mit Schritt Eins zu beschäftigen. Das ist die ›Kapitulation‹. Nun kommt der meist schwierige Teil. Wir sagen: *Es ist in Ordnung, daß ich es wieder getan habe*. Das ist ›Selbstliebe‹.

Märchen über Rückfälle

Wer einem der folgenden Märchen über Rückfälle glaubt, macht sich die Genesung schwieriger, als nötig.

○ Ich sollte weiter sein, als ich es bin.

○ Ich arbeite jetzt seit mehreren Jahren an meiner Genesung und dürfte mit diesem Punkt keine Probleme mehr haben.

○ Würde ich in einem guten Programm arbeiten, täte ich das nicht.

○ Da ich auf dem Sektor der Seelsorge, Psychotherapie oder in einem anderen helfenden Beruf arbeite, dürfte ich dieses Problem nicht haben.

○ Wenn meine Genesung echt wäre, täte ich das nicht.

○ Wenn andere wüßten, daß ich so denke, fühle oder handele, würden sie mich verachten.

○ Eine einmal veränderte Verhaltensweise kehrt nicht zurück.

○ Wie konnte ich das bloß tun? Ich weiß es doch besser.

○ O nein! Jetzt fange ich wieder bei Null an.

Das alles sind Märchen. Wenn wir daran glauben, müssen wir versuchen, unsere Denkweise zu ändern. Es macht nichts, Probleme zu haben. Es macht nichts, rückfällig zu werden. Auch Menschen, die in guten Programmen arbeiten und große Fortschritte in der Genesung machen, haben Rückfälle, auch wenn sie in helfenden Berufen tätig sind.

Es macht nichts, ›es‹ wieder zu tun, auch wenn wir es besser wissen. Wir fangen nicht wieder bei Null an. Wer weiß? Vielleicht ziehen wir diesmal eine Lehre daraus.

Wenn wir uns unbedingt Schuld zuweisen oder uns schämen wollen, können wir uns eine begrenzte Zeit dafür einräumen. Fünf bis fünfzehn Minuten müßten reichen.

Wir kümmern uns um uns selbst

Nachdem wir uns selbst akzeptiert und getröstet haben, stellen wir uns zwei Fragen.

○ Was muß ich zu meiner eigenen Fürsorge tun?
○ Was muß ich lernen?

Die Konzepte dieser Fürsorge sind oft einfach:

○ sich akzeptieren,
○ sich Dinge eingestehen,
○ uns realistisch überlegen, was wir kontrollieren können,
○ Abstand halten,
○ die Opferrolle ablegen,
○ sich Gefühlen stellen,
○ eigene Wünsche und Bedürfnisse ernst nehmen,
○ Grenzen setzen,
○ Entscheidungen treffen und die Verantwortung dafür übernehmen,
○ Ziele setzen,
○ ehrlich werden,
○ loslassen und
○ uns selbst ein hohes Maß an Liebe und Fürsorge geben.

Weitere Hilfen sind, uns bewußt auf unser Genesungsprogramm zu konzentrieren, mit gesunden Menschen zu reden, uns mit Meditation und positivem Denken zu beschäftigen, entspannen und Dinge zu tun, die uns Spaß machen.

Wir müssen unser Gleichgewicht wiederfinden.

Selbstfürsorge am Arbeitsplatz erfordert meist andere Überlegungen als Selbstfürsorge zu Hause. Gewisse Verhaltensweisen sind im Familienkreis angebracht, würden am Arbeitsplatz jedoch dazu führen, daß Sie Ihre Stellung verlieren. Wir können unserem Chef schlecht sagen, wie wütend wir auf ihn sind. Selbstfürsorge ist Selbstverantwortung.

Co-Abhängigkeit ist ein selbstzerstörerischer Kreislauf. Co-Abhängigkeitsgefühle führen zu Selbstvernachlässigung, Selbstvernachlässigung führt zu weiteren co-abhängigen Gefühlen und Verhaltensweisen, die wiederum zu vermehrter Selbstvernachlässigung führen, und so setzt sich der negative Kreislauf fort. Genesung ist ein kraftspendender Kreislauf. Selbstfürsorge führt zu besseren Gefühlen, gesündere Gefühle führen zu mehr Selbstfürsorge; auch hier schließt sich der Kreis.

Ich weiß nicht genau, was Sie für Ihre Selbstfürsorge tun müssen. Ich weiß nur, daß Sie es herausfinden können.

Ich weiß weiterhin nicht, welche Lektion Sie lernen müssen. Ich kann nur meine eigenen lernen. Ich kann Ihnen auch nicht sagen, welchen Nutzen Sie aus Ihren jeweiligen Lebenserfahrungen ziehen können; was ich Ihnen sagen kann, ist das: Sie und Ihre Höhere Macht werden auch das herausfinden.

Keine Sorge. Wenn Sie nicht verstehen, oder wenn Sie nicht bereit sind, Ihre Lektion heute zu lernen, macht es nichts. Unsere Lernaufgaben laufen uns nicht davon. Sie tauchen immer wieder auf, bis wir daraus lernen. Und das tun wir, wenn wir dazu bereit sind und die Zeit reif ist.

Tips für den Umgang mit einem Rückfall

Auch wenn ich keine Formel für Selbstfürsorge und das Erlernen von Lebenslektionen habe, so habe ich dennoch einige Tips gesammelt, die Ihnen während des Genesungsprozesses helfen.

○ Wenn Sie das Gefühl haben, etwas ist verrückt, so ist es das vermutlich auch. Wenn wir auf verrückte Strukturen stoßen, besteht unsere erste Reaktion häufig darin, uns zu fragen, was mit uns nicht stimmt. Wir können einigen Menschen vertrauen, aber nicht allen. Uns selbst können wir vertrauen.

○ Wenn wir Selbstschutzmaßnahmen ergreifen, werden wir vermutlich von etwas bedroht. Vielleicht erinnert uns ein Auslöser an vergangene Zeiten, oder Botschaften aus der Vergangenheit sabotieren uns. Manchmal bedroht uns jemand in der Gegenwart, und wir versuchen, so zu tun, als sei das nicht der Fall. Wenn wir uns schützen, ist es hilfreich zu wissen, wer oder was uns Angst macht und wovor wir uns schützen.

○ Wenn eine Methode der Problemlösung scheitert, versuchen Sie es mit einer anderen. Manchmal stecken wir fest. Wir begegnen einem Problem, beschließen, es in einer bestimmten Form zu lösen, scheitern daran und versuchen immer wieder – manchmal über Jahre hinweg – , dieses Problem auf die gleiche Weise zu lösen, obwohl es in dieser Form nicht zu lösen ist. Überdenken Sie die Zusammenhänge, und versuchen Sie etwas anderes.

○ Sturheit funktioniert in der Genesungszeit ebensowenig wie vorher. Eingeständnis funktioniert. Im Rückfall verleugnen wir manchmal ein Problem, das sich in unser Bewußtsein geschlichen hat. Wir bemühen uns, es zu verdrängen oder es zu überwinden, indem wir größere Sturheit an den Tag legen. Wenn Eigensinn versagt, versuchen Sie es mit Eingeständnis.

○ Gefühle von Schuld, Mitleid und Verpflichtung sind für Co-Abhängige das, was der erste Drink für den Alkoholiker ist. Passen Sie auf, was als nächstes geschieht.

○ Gefühle von Trauer und Enttäuschung, weil wir einen Menschen oder eine Situation nicht kontrollieren können, sind nicht dasselbe wie Kontrolle ausüben.

○ Uns für Verluste entschädigen zu wollen, funktioniert im allgemeinen nicht. »Wenn ich rückblickend an die vielen Verluste denke, die ich erlitten habe, überwältigen sie mich«, sagt ein Mann. »Ich habe gelernt, sie anzunehmen und damit zu leben.«

- Wir können nicht gleichzeitig eine Grenze setzen und auf die Gefühle anderer Rücksicht nehmen.
- Heute ist nicht gestern. Die Dinge verändern sich.
- Wir müssen heute nicht mehr tun, als wir vernünftigerweise tun können. Wenn wir müde sind, ruhen wir uns aus. Wenn uns nach Vergnügen zumute ist, gehen wir ihm nach. Die Arbeit läuft uns nicht davon.
- Prüfen Sie bei einem Anfall von Depression, ob Wut, Scham oder Schuld mit im Spiel sind.
- Wenn wir uns einer Sache nicht sicher sind, können wir abwarten.
- Es fällt schwer, Mitgefühl für einen anderen zu empfinden, wenn dieser uns ausnutzt oder zum Opfer macht. Vermutlich werden wir wütend. Zunächst hören wir auf, uns benutzen zu lassen. Dann wenden wir uns dem Mitgefühl zu. Wut kann unsere Motivation sein, Grenzen zu setzen, wir müssen jedoch nicht ständig wütend sein, um für uns selbst zu sorgen.
- Wenn wir auf uns hören, hören wir uns vermutlich selbst sagen, was das Problem ist. Der nächste Schritt heißt Einsicht.
- Wir verlieren nie unser Bedürfnis nach Wärme und Selbstfürsorge.
- Wenn alles schwarz aussieht, liegt das möglicherweise daran, daß wir die Augen geschlossen haben.

Wenn alles scheitert, versuchen Sie es mit Dankbarkeit. Manchmal ist es das, was wir lernen müssen. Wenn Ihnen nichts einfällt, wofür Sie dankbar sein können, seien Sie dennoch dankbar. Bemühen Sie sich willentlich um Dankbarkeit. Wenn nötig, täuschen Sie Dankbarkeit vor. Manchmal müssen wir im Rückfall etwas ändern, was wir gerade tun. Manchmal kommen Dinge aus uns heraus, wichtige Dinge, die uns seit Monaten oder Jahren unklar waren, Dinge wie Geduld, Glaube und Selbstachtung.

»Ich habe eine Menge Hochs und Tiefs, eine Menge Schmerz und eine Menge Verluste erlebt«, sagt eine Frau.

»Ich bin mir immer noch nicht sicher, worum es dabei ging, aber ich habe einiges gelernt. Ich habe gelernt, wo ich lebe, wie ich mich anziehe und wo ich arbeite – das alles bin nicht ich selbst. Nur ganz allein ich bin ich. Und was immer geschieht, ich schaffe es, auf meinen Füßen zu landen.«

Bei näherer Überlegung sollten wir Rückfall vielleicht nicht ›Rückfall‹ nennen. Vielleicht sollten wir ihn ›Wachstumszyklus‹ nennen. Oder vielleicht nur ›Wachstum‹.

Rückfall, Festgefahrensein, schlechte Tage, welche Bezeichnung wir dafür auch finden, es kann eine schwere Zeit sein, besonders dann, wenn wir bessere Zeiten kennen. Wir können uns selbst Angst machen, befürchten, daß die alten Konflikte wieder da sind, vielleicht für immer bleiben. Die alte Problematik bleibt nicht. Sie gehört zum Genesungsprozeß, und in diesem Prozeß gibt es bessere und schlechtere Tage.

Lonny Owen und ich leiteten einen zehnwöchigen Workshop und eine Selbsthilfegruppe für ›fortgeschrittene Co-Abhängige‹ (diejenigen, die es besser wissen und dennoch tun). Alle Teilnehmer hatten sich zu einem früheren Zeitpunkt dazu bekannt, Co-Abhängige zu sein; alle arbeiteten bereits mindestens ein Jahr aktiv an ihrer Genesung, die meisten wesentlich länger. Wir überschlugen das Thema ›Bin ich co-abhängig? Bin ich es vielleicht nicht? Was ist Co-Abhängigkeit eigentlich?‹. Wir befaßten uns mit dem Kern der Sache: ›Wo bin ich in meiner Genesung festgefahren? Was ist der Grund dafür? Und was muß ich tun, um mein Leben und meine Beziehungen zu verbessern?‹

Der Workshop forderte große Offenheit von den Teilnehmern. Es wurde von ihnen verlangt, sich zu öffnen, aufrichtig darüber zu sprechen, warum sie sich so lange auf dem Weg der Genesung befanden. Die Gruppe forderte auch Offenheit von Lonny und mir. Wir arbeiteten zum ersten Mal nicht mit ›Anfängern‹ in der Co-Abhängigkeit. Wir arbeiteten mit Menschen, die über das Thema, das wir unterrichteten, ziemlich gut Bescheid wußten. Mit anderen Worten, auch wir hatten Angst.

Die Arbeit mit dieser Gruppe war die größte Aufgabe, die mir in meinen mehr als dreizehn Jahren Erfahrung auf dem Gebiet der Genesung gestellt wurde. Es war auch die spannendste. In zehn Wochen erlebte ich mehr vollbrachtes Wachstum als in jeder anderen vergleichbaren Gruppe.

Wollen Sie wissen, wie wir das machten? Zuerst möchte ich Ihnen sagen, was wir nicht machten. Wir haben nicht kritisiert, beurteilt, verdammt, konfrontiert, Schuld zugewiesen oder beschämt. Natürlich machten das Engagement und der Mut der Teilnehmer deren Wachstum möglich. Aber das Wachstum in dieser Gruppe geschah, weil wir uns an Konzepten wie Ehrlichkeit, Einsicht, Fürsorge, Affirmation, Anerkennung, Ermächtigung und Liebe hielten.

Damit konnte uns unsere Arbeit gelingen. Und Sie, meine Leser, schaffen das auch.

Hausaufgabe

1. Welches sind Ihre Muster der Selbstvernachlässigung, wenn Sie in eine Rückfall-Situation geraten? Meine sind beispielsweise u. a.: Ich lehne Vergnügen ab, vernachlässige meine Ernährung und übe noch größeren Druck aus, wenn das Problem darin besteht, daß ich zu großen Druck ausgeübt habe.

2. Was taten Sie am liebsten für Ihre Selbstfürsorge, etwas, das Ihnen zu einem guten Gefühl für sich selbst verhalf? Nennen Sie einige Dinge, die Sie gern für sich taten, als Sie mit Ihrer Genesung von der Co-Abhängigkeit begannen, und von denen Sie wieder abgekommen sind. Warum sind Sie davon abgekommen?

3. Sehen Sie sich die folgende Genesungs-Checkliste an. Diese Checkliste kann Ihnen helfen, Ihre Stärken und Schwächen in der Genesung festzustellen. Sie kann Ihnen weiterhin bei der Zielsetzung auf dem Weg der Genesung helfen.

Genesungs-Checkliste

_____ Einen geregelten Tagesablauf einhalten

_____ Tägliche und langfristige Ziele setzen und erreichen

_____ Persönliche Fürsorge

_____ Grenzen bei Kindern und anderen setzen und einhalten

_____ Konstruktives Planen

_____ Bemühungen, angemessene Entscheidungen zu treffen und Probleme zu lösen

_____ Freie Entscheidung des Verhaltens

_____ Gut ausgeruht sein

_____ Frei von Groll

_____ Annehmen (statt Verdrängen)

_____ Andere nicht kontrollieren oder sich von ihnen kontrolliert fühlen

_____ Offen für konstruktive Kritik und Rückmeldung

_____ Frei von übertriebener Kritik sein, sowohl an sich selbst als auch an anderen

_____ Dankbarkeit anstelle von Selbstmitleid und dem Gefühl der Benachteiligung

_____ Verantwortungsvolle finanzielle Entscheidungen treffen (nicht zuviel und nicht zuwenig Geld ausgeben)

_____ Gesunde Ernährung (nicht zuviel und nicht zuwenig essen)

_____ Weder Flucht noch Ausweichen mit Hilfe von Arbeit oder Sex

_____ Selbstverantwortung (statt anderen die Schuld zu geben und sie zum Sündenbock zu machen)

_____ Wünsche und Bedürfnisse feststellen

_____ Sich nicht mehr als Opfer sehen

_____ Frei von Angst und Unsicherheit

_____ Frei von Schuld und Scham

_____ Frei von Ängsten und Zwängen

_____ Sich nicht übertrieben verantwortlich für andere fühlen

_____ Glauben an eine Höhere Macht

_____ Sich selbst vertrauen und wertschätzen

_____ Richtig entscheiden, wem Vertrauen zu schenken ist

_____ Genesungsarbeit beibehalten (Selbsthilfegruppen besuchen etc.)

_____ Klarheit und Harmonie im Denken; logisches Denken; keine Verwirrung

_____ Angemessener Umgang mit Gefühlen, einschließlich der Wut

_____ Angemessen offen sein

_____ Vernünftige Erwartungen an sich und andere stellen

_____ Andere brauchen, nicht andere *gebrauchen*

_____ Sich bei sich selbst sicher fühlen; Selbstbewußtsein haben

_____ Sich klar, direkt und ehrlich mitteilen

_____ Ausgeglichene Stimmung

_____ Kontakt zu Freunden aufrechterhalten

_____ Sich anderen verbunden und nahe fühlen, statt einsam und isoliert

_____ Gesunde Ansichten; das Leben scheint lebenswert

_____ Keinen Alkohol und keine Medikamente benutzen, um mit dem Leben fertig zu werden

_____ Spaß haben, bei Freizeitaktivitäten entspannen, Spaß an der täglichen Arbeit haben

_____ Sich und anderen angemessene positive Rückmeldung geben

_____ Positive Rückmeldung bekommen und daran glauben.

TEIL III

GESCHICHTE UND GEGENWART

Wir gehen zurück… und zurück…
und zurück… bis wir das ausgelassene,
unbeschwerte, entzückende und liebenswerte
Kind entdecken, das in uns war und immer
noch in uns ist.
Und wenn wir es gefunden haben,
lieben und streicheln wir es und lassen
es nie wieder fort.

8

Sich mit der Ursprungsfamilie aussöhnen

»Hat noch jemand aus der Gruppe eine
Frage?« fragte die Therapeutin. »Ja«,
antwortete eine Frau. »Könnt ihr mich
alle am Wochenende zu einer
Familienfeier begleiten, damit ich nicht
den Verstand verliere?«

Jahrelang trug ich mich mit dem Gedanken, Arbeit an der
Ursprungsfamilie zu tun. Jahrelang drückte ich mich davor. Der Gedanke rief mir bestimmte Bilder ins Gedächtnis. Ich sah eine Patientin auf der Psychiatercouch, die
sich in endlosen Kindheitserinnerungen erging. Ich sah dik-
ke wissenschaftliche Wälzer über Ahnenforschung vor mir.

Ich versuchte es mit der Transaktionsanalyse: Zeichne
drei Kreise für jedes Familienmitglied untereinander.
Dann richte Pfeile von jedem Kreis zum nächsten. An die
Pfeile schreib die Botschaften, die dir der jeweilige Kreis
übermittelt. Um diese Botschaften herauszufinden, füll
einen Fragebogen aus.

Ich fürchtete immer, die falsche Antwort hinzuschrei-
ben, und füllte deshalb meist nichts aus.

Bei allem Respekt für Sigmund Freud, Familienstamm-
bäume und Transaktionsanalyse betrachtete ich Arbeit an
der Ursprungsfamilie als zeitraubend, langweilig und kom-
pliziert. Die Vergangenheit ist vorbei, und damit basta,
dachte ich. Vergiß sie! Und außerdem, wie soll der Schnee
von gestern mich *heute* belasten? Ich habe meine Meinung
geändert. Heute lautet meine Frage: Wie soll mich das
Vergangene heute *nicht* belasten?

Seit vielen Jahren wissen Therapeuten den Wert der
Vergangenheitsbewältigung zu schätzen. Sie haben den

prägenden Einfluß der Vergangenheit auf gegenwärtige Ereignisse erkannt. Die schwelende Glut von gestern – ungelöste Gefühle und übernommene Botschaften – entfacht die Feuersbrunst von heute. Wir arbeiten Konflikte aus, oder wir leben sie aus. Was wir gestern verdrängt haben, macht uns heute blind. Und wir haben ständig Gelegenheit, Konflikte zu verleugnen, da wir sie stets neu erschaffen. Ein unerledigtes Problem kann begraben werden, dennoch lebt und atmet es weiter. Und es kann die Kontrolle über unser Leben bekommen.

In jüngster Zeit gilt die Arbeit an der Ursprungsfamilie als bedeutender Bestandteil der Genesung von Co-Abhängigkeit und Erwachsenen-Kind-Syndromen. Unsere Vergangenheitsbewältigung ist ein anerkanntes Verfahren, durch das wir aufhören können, uns von anderen Menschen und deren Problemen in Mitleidenschaft ziehen zu lassen.

So wurde eine Reihe von Methoden der Vergangenheitsbewältigung entwickelt.

›Unerledigte Dinge durcharbeiten‹

Beford Combs, der Gründungspräsident der South Carolina Association for Children of Alcoholics, hat in seinem Workshop ›Unerledigte Dinge durcharbeiten: Die Genesungsreise aus der Co-Abhängigkeit‹ gute Erfahrungen mit folgendem Ablauf gemacht.

Mit sanfter Stimme fordert er die Teilnehmer auf, es sich bequem zu machen. Dann spielt er das Lied *The Rose* vom Kassettenrecorder:
Man sagt, Liebe sei ein Fluß...
Wenn die Nacht zu einsam war...

Wenn es still geworden ist im Raum, spricht Combs über die Familie. Er spricht darüber, wie Zeiten der Kontrolle von Zeiten des Handelns oder des Loslassens abgelöst werden. Er spricht von Familien, in denen Zeiten der Selbstfürsorge und Obhut abgelöst werden von Zeiten der Kreativität und des Experimentierens.

Dann zeichnet Combs eine Grafik unseres Erinnerungszentrums an die Tafel. Vielleicht war ein Elternteil von uns Alkoholiker, sagt er. Um zu überleben, mußten wir uns genau wie andere Familienmitglieder um diesen Elternteil kümmern. Wir durften kein Kind sein, und das schmerzte. Statt die Verletzung auszuheilen, legten wir sie auf Eis. Er zeichnet einen eingefrorenen Schmerzklumpen in das Erinnerungszentrum. Vielleicht wurden wir von jemandem mißbraucht, und wir legten den damit verbundenen Schmerz auf Eis. Vielleicht waren wir so zornig auf unsere Eltern, daß wir glaubten, sie zu hassen. Und wir fühlten uns deshalb schuldig und legten auch dieses Gefühl auf Eis.

Combs spricht von erdrückenden Gefühlen, Gefühlen, die zu sehr schmerzen, um sie zu fühlen. Er spricht von verschiedenen Bewältigungsstrategien, derer wir uns bedienen, um den Schmerz zu beenden. Er sagt, es sei richtig gewesen, das zu tun; diese Schutzmaßnahmen halfen uns zu überleben. Er sagt aber auch, daß diese auf Eis gelegten Gefühle und Bewältigungsstrategien uns als Erwachsene gegen uns selbst und gegen andere blockieren. Er spricht von Menschen, die den Mut aufbringen, sich diesen Gefühlen zu stellen. Der Einsatz lohnt, sagt er, da die Narben der Verletzungen sich in die Fähigkeit verwandeln, zu lieben und geliebt zu werden.

Er spricht von der Arbeit an der Ursprungsfamilie — die auf Erfahrung beruht.

Andere Methoden im Umgang mit der Vergangenheit

Der Genesungsexperte Earnie Larsen hat ein anderes Verfahren der Arbeit an der Ursprungsfamilie entwickelt. In welcher Weise ist unser gegenwärtiges Leben von unerwünschten Folgeerscheinungen belastet? Welche unserer

Verhaltensweisen bringen diese Folgen zum Vorschein? Welche Regel oder welche Botschaft aus der Vergangenheit lösen das Verhalten aus?

Manche Genesende benutzen für die Bewältigung ihrer Vergangenheit ein Geneagramm.

Ein Geneagramm ist ein Familienstammbaum. Wir zeichnen für jedes Familienmitglied ein Rechteck. Die obersten Rechtecke stellen die Großeltern dar. Darunter zeichnen wir Kästchen für Mutter und Vater, darunter Kästchen für uns und unsere Geschwister. Der Stammbaum enthält sämtliche für unsere Familie wichtigen Personen, wie etwa Großtante Helen, bei der unser Vater aufwuchs.

Nachdem wir die jeweiligen Namen in die Kästchen eingesetzt haben, fügen wir Anmerkungen hinzu, die entweder die Person charakterisieren und welche Gefühle wir für sie haben oder wie andere über sie/ihn denken. Dabei müssen wir uns nicht unnötig den Kopf zerbrechen. Wir schreiben das auf, was uns gerade einfällt, und wählen einfache Worte. Wenn wir uns erinnern, daß Großvater ängstlich und geizig war, viel lachte oder uns nie beachtete, schreiben wir es auf. Auch Doppelbotschaften (wenn Großvater sagte, er freue sich, uns zu sehen, uns aber für den Rest des Besuches links liegen ließ) schreiben wir auf. Wir notieren Abhängigkeiten und andere Probleme. Wir schreiben beispielsweise nieder, daß Vater viel trank, ständig arbeitete, es an keinem Arbeitsplatz aushielt, seine Fähigkeiten nicht nutzte, spielte, zu dick war oder andere Frauen hatte.

Wir schreiben das ›Schlechte‹ und das ›Gute‹ auf. Wir notieren Familienrollen. Rollenbeschreibungen drücken aus, auf welche Weise jedes Familienmitglied Aufmerksamkeit bekam. Schwester Mabel holte sich ihre Aufmerksamkeit beispielsweise, indem sie sich um andere sorgte; das schwarze Schaf spielte; oder klug, witzig und einfallsreich war. Oder niemand beachtete Schwester Mabel. Man schenkte ihr überhaupt keine Beachtung.

Wir schildern unsere Beziehungen zu anderen. Vielleicht zeichnete sich eine Beziehung dadurch aus, daß jemand uns vernachlässigte, und wir hofften, eines Tages beachtet zu werden. Vielleicht versuchte jemand, Kontrolle über uns auszuüben, und wir lehnten uns dagegen auf. Vielleicht schlugen wir Purzelbäume, um von jemandem anerkannt zu werden, der uns diese Anerkennung stets verweigerte. Vielleicht waren wir gezwungen, eine unangemessene Rolle bei einem Elternteil zu übernehmen.

»Meine Mutter hatte weder mit meinem Vater noch einem anderen Menschen eine erfüllte Beziehung«, erinnert sich ein Mann, genesendes erwachsenes Kind eines Alkoholikers. »Sie wandte sich an mich, um ihre Bedürfnisse zu stillen: ihr Verlangen nach Nähe, den Austausch von Gefühlen. In mir suchte sie den männlichen Beschützer. Sie kam mir nie sexuell nahe, nicht ein einziges Mal, dennoch war es eine inzestiöse Beziehung. Ich war nicht ihr Kind«, sagt er, »ich war ihr Ehemann.«

Wir zeichnen mit Worten ein Bild unserer Familie. Wir erinnern uns und halten fest, was geschehen ist. Das tun wir ohne Schuldgefühle, da es jetzt in Ordnung ist, über diese Dinge zu sprechen. Wichtig ist das schriftliche Festhalten; durch das Aufschreiben gewinnen wir Einsichten, die uns durch bloßes Nachdenken verschlossen bleiben.

Das sind nur drei von einer Vielzahl möglicher Ansätze der Arbeit an der Ursprungsfamilie. Es gibt Berater, die sich auf die Arbeit in der Ursprungsfamilie spezialisiert haben. Wir können die Transaktionsanalyse anwenden. Oder wir können mit dem vierten und fünften Schritt der Zwölf-Schritte-Programme arbeiten.

Manche arbeiten zu Beginn ihrer Genesung an ihrer Vergangenheitsbewältigung. Manche sind erst später dazu bereit. Andere gehen die Problematik konzentriert und in einem Durchgang an; wieder andere verteilen die Arbeit, gehen allmählich und schrittweise vor, je nachdem, wie die Themen und Einsichten auftauchen.

Wie und wann wir diese Arbeit verrichten, wir tun sie

nicht, um unseren Familien Schuld zuzuweisen oder sie respektlos zu behandeln. Der Zweck besteht auch nicht darin, im Schmutz der Vergangenheit zu wühlen. Das Ziel besteht darin, die Vergangenheit zu vergessen — nachdem wir uns *erinnert* haben, was geschah. Das Ziel besteht darin, uns von destruktiven und selbstzerstörerischen Einflüssen freizumachen.

Auf den folgenden Seiten werden wir die Faktoren diskutieren, die uns helfen, uns aus der Vergangenheit zu lösen. Diese Faktoren sind:

○ Gefühle
○ Botschaften
○ Muster
○ Menschen

Gefühle

Ein Teil der Vergangenheitsbewältigung besteht darin, auf Eis gelegte, verleugnete Gefühle wieder zu fühlen und dann loszulassen. Ich bin ein Mensch, der gern kontrolliert. Ich habe lange versucht, aus Menschen etwas zu machen, was sie nicht waren, und von ihnen verlangt, Dinge zu tun, die sie nicht tun wollten. Ich habe auch versucht, meine Gefühle zu kontrollieren, indem ich sie zwanghaft verdrängte. Das habe ich getan, indem ich abstumpfte und Gefühle auf Eis legte. In meiner Tiefkühltruhe der Gefühle gibt es ein großes Fach voller Gefühle aus meiner Kindheit. Ich habe mich damals nicht mit Gefühlen befaßt, die deshalb aber nicht verschwanden. Sie sind eingelagert. Manche sind groß; manche sind klein. Manche liegen so lange im Tiefkühlfach, daß sie Gefrierbrand bekommen haben.

Sie sind in mir; verschlüsselt in Botschaften und eingelagert in meinen Verhaltensweisen.

Die Erinnerung an Ereignisse ist eine Form, diese Gefühle hervorzuholen. Wir erinnern uns an ein Ereignis und gehen ihm nach, bis wir eine emotionale Schlußfolgerung gefunden haben. Welches Gefühl hatten wir während und nach einem Ereignis? Fühlten wir es, oder legten wir es auf Eis? Welche Gefühle wir bei einem Erlebnis hatten — besser gesagt: *was wir hätten fühlen sollen* —, ist ebensowichtig wie das Erlebnis selbst. Heute haben wir nichts mehr zu befürchten. Wir dürfen zulassen, daß wir die Angst, Scham, Wut, Verletzung und Einsamkeit spüren, die wir damals nicht zu fühlen wagten. Vielleicht setzen wir auch unsere Phantasie ein, spielen in Gedanken durch, welche besseren Methoden uns damals geschützt hätten. Wir verwandeln uns in mächtige Riesen, bewaffnet mit Schwert und Schild; uns kann niemand etwas anhaben. Dann begeben wir uns wieder in die Realität. Wir sind erwachsen und können selbst für uns sorgen.

Diese Arbeit kann nicht nebenbei erledigt werden. Viele von uns leiden an großen Verletzungen, deren Schmerzen wir betäubt haben. Wenn wir diese Wunden öffnen, sollten wir es in der Gewißheit tun, einen Menschen zur Seite zu haben, der uns hilft, die Wunden fachgerecht zu verschließen. Als Faustregel gilt: Wenn Sie unfähig sind, eine Wunde zu verschließen, öffnen Sie sie erst gar nicht. Manche Menschen stehen vor totalen Blockaden zur Vergangenheit. Verdrängung ist eine notwendige Sicherheitsmaßnahme, mit der wir uns schützen. Wird uns diese Sicherheitsmaßnahme entzogen, brauchen wir eine andere Form des Schutzes.

Das Fehlen jeglicher Erinnerung an bestimmte Zeiten unseres Lebens kann ein Schlüssel zur Vergangenheitsbewältigung sein. Auch ständiges Sprechen oder Nachdenken über gewisse Ereignisse in der Vergangenheit kann auf unbewältigte Dinge hinweisen. Wenn wir diese Dinge lösen, lösen wir die Probleme auf. Unerledigtes bleibt in uns und in unserem Leben bestehen. Das Unerledigte in uns zieht uns zwanghaft in seinen Bann. Gefühle erleben und loslassen vervollständigt die Transaktion.

»Solche Gefühle können überwältigend und beängstigend sein«, sagt der Therapeut Scott Egleston, der mit

Jugendlichen arbeitet. »Manche Kinder in meinem Programm sagen mir, sie haben Angst, es nicht zu überstehen, diesen ganzen Schmerz zu spüren.«

Das Kind in uns hat möglicherweise dieselbe Angst. Keine Sorge! Wir sterben nicht daran. Sobald wir diese Emotionen fühlen und freilassen, geht es uns weit besser.

Botschaften

Ein weiteres wichtiges Ziel der Arbeit an der Ursprungsfamilie ist das Entschlüsseln und Verändern von selbstzerstörerischen Botschaften, die wir als Kinder aufgenommen haben. Die Botschaft ist der Sinn, den wir aus einer Begebenheit gefolgert haben. Sie ist unser Bezugsrahmen – unser Aktenordner der Lebensereignisse. Unsere Botschaften können sich auf Co-Abhängigkeitsgesetze beziehen:

○ Es ist nicht richtig, daß ich Gefühle habe.
○ Es ist nicht richtig, daß ich Probleme habe.
○ Es ist nicht richtig, daß ich Spaß habe.
○ Ich bin nicht liebenswert.
○ Ich bin nicht gut genug.
○ Wenn Menschen sich schlecht fühlen oder verwirrt sind, ist es mein Fehler.

»Kinder haben noch keinen Bezugsrahmen, keine Erfahrungswerte wie die Erwachsenen, um den Sinn mancher Dinge zu verstehen«, sagt Egleston. »Wenn jemand, zumal jemand, den wir lieben, sich unangemessen verhält und uns schlecht behandelt, stellen wir keinen Zusammenhang dieses Verhaltens zur Störung oder zur Sucht dieser Person her. Wir begreifen nicht, daß es *ihr* Problem ist. Unser einziger Gedanke ist: ›Es muß an mir liegen. Mit mir kann etwas nicht in Ordnung sein.‹«

Wir alle haben unsere eigenen Botschaften, die sich auf unsere Erlebnisse und auf uns beziehen. Jeder Mensch kann aus ein und demselben Ereignis völlig verschiedene Botschaften entnehmen.

Botschaften bestimmen oder lösen unser Verhalten aus. Manche Botschaften sind gut und gestatten uns, Dinge zu tun, ohne viel darüber nachzudenken: »Sei ein guter Schüler.« »Bezahle deine Rechnungen rechtzeitig.« »Steig nie in das Auto eines Fremden.« Andere Botschaften sind neutral: »Geh in dein Zimmer, bevor du zu weinen anfängst.« Natürlich wäre es interessant, auch diese Botschaften zu entschlüsseln. Aber es sind die destruktiven Botschaften, wie: »Es ist nicht richtig, so zu sein, wie ich bin.« Oder: »Ich bin nicht liebenswert«, die wir ändern wollen. Sie haben selbstzerstörerische Verhaltensweisen zur Folge.

○ Was ist die unerwünschte Konsequenz in der Gegenwart?

○ Welches Verhalten ruft diese Konsequenz hervor?

○ Welche Regel (Botschaft aus der Vergangenheit) setzt das Verhalten in Kraft?

»Eine Folge bestand darin, daß ich nie Geld hatte, egal wieviel ich verdiente«, sagt ein Mann. »Ich wandte Larsens Formel an. Mein Verhalten bestand darin, Geld auszugeben, sobald ich es in der Hand hatte. Die Regel oder Botschaft besagte, daß ich finanziell nicht verantwortungsbewußt war; ich wußte den Wert eines Dollars nicht zu schätzen, und ich verdiente es nicht, Geld zu haben.«

Eine andere Form, unsere Botschaften aufzudecken, besteht darin, uns zuzuhören. Wenn wir genau hinhören und bereit sind zu verstehen, nehmen wir die Botschaft auf. Sie ist aus unserem Verhalten zu erkennen.

Wenn wir unsere Botschaften entschlüsselt haben, vermitteln wir uns neue, konstruktive Botschaften. Das ist eine große Aufgabe, die Belohnung ist aber ebenso groß.

Muster

Ein weiteres Ziel der Vergangenheitsbewältigung ist das Verstehen und Verändern selbstzerstörerischer Muster, darunter auch unsere Muster der Intimität oder Vermeidung von Intimität. Was passiert immer wieder? Was tue ich immer wieder? Was tun andere Menschen immer wieder mit mir? Warum muß das so sein? Wie und warum ziehe ich das an? Welche Verbindung haben Merkmale gegenwärtiger Beziehungen zu vergangenen Beziehungen?

»Ich fand mich ständig in Beziehungen mit Männern, die sagten, sie liebten mich, mir diese Liebe aber nicht zeigen oder mir nahe sein konnten, weil sie süchtig waren«, sagt eine Frau. »Meine Form der Intimität bestand darin, daß ich endlos auf etwas wartete, das nie eintraf. Dann erkannte ich, daß ich dieses Muster bei meinem Bruder und meinem Vater ebenfalls anwandte und heute noch anwende.«

»Die Männer in meiner Familie waren sexbesessen«, sagt eine andere Frau. »In meiner Kindheit ängstigte ich mich, fühlte mich in Gegenwart von Männern unbehaglich und fragte mich aufgrund dieser Gefühle, was mit mir nicht stimmte. Später als Erwachsene erschuf ich genau die gleichen Muster.«

»Als Kind war ich von sehr negativen, kontrollierenden Menschen umgeben. Raten Sie mal, zu welcher Sorte von Menschen ich mich als Erwachsene hingezogen fühlte? Zu genau solchen«, berichtet eine dritte Frau.

Manche von uns haben nicht nur ein Muster. »Ich wechsle die Muster. In einer Beziehung erschaffe ich das Verhaltensmuster mit meinem Vater; in der nächsten das Muster mit meiner Mutter«, erklärt eine vierte Frau.

Wir überprüfen auch unsere Rollen. Auf welche Weise erhielten wir in der Kindheit Aufmerksamkeit? Wie erhalten wir heute Aufmerksamkeit?

Die Gefühle, Botschaften, Muster und Rollen sind untereinander verbunden, verwebt wie ein Teppich.

Menschen

Ein wichtiger Bestandteil der Arbeit an der Ursprungsfamilie ist die Analyse unserer Beziehungen zu den Men-

schen in unserer Familie. Das bedeutet, alle intensiven Gefühle zu Familienmitgliedern zu bestätigen und zuzulassen, um frei zu werden, um zu lieben und zu wachsen. Das
kann bedeuten, daß wir eine ganze Skala von Gefühlen
durchleben, von Verleugnung, Haß, Wut, Enttäuschung,
Frustration, Zurückweisung, Ernüchterung, Wunschdenken, Unmut und Verzweiflung bis zum Annehmen, zu
Verzeihung und Liebe. Viele erwachsene Kinder wünschen
sich, daß die Umstände und Menschen heute anders sein
sollten oder in der Vergangenheit anders gewesen wären.
Sie waren es nicht und sind es nicht. Und obgleich unsere
Gefühle zu Familienmitgliedern und unserer Kindheit echt
sind, können diese Gefühle unser Wachstum blockieren,
wenn wir sie nicht analysieren.

So wie wir unsere Familienprobleme haben, haben sie
auch andere Familienmitglieder. Oft haben unsere Eltern
ernsthaftere Störungen in ihrer Ursprungsfamilie erlitten
als wir. In der Genesung lernen wir die Schattenseiten in
uns anzunehmen. In der Arbeit mit der Ursprungsfamilie
lernen wir auch, die Schattenseiten unserer Eltern anzunehmen.

»Wir vergessen, daß unsere Eltern Menschen waren,
bevor und nachdem sie Eltern wurden«, sagt Egleston.

In *Gesundheit für Körper und Seele,* einem der besten
Bücher, die ich über Selbstliebe gelesen habe, rät Louise
Hay zu einer starken Visualisierungsübung, über die wir
Verständnis für unsere Eltern aufbringen und ihnen ver-
zeihen können.

Stellen Sie sich als kleines Kind von fünf oder sechs
Jahren vor... Nun lassen Sie dieses kleine Kind noch
kleiner werden, bis es klein genug ist, um in Ihrem
Herzen Platz zu finden. Setzen Sie es hinein, und
immer wenn Sie in Ihr Herz schauen, sehen Sie das
kleine Gesicht, das zu Ihnen hochschaut, und Sie
können ihm Ihre ganze Liebe geben.

Nun stellen Sie sich Ihre Mutter als kleines vier-

oder fünfjähriges Mädchen vor, das sich ängstlich nach Liebe sehnt und nicht weiß, wo es sie finden kann. Strecken Sie diesem kleinen Mädchen die Arme entgegen, halten es fest, und sagen Sie ihm, wie sehr Sie es lieben... Wenn die Kleine sich beruhigt hat und sich sicher fühlt, machen Sie sie ganz klein, damit auch sie in Ihrem Herzen Platz findet.

Nun stellen Sie sich Ihren Vater als kleinen drei- oder vierjährigen Jungen vor, angstvoll, weinend, sich nach Liebe sehnend... Auch ihn machen Sie ganz klein und setzen ihn in Ihr Herz, damit die drei kleinen Kinder sich gegenseitig lieben und Sie wiederum alle drei lieben können.

Neben dem Umgang mit unseren Gefühlen zu Familienmitgliedern lernen wir, in unserer Beziehung zu ihnen wenn möglich zu funktionieren. Manchen fällt der Umgang mit ihrer Familie leicht. Andere haben damit Schwierigkeiten. Wieder andere stehen einen furchtbaren Kampf aus. Für die beiden letztgenannten besteht die Lösung darin, Selbstfürsorge und grundlegende Genesungsprinzipien zu praktizieren, so gut sie können, nach dem Prinzip: ein Tag nach dem anderen. Wir können andere nicht ändern, wir können nur uns selbst ändern. Wir dürfen die Verhaltensweisen anderer Leute nicht persönlich nehmen. Wenn sie uns keine Liebe oder Anerkennung geben, ist das nicht unsere Schuld. Vielleicht können sie niemanden lieben, nicht einmal sich selbst. Manche sagen, Arbeit an der Ursprungsfamilie bedeutet hinzunehmen, daß ein oder beide Elternteile uns nicht liebten. Andere, zu denen auch ich gehöre, sagen, es bedeutet die Einsicht, daß unsere Eltern uns ihre Liebe nicht so zeigen konnten, wir wir es uns wünschten, uns aber liebten, so gut sie konnten und vielleicht mehr, als wir glaubten.

Manche Menschen müssen Abstand zu bestimmten Familienmitgliedern gewinnen, bis die (die Genesenden) sich besser gerüstet fühlen, mit diesen Beziehungen umzugehen.

»Ich habe wirklich mit Familienbeziehungen gekämpft«, sagt eine Frau. »Mein Vater belästigte mich jahrelang sexuell. Meine Mutter wußte davon. Ich versuchte zu Hause so zu tun, als sei nichts geschehen. Ich versuchte, sie beide dazu zu bringen, sich mit der Notzucht auseinanderzusetzen. Dazu waren sie nicht bereit. Manchmal mußte ich ihnen fernbleiben. Bekannte rieten mir, mich völlig loszusagen, aber das will ich nicht«, gesteht sie. »Ich habe nur diese eine Mutter und diesen einen Vater. Meine Familie bedeutet mir viel. Jahrelang nutzte ich ihr Verhalten aus, um zu rechtfertigen, daß ich sie emotional bestrafte und finanziell erpreßte. Jetzt arbeite ich daran, meinen Eltern zu vergeben und gleichzeitig für mich selbst zu sorgen. Ich arbeite daran, mein Verhalten ihnen gegenüber zu verändern. Ich besuche sie, wenn es mir gut geht, wenn ich den Wunsch dazu verspüre und wenn ich damit umgehen kann. Ich arbeite daran, Verantwortung für mich zu übernehmen.«

»Mein Vater trinkt immer noch, und meine Mutter ist noch heute eine Märtyrerin«, erklärt ein Mann, der sich auf dem Weg der Genesung von der Co-Abhängigkeit befindet. »Viele Jahre lang mußte ich mich von ihnen fernhalten. Heute kann ich sie besuchen. Ich kann etwas mit meinen Eltern unternehmen. Ich kann sie so sein lassen, wie sie sind, mich an den guten Dingen erfreuen, das andere beiseite lassen und mich um mich selbst kümmern, wenn es nötig ist.«

Wir kehren zur Familie zurück, wenn wir dazu breit sind. Wenn wir zurückkehren, tun wir es auf andere Weise. Wir gehören nicht mehr zu ihrem System. Wir haben uns ein neues System der Selbstfürsorge, Selbstliebe und Selbstverantwortung aufgebaut.

Nur weil wir eine neue Sichtweise haben, bedeutet das nicht, daß andere Familienmitglieder bereit sind, diese Einsicht mit uns zu teilen. Vielleicht stoßen wir auf Ablehnung, wenn wir unsere Probleme mit ihnen diskutieren wollen. Wir alle befassen uns mit unseren Geheimnissen und Problemen, wenn wir dazu bereit sind. Unsere Arbeit an der Ursprungsfamilie soll uns Nutzen bringen; wir tun sie nicht, um andere Familienmitglieder zu verändern. Wir helfen anderen am besten, auch unserer Familie, wenn wir unsere eigene Arbeit leisten.

Die Anforderungen und Belastungen einer dysfunktionalen Familie sind groß. Hören Sie den Gesang der Krankheit im Hintergrund?

Können Sie verstehen, daß Krankheiten wie Suchtmittelabhängigkeit und sexueller Mißbrauch in der Familie alle Beteiligten zu Opfern machen? Ist Ihnen klar, daß es nicht Ihre Schuld ist? Vermutlich ist es auch nicht die Schuld Ihrer Eltern. Wissen Sie, daß Sie ein Recht haben, so gesund zu werden, wie Sie es zu sein wünschen, egal was Ihre Familie tut oder nicht tut? Wissen Sie, daß Sie Menschen trotz ihrer Fehler lieben können? Wissen Sie, daß Sie liebenswert sind?

Ebenso wie die Genesung ist die Arbeit an der Ursprungsfamilie ein Prozeß. Ein Heilungsprozeß, ein Bewußtmachungsprozeß, ein Prozeß des Verzeihens und ein Prozeß des Sichveränderns und Verändertwerdens. Genesung ist ein Prozeß der Trauerarbeit, in dem wir um die Dinge trauern, die wir verloren oder nie gehabt haben. Wir verleugnen, werden wütend, feilschen, spüren den Schmerz und nehmen schließlich das an, was war und was ist. Erst wenn wir angenommen haben, vergeben wir. Erst dann übernehmen wir Verantwortung für *uns selbst*. Das tun wir, wenn wir dazu bereit sind, wenn die Zeit gekommen ist und wenn wir die anderen Gefühle durchgearbeitet haben. Wenn wir das schaffen, wird das Gute zum Vorschein kommen, wenn wir es zulassen und danach suchen. Der Prozeß beginnt mit dem Vorsatz.

Wir kehren zurück in unser Elternhaus, in dem wir aufwuchsen. Wir schlendern durch alle dunklen Räume, machen Licht und schauen uns um. Wir decken Geheimnisse, Probleme, Abhängigkeiten, Botschaften, Verhaltensmuster und Gefühle auf. Wir sehen uns Ereignisse und

Menschen an. Wir sehen uns Rollen und Überlebensstrategien an. Wir sehen, was wir heute verleugnen, weil wir es gestern schon verleugneten. Wir sehen, welche Bedürfnisse gestern nicht erfüllt wurden und wie wir noch heute auf diese Entbehrungen reagieren. Nachdem wir unsere Kindheit angesehen und gefühlt haben, was wir fühlen müssen, lassen wir unsere Gefühle los. Wir lassen los, um würdigen zu können, was gut war und ist. Das tun wir aufrecht, furchtlos und mitfühlend – für andere und für uns selbst –, wenn wir dazu bereit sind.

Wir gehen weit genug zurück, um zu erkunden, was geschah und auf welche Weise uns die Geschehnisse heute berühren. Wir halten uns lange genug in der Vergangenheit auf, um zu fühlen und geheilt zu werden. Wir kehren in die Gegenwart zurück mit dem Wissen, daß die freie Entscheidung bei uns liegt. Wir erklären den Botschaften den Krieg, aber wir schließen Frieden mit den Menschen, da wir das Recht haben, frei zu sein.

Wir arbeiten uns durch die Schichten der Angst, Scham, Wut, Verletzung und der negativen Beschwörungen, bis wir das ausgelassene, unbeschwerte, entzückende und liebenswerte Kind entdecken, das in uns war und immer noch in uns ist.

Und wenn wir es gefunden haben, lieben und streicheln wir es und lassen es nie wieder fort.

Hausaufgabe

1. Nennen Sie einige bedeutende Begebenheiten aus Ihrer Vergangenheit, an die Sie immer wieder denken und worüber Sie immer wieder sprechen. Haben Sie sich mit Ihren Gefühlen über diese Ereignisse auseinandergesetzt?
2. Zu Beginn der Arbeit an der Ursprungsfamilie können Sie mit dem Familien-Geneagramm arbeiten, das in diesem Kapitel beschrieben ist. Zeichnen Sie zusammen mit einem Freund (einer Freundin) ein Bild Ihrer Familie mit Vierecken und Worten.

3. Haben Sie einige Botschaften aufgedeckt? Was haben Sie getan, um sie zu verändern?

4. Wenn Sie damit fertig sind, schreiben Sie einen Brief an Familienmitglieder, in dem Sie ihnen alles sagen, was Sie an ihnen mögen und gut an ihnen finden. Sie müssen den Brief nicht abschicken, können es aber tun, wenn Sie wollen.

9

Der Durchbruch

»Wie wird man zum Schmetterling?« fragte sie
nachdenklich. »Wenn man sich so sehr wünscht,
fliegen zu können, daß man bereit ist, sein Leben
als Raupe aufzugeben.«

– Trina Paulus
Hope for the Flowers

»Das darf nicht wahr sein! Diese Regeln gibt es tatsächlich! Sie gehören zum Leben!«

Dieses Licht ging mir in einer dunklen Nacht auf, als ich im Bett lag, verwirrt durch ein unerklärliches Tief, das mich seit Monaten bedrückte. Ich befand mich seit mehreren Jahren auf dem Weg der Genesung von meiner Co-Abhängigkeit. Ich hatte von Co-Abhängigkeitsregeln gehört und hielt Vorträge darüber. Doch erst in diesem Augenblick schenkte ich diesen Regeln die Beachtung, die sie verdienten.

Die Regeln nisten sich in unser Kontrollzentrum ein und übernehmen alsbald die Herrschaft. Sie bestimmen unser Verhalten und gelegentlich auch unser Leben. Wenn sie sich einmal festgesetzt haben, programmieren sie uns, Dinge zu tun, die uns unglücklich, festgefahren und co-abhängig machen.

Folgendes war mir widerfahren. Diese Regeln hatten sich unbemerkt wieder eingeschlichen. Ich hatte mit ihnen gelebt, solange sie mich nicht sonderlich behelligten. Aber ich kam mir verrückt vor, weil ich das tat, was sie mir diktierten:

○ Hab keine Gefühle und sprich nicht über Gefühle.
○ Denk nicht, nimm dir nichts vor, und triff keine Entscheidungen — weil du wahrscheinlich nicht weißt, was du willst oder was für dich richtig ist.

- Versuch nicht, Probleme zu erkennen, zu erwähnen oder zu lösen — es ist nicht in Ordnung, Probleme zu haben.
- Sei gut, rechtschaffen, fehlerlos und stark.
- Sei nicht so, wie du bist, weil du nicht gut genug bist.
- Sei nicht egoistisch, setz dich nicht an erste Stelle, sag nicht, was du willst oder brauchst, sag nicht nein, setz keine Grenzen und kümmere dich nicht um dich — kümmere dich stets um andere, verletz nie ihre Gefühle und mach sie nie wütend.
- Amüsier dich nicht, sei nicht lustig, genieß dein Leben nicht — das kostet Geld, macht Lärm und ist unnötig.
- Hab kein Vertrauen zu dir, deiner Höheren Macht, dem Leben oder zu bestimmten Menschen — vertrau vielmehr unzuverlässigen Menschen; und sei erstaunt, wenn sie dich enttäuschen.
- Sei nicht offen, ehrlich und direkt — mach Andeutungen, manipuliere, laß andere für dich sprechen, rate, was sie wünschen und brauchen, und erwarte von ihnen, das gleiche für dich zu tun.
- Komm anderen nicht zu nahe — das ist gefährlich.
- Stör das System nicht, indem du wächst oder dich änderst.

Diese Regeln werden nicht von Menschen aufgestellt. Abhängigkeiten, Heimlichkeiten und andere verrückte Systeme machen diese Regeln, um die Abhängigkeiten und Heimlichkeiten zu schützen und die verrückten Systeme beizubehalten. Aber die Menschen befolgen diese Regeln. Und die Menschen geben sie gedankenlos von einer Generation zur nächsten weiter. Die Regeln sind die Wächter und Beschützer des Systems — des verrückten Systems.

Viele von uns haben diese Regeln gelernt und mit ihnen gelebt. Experten wie Robert Subby sind der Überzeugung, daß diese Regeln es sind, die die meisten von uns in dieser Falle, genannt Co-Abhängigkeit, gefangenhalten, mehr noch als das Leben mit einem nassen Alkoholiker. Wenn wir diese Regeln befolgen, sind wir in der Co-Abhängigkeit gefangen; sie zu brechen, ist der Schlüssel zur Genesung.

Was geschah, wenn Sie in Ihrer Kindheit traurig, wütend oder ängstlich waren? Was geschah, wenn Sie einem anderen Ihre Gefühle mitteilten? Wurden Sie kritisiert, nicht beachtet, sagte man Ihnen, Sie sollten still sein, oder ›sei nicht albern‹? Wie gingen Familienmitglieder mit diesen Gefühlen um? Durften Sie Entscheidungen treffen? Was sagten andere zu Ihren Entscheidungen? Was geschah, wenn Sie auf ein Problem hinwiesen? Sagte man Ihnen, Sie könnten Ihre Probleme lösen? Wurden Dinge so erklärt, daß sie einen Sinn ergaben? Gehörte Verleugnung zum Alltag? Wurden Konflikte zugelassen und dann gelöst?

Wußten Sie, daß es in Ordnung ist, so zu sein, wie Sie sind, und daß Sie gut genug sind? Hat irgendwer Ihnen beigebracht, wie Sie für sich selbst sorgen? Hatten Sie Spaß? Haben die Menschen in Ihrer Familie das Leben genossen? Wurden Sie dazu ermutigt, Vertrauen in sich, in Gott und in das Leben zu haben?

Sprachen die Menschen in Ihrer Familie offen, ehrlich und direkt? Oder herrschte eine spannungsgeladene Atmosphäre, in der die Menschen Wahrheiten vertuschten? Lernten Sie, Menschen nahe zu sein? Was geschah, wenn Sie sich bemühten zu wachsen, sich zu verändern oder aus dem System auszubrechen? Versuchte jemand in der Familie zu hetzen, sich zu beklagen, ein Problem oder eine Krise hervorzurufen oder ansonsten solchen Aufruhr zu veranstalten, daß Sie einen Rückzieher machten? Was passiert heute in Ihrer Familie?

Einige, alle oder Varianten dieser Regeln können noch heute Gültigkeit haben. Vielleicht haben wir noch mehr Regeln außer diesen. Ich habe der Liste von Bedford Combs über ›heile‹ Familien – Familien, die gesund wirken, sich aber als verrückt erleben, weil Gefühle und Probleme nicht gestattet sind – eine weitere Regel hinzugefügt: Mach immer einen guten Eindruck, egal, wie du dich fühlst oder was du zu tun hast.

Es wurde uns direkt oder indirekt beigebracht, diese Regeln zu befolgen. Starke Komponenten wie Beschämung, mißbilligende Blicke oder Rollenverhalten können sie verstärkt haben. Wenn wir die Regeln einmal gelernt haben, lenken sie uns stumm, aber bestimmt. Ein Gefühl keimt in uns auf; schon tritt das Gebot ›Du sollst nicht fühlen‹ in Kraft. Und automatisch stellen wir den Prozeß des Fühlens ein. Wir haben den Wunsch, uns etwas Gutes zu tun. Der Gedanke oder die Tat gibt den Befehl aus: »Sei nicht egoistisch!«

Das Nachdenken über ein regelwidriges Verhalten oder das Ausführen der Regelwidrigkeit setzt die Regel in Kraft. Das Zusammensein mit einem Menschen oder einem System, das sich an die Regeln hält, kann unsere Regeln gleichfalls aktivieren. Wenn die Regeln einmal zu unseren Botschaften geworden sind, tauchen sie ungebeten wieder auf. Sie halten uns ›bei der Stange‹, indem sie uns negative Konsequenzen der Schuld, Scham und Angst auftischen, wenn wir sie brechen.

»Ein alter Freund und genesender Alkoholiker rief mich an, um sich Geld zu borgen«, erinnert Sandy sich, die sich auf dem Weg der Genesung von ihrer Co-Abhängigkeit befindet. »Etwas an der Sache schien mir faul, als ich aber daran dachte, nein zu sagen, überkamen mich Schuld- und Schamgefühle. Wie konnte ich so egoistisch sein? Ich borgte ihm das Geld, und zwei Wochen später erfuhr ich, daß er wieder trank. Heute sehe ich deutlich, wie die Botschaft ›Sei nicht egoistisch‹ einklickte und mich davon abhielt, das zu tun, was ich tun wollte. Jetzt versuche ich, die Botschaften zu erkennen, wenn sie auftauchen, und nicht zwei Wochen danach.«

Viele von uns fühlen sich zu Menschen und Systemen mit ähnlichen Regeln wie den eigenen hingezogen und fühlen sich damit wohl. Wenn ein System oder ein Mensch andere Regeln hat, passen wir uns alsbald an. Regeln haben große Macht und spielen sich rasch in den Vordergrund.

Es ist in Ordnung, Regeln zu verändern

Mit der Zeit stellen wir in der Genesung eigene Regeln auf. Wir lernen allmählich – von Teilnehmern unserer Selbsthilfegruppen, Beratern, gesunden Freunden, von Genesungsliteratur und Tonbandkassetten –, daß es in Ordnung ist, Regeln zu übertreten. Wenn wir aber versuchen, unser Verhalten zu ändern, ohne die Regeln zu verändern, geraten wir in Konflikt mit unserem Kontrollzentrum. Statt Konflikte zu haben oder auf den richtigen Zeitpunkt und Zufall zu warten, der uns neue Regeln beschert, sollten wir diese Regeln bewußt ändern. Wie die anderen Bearbeitungsstrategien, derer wir uns bedient haben, hatten die Regeln nur als Schutzvorrichtung Gültigkeit, und zwar in einer Zeit, in der wir keine andere Möglichkeit hatten, uns selbst zu schützen. Damals mußten wir zurechtkommen und überleben. Heute haben wir die freie Wahl.

Als ich anfing, mich von den Alkoholikern in meinem Leben zu trennen, als ich die bewußte Entscheidung traf, anderen Leuten ihr Leben zurückzugeben, und mein eigenes Leben zurückforderte, hatte ich ein so erbärmliches Selbstwertgefühl, daß ich mir wie ein geschrumpelter Luftballon vorkam. Mein Leben in direkter Nähe von nassem Alkoholismus trug dazu bei. Meine aktive Co-Abhängigkeit trug ebenfalls dazu bei. Das Einhalten der Regeln über eine Zeitdauer von mehr als dreißig Jahren trug zu drei Faktoren bei: schwachem Selbstwertgefühl, großer Nähe zu Alkoholikern und meiner Co-Abhängigkeit. Die Regeln lassen kein *Selbst* zu. Die Regeln ließen mich kein gesunder Mensch sein. Sie ließen mich nicht sein, geschweige denn ich selbst sein.

Die Regeln nehmen uns unsere von Gott gegebene persönliche Kraft – unsere menschlichen, geistigen, emotionalen, körperlichen und spirituellen Rechte. Wir haben es aber nicht nötig, unsere persönliche Kraft diesen Botschaften zu opfern. Wir können neue Regeln für uns aufstellen, sobald wir die alten akzeptiert und vor ihnen kapituliert haben. Kapitulation geht gewöhnlich der Stärkung voran. (In meinem Leben geht die Kapitulation gewöhnlich allem voran.) Und in dem Maß, in dem wir zur Kapitulation bereit sind, erlangen wir Kraft.

Hier unsere erste neue Regel: Es ist in Ordnung, Regeln zu verändern. Wir besitzen die Macht, die Fähigkeit und das Recht dazu. Ob wir seit zehn Minuten oder seit zehn Jahren auf dem Weg der Genesung sind, es ist nie zu früh oder zu spät, um die Regeln selbstsicher – auch aggressiv – zu verändern. Wir können unsere persönliche Stärke zurückholen. Dazu sind wir ermächtigt. Wenn wir die Regeln verändern, verändert sich unser Verhalten.

Meine neuen Regeln lauten:

○ Es ist in Ordnung, meine Gefühle zu haben und darüber zu sprechen, wenn ich mich geborgen fühle und ich den Wunsch dazu habe.

○ Ich kann denken, richtige Entscheidungen treffen und Dinge planen.

○ Ich kann Probleme haben, darüber sprechen und sie lösen.

○ Für mich ist es in Ordnung, so zu sein, wie ich bin.

○ Ich kann Fehler machen, unvollkommen sein, ich kann manchmal schwach, gelegentlich nicht so gut, manchmal besser und dann wieder großartig sein.

○ Es ist in Ordnung, wenn ich manchmal egoistisch bin, mich manchmal an erste Stelle setze und sage, was ich wünsche und brauche.

○ Es ist in Ordnung, anderen zu geben, aber es ist auch in Ordnung, etwas für mich zu behalten.

○ Es ist in Ordnung, wenn ich mich um mich selbst kümmere. Ich kann nein sagen und Grenzen setzen.

○ Es ist in Ordnung, Spaß zu haben, manchmal albern zu sein und das Leben zu genießen.

○ Ich kann richtige Entscheidungen darüber treffen, wem ich vertraue. Ich kann mir selbst vertrauen. Ich kann Gott vertrauen, auch wenn es manchmal nicht so aussieht.

- ○ Ich kann empfindsam und verletzlich sein.
- ○ Ich kann direkt und ehrlich sein.
- ○ Es ist in Ordnung, wenn ich manchen Menschen nahe bin.
- ○ Ich kann wachsen und mich verändern, auch wenn ich damit einigen Staub aufwirble.
- ○ Ich kann nach meinem Gutdünken und in meinem Tempo wachsen.
- ○ Ich kann lieben und geliebt werden. Ich kann mich lieben, weil ich liebenswert bin. Ich bin gut genug.

Wir haben lange Zeit mit den alten Regeln gelebt. Mit ihnen zu brechen und neue Botschaften zu befolgen, ist anfangs nicht angenehm, aber es ist in Ordnung. Wir können es schaffen. Die alten Regeln mögen nicht an den Kühlschrank geschrieben gewesen sein, es hätte aber genausogut so sein können. Wir haben sie unser ganzes Leben lang befolgt, daher haben sie sich in unserem Kopf festgesetzt. Die neuen Regeln bleiben nicht beim ersten, zweiten, vielleicht auch noch nicht beim hundertsten Versuch haften. Vielleicht sollten wir die neuen Regeln tatsächlich an den Kühlschrank schreiben.

Wir können denken. Wir können fühlen. Wir können Dinge beurteilen. Wir können unsere Probleme lösen und die Finger von solchen lassen, die wir nicht lösen können. Wir können aufhören, uns um andere zu kümmern, und anfangen, uns um uns selbst zu kümmern. Wir können das Leben genießen. Wir können Nähe empfinden, Vertrauen fassen, uns verändern und lieben. Wir tragen die Verantwortung für unser Verhalten.

Befinden wir uns in einer Beziehung mit jemandem, der nach den alten Regeln lebt, wird dieser Mensch vermutlich Reaktionen darauf zeigen, daß wir die Regeln brechen. Er/sie unterliegt den gleichen Gefühlen wie wir, wenn eine Regel sich Geltung verschafft: Angst, Schuld, Scham und Unsicherheit. Er oder sie möchte, daß wir in gleicher Weise empfinden. Wir sind aber keineswegs verpflichtet, diese Gefühle zu teilen. Haben wir diese Empfindungen dennoch, dürfen wir uns dadurch nicht von unserem Vorsatz abbringen lassen. Wenn wir nach neuen Botschaften leben, können wir sanft, doch mit Bestimmtheit den Menschen in unserer Umgebung vorleben, nach neuen Regeln zu leben.

Befreien Sie sich durch Kapitulation. Befreien Sie sich, indem Sie Regeln durchbrechen. Arbeiten Sie daran, neue Regeln zu festigen. Arbeiten Sie so lange daran, bis die neuen Regeln ebenso stark und lebendig sind wie die alten. Arbeiten Sie daran, bis Sie sich Ihr Selbst und Ihr Leben zurückerobert haben.

Wenn Sie festsitzen, wenn die alten Probleme wieder auftauchen, wenn Menschen Ihnen sagen: »Du sollst nicht«, wenn Sie sich erneut fragen, ob die andern recht haben, verdoppeln Sie Ihre Bemühungen. Wenn Schuld, Angst und Scham auf Sie einstürzen, rufen Sie sich die neue Regel ins Bewußtsein. Bitten Sie Ihre Höhere Macht um Hilfe. Umgeben Sie sich mit Menschen, die Sie in Ihren Bemühungen unterstützen, Menschen, die gleichfalls danach streben, nach neuen Regeln zu leben. Geben Sie auch ihnen Rückhalt in ihren Bemühungen. Das ist wahre Genesung.

Regeln sind Regeln, und manche Regeln sind dazu da, gebrochen zu werden.

Hausaufgabe

1. Wie lauten Ihre alten Regeln? Nach welchen neuen Regeln wollen Sie einen Neuanfang in Ihrem Leben machen? Schreiben Sie auf, welche Regeln Sie brechen wollen. Danach streichen Sie die Liste mit Rotstift durch. Nun schreiben Sie die neuen Regeln auf, die Sie sich ausgesucht haben.

2. Lernen Sie zu erkennen, wann eine alte Botschaft versucht, Ihr Verhalten zu bestimmen. Achten Sie darauf, wie Sie sich fühlen. Nutzen Sie solche Augenblicke, um Ihre neue Regel bewußt zu bestätigen.

3. Vergegenwärtigung kann uns helfen, Regeln zu verändern. Wir kennen die Verhaltensweisen, die alte Regeln auf den Plan rufen; welche Verhaltensweisen setzen neue Regeln in Kraft? Stellen Sie sich vor, wie es ist, nach neuen Regeln zu leben. Was speziell werden Sie anders machen, wenn Sie eine neue Regel befolgen? Wie wird das aussehen? Wie wird es sich anfühlen? Wie wird es klingen?

10

Scham und Schuldgefühle abbauen

Ich bin arm, ich bin schwarz, ich bin häßlich und kann nicht kochen. Sagt eine Stimme jedem, der es hören will. Aber ich bin da.

— Celie, in Die Farbe Lila
von Alice Walker

»Sie brauchen sich für Ihren Wunsch nach einer Beziehung nicht zu schämen«, sagte ich meinen Zuhörern. »Wenn Sie arbeitslos sind, schämen Sie sich doch auch nicht, auf Arbeitssuche zu gehen.«

»Ich schon«, murmelte ein Mann in der fünften Reihe.

»Ich besuchte eine Tanzveranstaltung«, sagte Marcie, eine vierunddreißigjährige Frau, auf dem Weg der Genesung von den Störungen eines erwachsenen Kindes und von Inzestproblemen. »Den ganzen Abend über saß ich mit gesenktem Kopf da und starrte meine Füße an.«

»Sie sollen sich nie dafür entschuldigen, so zu sein, wie Sie sind. Und Sie brauchen sich nicht dafür zu schämen, wer Sie sind«, sagte ich ihr.

»Vielleicht tue ich das gelegentlich«, antwortete sie zögernd.

»Ich bin seit Jahren auf dem Weg der Genesung von meiner Co-Abhängigkeit und Drogensucht«, sagte eine Frau. »Jahrelang hat meine Sponsorin mir gesagt, sie habe noch nie eine solche Diskrepanz gesehen zwischen Möglichkeiten, Intelligenz und Talent und dem, was dieses Menschenkind von seinen Möglichkeiten, seiner Intelligenz und seinem Talent hält. Allmählich begreife ich, was sie meint. Ich habe nie an mich geglaubt! Ich habe mir nie etwas zugetraut! Als würde man ein fahrtüchtiges Auto in der Garage stehen lassen und sich darüber beklagen, daß es nicht fährt.«

Immer wenn wir die Worte ›beschämend‹, ›schmach-voll‹, ›schändlich‹ benutzen, werden Scham und Schuldge-fühle für viele von uns zur Belastung und zum Problem. Sie können uns aufhalten, hindern und uns veranlassen, auf unsere Füße zu starren. Vielleicht verstehen wir die Be-griffe Scham und Schuldgefühle nicht. Vielleicht sind wir nicht fähig, sie zu etikettieren. Wir geben ihnen andere Be-zeichnungen: Angst, Verwirrung, Schuld, Wut, Gleichgül-tigkeit oder Schuld eines anderen. Wenn wir aber unter Co-Abhängigkeit oder Problemen des erwachsenen Kindes leiden, sind wir vermutlich von Scham und Schuldgefühlen tief beeinflußt worden.

Scham und Schuldgefühle sind das Markenzeichen ge-störter Familien. Sie bestehen in Suchtfamilien, in denen eine oder mehrere Personen süchtig waren nach Alkohol, Drogen, Essen, Arbeit, Sex, Religion oder Glücksspiel. Sie bestehen in Familien mit Problemen und Geheimnissen. Sie bestehen in Familien, deren Eltern, Großeltern und sogar Urgroßeltern Sucht- oder andere Probleme oder Ge-heimnisse hatten. Scham und Schuldgefühle gießen Benzin in das Feuer der Sucht. Mit Scham und Schuldgefühlen wurden Geheimnisse bewahrt. Sie haben uns bei der Stan-ge gehalten. Und oft werden sie von einer Generation zur nächsten weitergereicht, wie ein kostbares Familienerb-stück, bis sie den Ehrenplatz in unserer Wohnzimmervi-trine einnehmen.

Schäm dich. Diese Worte sind ein Fluch, ein Bann, den andere über uns aussprechen. Ein Bann, den wir lernen, über uns selbst auszusprechen. Das schleichende Gift be-sudelt uns wie schwarze Tinte von Kopf bis Fuß. Wenn der Fluch mit einem bestimmten Blick, bestimmten Worten, einem bestimmten Tonfall oder einer Botschaft aus unse-rer Vergangenheit in unseren Köpfen verbunden ist, bleibt er dort, bis wir etwas dagegen unternehmen. Der Fluch sagt: »Was du getan hast, ist nicht in Ordnung; wie du bist, ist nicht in Ordnung; und nichts, was du dagegen tust, ändert etwas daran.« *Schäm dich.*

Scham und Schuldgefühle haben ihre Wurzeln in unserer Kindheit und ihre Zweige in unserem gegenwärtigen Leben. Scham und Schuldgefühle sind eine Form der Kontrolle, ein Instrument, das Eltern und Gesellschaftsstrukturen vermutlich seit Beginn der Menschheitsgeschichte anwenden. Scham und Schuldgefühle sind das Gefühl, das uns befällt, wenn wir etwas tun, womit wir Menschen enttäuschen, die wir lieben. Richtig angewandt, helfen sie uns, Ethik und Gewissen zu erlernen. Sie sind von außen kommende Schuld.

Gerechtfertigte Schuldgefühle sagen uns, daß bestimmte Verhaltensweisen unangebracht sind, trennen jedoch unser Verhalten von unserer Person. »Hör auf damit, Johnny!« schimpft die Mutter. »Ich will nicht, daß du andere Kinder schlägst! Es ist böse, jemanden zu schlagen!« In diesem Fall lernt Johnny, daß es falsch ist, andere zu schlagen, aber richtig ist, Johnny zu sein. Über diese Art des Schämens spreche ich in diesem Kapitel nicht. Ich spreche über die bösartige Form, die Beschämung, die sagt: »Hör auf damit, Johnny. Du bist ein ganz schlimmer Junge, so etwas zu tun.«

In diesem Fall lernt Johnny, daß es nicht richtig ist, zu schlagen und nicht richtig ist, Johnny zu sein. Die von außen kommende Schuld wird zur Schuld seiner Existenz. In manchen Familien schämen wir uns auch für gesunde, angebrachte Verhaltensweisen, beispielsweise zu denken, zu fühlen, Freude zu haben, zu lieben und geliebt zu werden, Fehler zu machen und uns um uns selbst zu kümmern.

Wir haben Schamgefühle gewissen Körperteilen oder unserer Sexualität gegenüber entwickelt.

Manchmal schämen wir uns für etwas, das andere uns angetan haben. Sexualopfer werden oft von Scham und Schuldgefühlen gepeinigt, obwohl das Fehlverhalten bei anderen lag.

Wie Scham und Schuldgefühle uns beherrschen können, wenn wir sie zulassen

Für viele von uns wird aus der Scham, die uns befällt, wenn wir einen uns nahestehenden Menschen enttäuschen, ein Gefühl, das uns befällt, wenn wir das Mißfallen anderer – selbst Fremder – erregen.

»Meine Kinder spielten im Vorraum eines Restaurants mit fremden Kindern. Aus irgendeinem Grund entspann sich ein Streit – sie schnitten einander Gesichter, streckten sich die Zungen heraus«, sagt eine genesende Frau. »Da mischte sich die Mutter der anderen Kinder ein. Ich sagte ihr, ich fände es besser, wenn die Kinder ihre Zänkereien untereinander austrügen, da meiner Erfahrung nach meist beide Parteien einen Streit provozierten. Die Frau begann sich darüber zu ereifern, wie schlecht erzogen meine Kinder seien; kein Wunder, ich sei eben eine schlechte Mutter. Ich erstarrte. Ich brach innerlich völlig zusammen. Es dauerte einen halben Tag, bis ich die Scham überwunden hatte. Ich ließ mich von einer völlig fremden Person fertigmachen!«

Menschen können uns über unsere Schuldgefühle beherrschen. Scham und Schuldgefühle können zum Instrument werden, um Verhaltensweisen anderer zu kontrollieren. Anfälligkeit für Scham und Schuldgefühle machen uns anfällig für Kontrolle. Bereits der Gedanke, daß Menschen uns mißbilligen – *den Bann aussprechen* –, kann ausreichen, um uns von unserem Vorsatz abzubringen. Scham kann uns gewissermaßen lähmen.

»Scham behindert und blockiert den Energiefluß«, sagt der Therapeut Scott Egleston.

Ich will Ihnen ein Beispiel aus meinem Leben nennen. Vor einiger Zeit fiel es mir schwer, rechtzeitig zur Kirche zu kommen. Dafür gab es vielerlei Gründe, meist fuhr ich zu spät von zu Hause los. Und ich begann mich dafür zu schämen. Was dachten die anderen von mir? Was war ich bloß für ein Mensch, wenn ich es nicht einmal schaffte, meine Kinder am Sonntag rechtzeitig zum Gottesdienst zu bringen? Wenn ich nicht pünktlich sein konnte, wieso kam ich überhaupt? Ich schlich mich in die Kirche, drückte mich in die letzte Bank, machte mir während der Messe Vorwürfe, statt andächtig zu sein. Ich erregte keinerlei Mißfallen. Nur mein eigenes.

Ich schämte mich immer mehr und schwor mir jedesmal wieder, pünktlich zu sein, und um so mehr verspätete ich mich jeden Sonntag. Einmal ging alles schief vom Augenblick des Aufstehens an, bis die Kinder und ich im Vorraum der Kirche standen. Keiner wußte, was er anziehen sollte. Eines der Kinder goß sich Milch über das Sonntagskleid. Wir gerieten in Streit. Ich war wütend und hektisch, und meine Gefühle übertrugen sich auf die Familie. Es ging nicht mehr darum, rechtzeitig zur Kirche zu kommen. Es ging darum, daß ich durchdrehte, weil ich zu spät zur Kirche kam. Wir kamen fast eine Viertelstunde zu spät.

Ich stand im Vorraum der Kirche. *Was bin ich nur für ein schlechter Mensch,* dachte ich. *Wie kann ich es wagen, so spät den Gottesdienst zu stören!* Kein Mensch schenkte mir besondere Aufmerksamkeit, aber in meiner Vorstellung drehten alle die Köpfe und warfen mir mißbilligende Blicke zu.

Ich brachte es nicht über mich, den Kirchenraum zu betreten. Ich konnte keinen Fuß vor den anderen setzen, ich war vor Scham wie gelähmt. Ich schob die Kinder ins Freie und schwor mir, es werde nie wieder vorkommen.

Am nächsten Sonntag stand ich früh auf, wie verließen das Haus rechtzeitig und waren fünf Minuten zu früh da. Die Gläubigen strömten aus der Kirche und bestiegen ihre Autos. Der Gottesdienst war zu Ende. An diesem Tag waren die Uhren auf Sommerzeit umgestellt worden, und ich hatte nicht darauf geachtet. Ich war beinahe eine Stunde zu spät dran. Ich kapitulierte, und seitdem kann ich mit dem Problem umgehen.

Der springende Punkt an der Geschichte ist: Scham und Schuldgefühle können uns am Handeln hindern. Wenn wir in einem System aufwuchsen, das Scham mit gesunden Verhaltensweisen wie Denken, Fühlen und Selbstfürsorge in Beziehung setzte, können Scham und Schuldgefühle uns daran hindern, diese Dinge zu tun. Jedesmal, wenn wir ein Gefühl, einen Gedanken haben, Spaß empfinden, anderen nahekommen oder uns spontan unserem ›Dasein‹ hingeben, können Scham und Schuldgefühle uns das verderben. Scham und Schuldgefühle halten uns davon ab, Grenzen zu setzen. Und Scham und Schuldgefühle lassen uns in unseren Fehlern verhaftet bleiben.

»Ich begann mit sexuellem Fehlverhalten«, erinnert sich ein Mann. »Ich geriet in eine Situation und machte Dinge, bei denen ich mich nicht im geringsten wohl fühlte. Später fühlte ich mich schuldig und beschämt. Ich kam mir vor wie der letzte Dreck. Ich wußte nicht, wie ich mit diesen ganzen schrecklichen Gefühlen umgehen sollte. Ich wußte nicht, wie ich mir verzeihen und mich annehmen konnte. Das einzige, was mir vorübergehend Trost gab, bestand darin, das gleiche wieder zu tun. Ich begann ein zwanghaftes Verhalten, das mehrere Monate lang anhielt, bis ich schließlich kapitulierte und mir selbst verzieh. Als ich mich haßte, konnte ich mein Verhalten nicht ändern. Das schaffte ich erst, als ich begann, mich zu lieben – ohne Vorbehalt.«

Der kleine Pinguin Opus aus dem amerikanischen Zeichentrickfilm *Bloom County* machte auch seine Erfahrung mit Scham und Schuldgefühlen. Bewohner seines Dorfes ertappten Opus beim Lesen gewisser Magazine. Er wurde wegen Lüsternheit vor das Pinguin-Gericht gestellt und aus dem Königreich Bloom County verbannt. Mit gesenktem Kopf trollte der ausgewiesene Opus sich in die vier Ecken der Welt. Einige Zeit später bekam er eine Stelle als männlicher Pinguin-Stripper, den einzigen Job, für den er sich geeignet hielt. »Ich leide«, sagte Opus, »an chronischer und hoffnungslos geringer Selbstachtung.«

Scham und Schuldgefühle können jede Entscheidung beeinflussen, die wir treffen: die Wahl von Ehepartner,

Freunden, Heim, Job oder Auto; wie wir unser Geld ausgeben; und was wir mit unserer Zeit anfangen. Scham und Schuldgefühle können uns davon abhalten, die für uns richtigen Entscheidungen zu treffen, weil wir nicht daran glauben, das Beste zu verdienen. Wenn wir glauben, daß wir so, wie wir sind, nicht gut genug sind, wird sich jede Begegnung mit dem Leben als das herausstellen, was wir glauben, egal wie sehr wir uns bemühen. Wir suchen oder erschaffen Erfahrungen, um diese Überzeugung zu verstärken. Manchmal geht das so weit, daß wir zerstören, was gut ist.

Ein genesender Mann erzählt folgende Geschichte. »Ich habe mir immer einen Mercedes gewünscht. Eines Tages entschloß ich mich zum Kauf. Ich bestellte den Wagen, holte ihn ab, und von diesem Augenblick an befielen mich die schlimmsten Gefühle. Ich parkte den Wagen nie direkt vor der Tür, immer um die Ecke. Ich sagte niemandem, daß ich mir einen Mercedes gekauft hatte. Am liebsten hätte ich mir beim Fahren eine Maske aufgesetzt. Ich wußte nicht, was los war; ich wußte nur, daß ich mich mit dem Wagen nicht wohl fühlte. Eine Woche später fuhr ich zu einem Autohändler und wollte den Wagen gegen ein anderes, einfacheres Modell eintauschen. Ich hätte eine Menge Geld dabei verloren! Und da kam mir die Erleuchtung. Was nicht stimmte, waren meine Schuldgefühle. Ich glaubte nicht, diesen Wagen zu verdienen.

Ich behielt den Mercedes«, sagt der Mann. »Ich arbeite an meinen Schuldgefühlen. Ich arbeite daran, die Meinung, die ich von mir habe, zu ändern, und ich arbeite an meinem Recht, schöne Dinge zu besitzen.«

Scham und Schuldgefühle können uns das Gefühl geben, verrückt zu sein und verrückte Dinge zu tun. Es schmerzt, wenn wir glauben, daß es nicht gut ist, der Mensch zu sein, der wir sind. Um uns vor diesem Schmerz zu schützen, meiden wir Scham und Schuldgefühle, indem wir sie in andere Gefühle umwandeln, die sicherer und leichter zu handhaben sind: Wut; Gleichgültigkeit; das starke Bedürfnis, Kontrolle auszuüben; Depression; Verwirrung; Unbeständigkeit; oder die Sucht nach der Droge unserer Wahl (diese ›Droge‹ kann Alkohol, Tabletten, Essen, Sex oder Geld sein). Wir können Scham und Schuldgefühle in Schuldzuweisung, Abgestumpftheit oder Panik umwandeln. Oder wir gehen damit um, indem wir davor weglaufen.

Wir wissen meist nicht, daß Scham und Schuldgefühle es sind, die uns und andere dazu bringen, diese Dinge zu tun.

Eine Beziehung mit einem auf Scham und Schuldgefühle fixierten Menschen ist verwirrend.

Wir sehen das Weglaufen, die Schuldzuweisung oder Wut und verstehen nicht, warum wir oder andere das tun.

Ich hatte einmal einen Traum. Ich befand mich in einem Kellerverlies. Mit mir waren noch andere Menschen gefangen. Alle meine Entscheidungen mußten von den Menschen und Gegenständen in dem Kerker getroffen werden. Beim Erwachen erkannte ich, daß der Kerker Schuldgefühle und geringe Selbstachtung veranschaulichte. Ich erkannte auch, daß die Tür zu diesem Kerker nicht verschlossen war; sie stand offen. Ich mußte nur hinaustreten.

Nachfolgend erläutere ich einige Punkte, die Ihnen helfen, durch diese Tür zu gehen.

Diese Punkte lauten:

○ Von einem System der Scham und Schuldgefühle auf ein System der Selbstliebe und Akzeptierung überwechseln.
○ Scham und Schuldgefühle unterscheiden.
○ Scham wie ein Gefühl behandeln.
○ Den Schuldgefühlen bis zum Ursprung nachgehen.
○ Ändern, was geändert werden muß.
○ Scham und Schuldgefühle loslassen und
○ ihre Rechte und Regeln kennen.

Von einem System der Scham und Schuldgefühle auf ein System der Selbstliebe und Akzeptierung überwechseln

Ein auf Scham basierendes System bedeutet, aus der unterschwelligen Überzeugung zu handeln, daß wir so, wie wir sind, nicht richtig sind. Während der Genesung kommen wir zur Überzeugung, daß wir in Ordnung sind, so wie wir sind. Wir lieben und akzeptieren uns ohne Vorbehalt. Wenn wir einen Fehler machen, trennen wir unser Verhalten von unserer Identität. Mag das, was wir getan haben, nicht in Ordnung sein, wir selbst sind dennoch in Ordnung. Wir unternehmen Schritte, um unser Verhalten zu korrigieren. Das ist das grundlegende Ziel der Genesung. Es ist der Kern der Zwölf-Schritte-Programme und das, was uns die Arbeit in den Schritten bringen kann.

Dieses gesunde Verfahren geht davon aus, daß unser innerer Moralkodex im Fall einer Übertretung Signale aussendet, wenn wir an der Genesung arbeiten und mit unserer Höheren Macht verbunden sind. Diesem Verfahren zufolge können wir uns selbst, unserer Genesung und unserer Höheren Macht vertrauen. Und es gibt uns zu verstehen, daß wir trotz unserer Fehler in Ordnung sind, denn aus Fehlern lernen und an ihnen wachsen wir.

Scham und Schuldgefühle unterscheiden

Lernen Sie den Unterschied zwischen Scham und Schuld erkennen. Schuld ist die Überzeugung, das, was wir getan haben, ist nicht in Ordnung. Echte Schuldanerkennung ist nutzbringend. Sie ist ein Zeichen dafür, daß wir unseren eigenen oder einen allgemein gültigen Moralkodex übertreten haben. Sie hilft uns, ehrlich, gesund und auf dem rechten Weg zu bleiben. Sich schämen ist wertlos. Sich schämen ist die Überzeugung, egal ob das, was wir getan haben, gut ist oder nicht, wir selbst sind es nicht. Schuld läßt sich beheben. Wir leisten Wiedergutmachung für das, was wir getan haben, lernen aus unserem Fehler und versuchen, unser Verhalten zu korrigieren. Sich schämen läßt sich nicht beheben. Es vermittelt uns das Gefühl, wir können uns nur für unsere Existenz entschuldigen, und auch damit machen wir nichts besser.

Wir können von leichten, mittleren oder schweren Anfällen des Schämens befallen werden. Vielleicht leben wir in einem ständigen Zustand des Schämens. Wir müssen lernen, Scham zu erkennen und zu analysieren: die Gefühle und Gedanken, die sie hervorruft, sowie unsere Reaktion und unser Verhalten darauf. Laufen Sie weg, verstecken Sie sich, weisen Sie Schuld zu, erstarren Sie, geraten Sie in Wut oder versuchen Sie, sich zu beherrschen? Lernen Sie herauszufinden, wann Schämen der Kern solcher Verhaltensweisen ist. Sehen Sie Scham im richtigen Licht, und nennen Sie sie beim richtigen Namen: Sie ist ein ekelhaftes Gefühl, das uns aufgezwungen ist, um uns an Regeln zu binden – vorwiegend an die Regeln anderer.

Scham wie ein Gefühl behandeln

Scham ist eine starke Kraft. Mangels einer genaueren Bezeichnung wollen wir sie ein Gefühl nennen. Behandeln Sie sie wie jedes andere Gefühl. Sprechen Sie darüber. Oder gestehen Sie sie wenigstens sich selbst gegenüber ein. Ich verleihe meiner Scham gelegentlich Gestalt: Ich lasse den Kopf hängen, bedecke das Gesicht mit den Händen und sage: »Ich schäme mich fürchterlich.« Dann wieder sage ich nur: »Ja, es ist eine Schande.« Auf Schämen trifft das Grundprinzip aller Gefühle zu: Nur wir selbst empfinden es und haben es zu verantworten. Werden Sie sich Ihres Schämens bewußt. Dann akzeptieren Sie es. Mit dem Schämen ist es wie bei jedem anderen Gefühl: Durch Verdrängen verschwindet es nicht; es wird nur stärker.

Ich finde die Augenblicke nicht mehr so schlimm, wenn ich mich schäme. Früher schämte ich mich ständig.

Heute habe ich meist genügend Selbstachtung und gute Gefühle, um zu erkennen, wann Scham sich bei mir einschleicht.

Den Schuldgefühlen bis zum Ursprung nachgehen

Warum haben Sie Schuldgefühle? Wen haben Sie enttäuscht? Wessen Regeln brechen Sie? Die Regeln anderer oder Ihre eigenen? Gelegentlich tun wir Dinge, die uns zu Recht Schuldgefühle vermitteln. Wir übertreten unseren eigenen Moralkodex; und Schuld verbindet sich mit Schamgefühl. Manchmal ist Scham ein Hinweis auf etwas, das wir ändern müssen; wir werden uns jedoch vermutlich nicht ändern, bevor wir unsere Schuldgefühle nicht losgeworden sind.

Manchmal schleichen sich Schuldgefühle über unsere Vergangenheit ein – und daran können wir nichts ändern.

Dann wieder sagen die Schuldgefühle, daß wir ein Familiengesetz übertreten haben. Jeder von uns hat seine eigenen Botschaften, und diese Botschaften sind mit Schuldgefühlen verbunden. Die Auseinandersetzung mit den Schuldgefühlen kann uns helfen, unsere Botschaften zu verstehen. Eine Frau teilte mir folgende Erfahrung mit.

»Immer wenn ich mit Männern redete, überkamen mich die Schuldgefühle wie eine Flutwelle«, sagt sie. »Egal, ob es Männer waren, die ich nur flüchtig kannte, oder ein Mann, an dem ich stärker interessiert war. Bis ich herausfand, was dahintersteckte. In meiner Familie herrschten strikte Sexualtabus. Jedesmal, wenn mein Vater mich dabei erwischte, daß ich mich mit einem Jungen unterhielt, strafte er mich mit Worten wie: ›Du solltest dich schämen. Du benimmst dich wie ein Flittchen.‹

Ich war fünfunddreißig Jahre alt, lebte in einer anderen Stadt als mein Vater, doch seine Worte hatte ich immer noch im Ohr. Diese Erkenntnis verhalf mir zur Fähigkeit, mir neue Botschaften zu geben, und allmählich schwinden meine Schuldgefühle.«

»Ich hatte Schuldgefühle, wenn ich das Haus verließ und die Kinder nicht mitnahm«, erklärt eine Mutter von drei Kindern. »Erst als ich aufhörte, vor meinen Schuldgefühlen davonzulaufen, deckte ich die Botschaft auf: Eine gute Mutter kümmert sich in erster Linie um ihre Kinder. Sobald ich diese Botschaft offengelegt hatte, konnte ich sie ändern. Meine neue Botschaft lautet: Eine gute Mutter kümmert sich auch um sich selbst.«

Ändern, was geändert werden muß

Wenn wir uns schämen, weil wir etwas getan haben, das uns Schuldgefühle vermittelt, verwandeln wir Scham in Schuld; wir leisten Wiedergutmachung und ändern unser Verhalten. Wenn wir feststellen, daß die Schuldgefühle versuchen, uns eine ungesunde, unpassende Botschaft aufzudrängen, ändern wir die Botschaft. Wenn wir Schuldgefühle haben für etwas, das wir nicht ändern können oder müssen, kapitulieren wir vor der Situation und vergeben uns.

Scham und Schuldgefühle loslassen

Sobald sich Schuldgefühle einstellen, suchen Sie nach einem Weg, um sie verschwinden zu lassen. Geben Sie ihnen eine freche Antwort. Werden Sie wütend auf Ihre Schuldgefühle. Sagen Sie ihnen, sie sollen verschwinden. Fühlen Sie das ganz stark. Freunden Sie sich mit ihnen an. Lassen Sie sie los. Arbeiten Sie im sechsten und siebten Schritt des Zwölf-Schritte-Programms. Im sechsten Schritt arbeiten Sie mit Ihrer Bereitschaft, die Schuldgefühle als Unzulänglichkeit zu beseitigen, und im siebten Schritt, indem Sie Gott bitten, die Schuldgefühle von Ihnen zu nehmen. Handeln Sie, wie Sie es für richtig halten, aber behalten Sie die einmal gewählte Handlungsweise bei, und lassen Sie damit Ihre Schuldgefühle los.

Ihre Rechte und Ihre Regeln kennen

Viele von uns wuchsen auf mit Schuldgefühlen, die an menschliche Grundrechte und Bedürfnisse geknüpft waren. Es hilft, wenn wir unsere Rechte und unsere neuen Regeln kennen. So können wir mit Schuldgefühlen umgehen, wenn sie versuchen, die alten Regeln zu festigen. Wir haben das Recht, nein oder ja zu sagen, gesund zu sein, uns geborgen zu fühlen und uns um uns selbst zu kümmern. Wir haben das Recht, Grenzen zu setzen, uns nicht mißbrauchen zu lassen, in unserem Rhythmus zu wachsen, Fehler zu machen, Spaß zu haben, zu lieben und geliebt zu werden. Wir haben das Recht auf unsere Wahrnehmungen, Beobachtungen, Meinungen und Gefühle. Wir haben das Recht, so gesund und erfolgreich zu sein, wie wir können.

Wir haben noch andere Rechte. Das erkannte ich an dem Tag, als ich die ›Wurzeln‹ meiner Schuldgefühle aufspürte. Ich fuhr zu einer Verabredung, die ich an einer Schule unserer Stadt mit einem Berufsberater hatte. Ich mußte keine Prüfung ablegen. Ich mußte kein Examen bestehen. Ich hatte nichts zu gewinnen oder zu verlieren. Ich wollte lediglich einige Broschüren und Informationen abholen. Und doch war ich nervös und ängstlich, so wie ich mich meistens fühlte. Bis ich erkannte, was dahintersteckte. Ich war die meiste Zeit nervös, weil ich mich dem Leben nicht gewachsen fühlte. Egal, in welcher Situation oder welchen Umständen. Ich fühlte mich nicht gut genug. Ich war nicht gut genug.

An diesem Tag traf ich eine Entscheidung. Ich war hier, ich war ich, und ich war in Ordnung, trotz meiner Vergangenheit, meiner Gegenwart, meiner Zukunft, meiner Schwächen, meiner Launen, meiner Fehler und meiner Menschlichkeit.

Wir sind gut, und wir sind gut genug. Manchmal machen wir große Fehler; manchmal machen wir kleine Fehler. Doch der Fehler besteht darin, was wir tun, und nicht darin, wer wir sind. Wir haben ein Recht, zu sein, hier zu sein und zu sein, wer wir sind. Wenn wir nicht sicher sind, wer wir sind, haben wir ein Recht, eine spannende Entdeckung zu machen. Und wir müssen uns von Schuldgefühlen nie etwas anderes einreden lassen.

Hausaufgabe

1. Machen Sie während Ihrer Alltagspflichten Notizen über Ihre Schuldgefühle. Dann suchen Sie nach Mustern. In welchen Bereichen sind Sie für Schuldgefühle am anfälligsten: Wenn Sie über Gefühle sprechen? Über Ihren Körper? Bei Aktivitäten, die Spaß machen? Wenn Sie Fehler machen und nicht fehlerlos sind? Über Ihre Vergangenheit? Welche Menschen lösen bei Ihnen am ehesten Schuldgefühle aus? .

11
Von der Benachteiligung zur Anerkennung

Ich sehe mir genau an, wo ich heute stehe, und
bin dankbar, daß ich es bis hierhin geschafft habe.
Dieser Platz ist für mich jetzt richtig und bereitet
mich auf das Abenteuer vor, das vor mir liegt.

— Aus: *Jeden Tag ein neuer Anfang*

Der Psychiater legte Jason eine Zeichnung vor. »Was erkennen Sie darauf?«

Jason, ein graumelierter Herr in mittleren Jahren, erklärte, er sehe darin einen Vogel.

»Gut«, sagte der Psychiater und hielt ihm das nächste Blatt hin. »Und das hier?«

Jason sagte, das sehe für ihn aus wie ein Baum. Der Arzt nickte und zeigte Jason das nächste Blatt.

»Ein Schmetterling.«

»Und dies?« fragte der Arzt.

Jason besah sich die Zeichnung, untersuchte sie von allen Seiten. »Ich weiß nicht, was das sein soll«, sagte er.

Der Psychiater zeigte Jason die nächste Zeichnung und dann noch eine. Auch diese sagten für Jason nichts aus. Die restlichen Bilder des Tests konnte Jason wieder benennen.

»Warum konnte ich diese Bilder nicht erkennen?« fragte Jason, nachdem der Psychiater mit dem Test fertig war.

»Kein Wunder. Die drei Zeichnungen konnten für Sie keinen Sinn ergeben«, sagte der Psychiater. »Sie repräsentieren Vaterliebe. Diese Bilder können Sie nur erkennen, wenn Sie Vaterliebe kennengelernt haben. Für Sie bedeuteten die Darstellungen nichts, weil Ihre Entwicklung hier einen weißen Fleck aufweist.«

Jason begann zu erzählen. Er war das jüngste von neun Kindern einer Farmerfamilie, geboren in der großen Wirtschaftskrise der 20er Jahre. Fünfzehn Jahre lang hatte er Probleme mit seinem Alkoholismus, zwei gescheiterte Ehen lagen hinter ihm mit Frauen, die ihn behandelten, wie sein Vater ihn behandelt hatte – kühl und abweisend. Er sprach von unermüdlichen Bemühungen, anderen zu gefallen, ohne jemals Anerkennung gefunden zu haben. Gegen Ende der Sitzung schwieg Jason. Als er wieder sprach, sah er aus und hörte sich an wie ein neunjähriger Junge, nicht wie ein fünfzigjähriger Mann.

»Warum hat er mich nie auf seinen Schoß gesetzt oder mich in die Arme genommen oder mir gesagt, daß ich ihm etwas bedeute?« fragte Jason. »Warum hat er mir nie gesagt, daß er mich liebt?«

»Weil er vielleicht dazu nicht fähig war oder nicht wußte, wie er Liebe zeigen soll«, sagte der Psychiater ruhig.

Jason stand auf. Tränen standen ihm in den Augen, aber sein Gesicht zeigte wieder Festigkeit. »Sie meinen, es lag nicht an mir? Es war nicht mein Fehler? Es lag nicht daran, daß ich nicht liebenswert bin?«

»Nein«, sagte der Arzt. »Sie sind liebenswert. Sie litten unter einem Mangel an Liebe.«

Die Suche nach der Normalität

Viele von uns litten in der Kindheit unter mangelnder Zuwendung. Dieser Mangel war vielleicht so groß, daß wir glaubten, das Leben sei nicht lebenswert. Der Mangel an Zuwendung und Liebe mag so groß gewesen sein, daß wir glaubten, nicht liebenswert zu sein. Der Mangel an Schutz und Beständigkeit gab uns das Gefühl, daß Menschen unzuverlässig sind. Unsere Eltern waren so verstrickt in ihren Problemen und ihrem Schmerz, litten ihrerseits so große Mängel, daß sie uns nicht geben konnten, was wir brauchten. Vielleicht mußten wir materielle Dinge entbehren:

Spielsachen, Süßigkeiten, Kleider, Essen oder ein gemütliches Zuhause.

Manche von uns wurden ihrer Kindheit beraubt.

Erwachsene Kinder aus dysfunktionalen Familien wissen nicht, was ›normal‹ ist, da sie Normalität kaum jemals kennengelernt haben.

Meine Suche nach der Normalität war ein riesiges Unterfangen. Was ist Vergnügen? Was ist Liebe? Wie fühlt sich das an, wie sieht das aus? Was ist eine gute Beziehung? Wie bildet man sich eine Meinung? Was tut man in seiner Freizeit? Wie kauft man Kleider? Wie knüpft man Freundschaften? Was fängt man mit ihnen an, wenn man sie hat? Was ist verrückt? Was ist gesund? Wie fühlt man sich besser, wenn man verletzt wird? Was sind die guten Dinge im Leben? Gibt es sie? Wieviel davon kann ich haben?

Für viele von uns ist das Leben ein großes Kaufhaus mit zwei Abteilungen: Im Erdgeschoß werden alle guten Waren angeboten, von denen wir viele nicht benennen können, weil wir sie noch nie gesehen haben; im Tiefgeschoß gibt es die Sonderangebote. Restposten und fehlerhafte, beschädigte Ware. Dort kaufen wir ein.

Hören Sie sich folgendes Gespräch zweier Frauen an. Eine Frau ist auf dem Weg der Genesung vom Syndrom des erwachsenen Alkoholikerkinds und einer Ehe mit einem Alkoholiker. Die andere kommt aus einer relativ normalen Atmosphäre.

»Ich weiß nicht, ob ich mit meinem Freund Schluß machen soll oder nicht«, sagt eine Frau.

»Was sind seine guten Eigenschaften?« fragt ihre Freundin.

»Er geht einer geregelten Arbeit nach. Er hält meist seine Versprechungen. Er ist freundlich. Und er hat mich nie verprügelt.«

»Nein, du verstehst mich nicht richtig«, sagt die Freundin. »Was sind seine guten Eigenschaften? Das, was du aufzählst, sind Selbstverständlichkeiten.«

»Ach«, sagt die Frau. »Das wußte ich nicht.«

Welche der beiden Frauen halten Sie für das erwachsene Kind?

Verluste hinnehmen ist schwer. Es ist schmerzhaft, etwas zu haben und es dann zu verlieren. Mangel an Zuwendung ist tiefgreifend und schafft weiße Flecken in unserer Seele.

»Ich hatte nie eine gesunde, liebevolle, greifbare Vaterfigur«, sagt eine genesende Frau. »Mein Vater war Alkoholiker und verließ uns, als ich zwei war; als junges Mädchen hatte ich zwei Jahre lang einen Stiefvater, der sich nicht für mich interessierte.

Als Erwachsene hatte ich mehrere unglückliche Beziehungen mit der gleichen Sorte Männer: Entweder waren sie Alkoholiker oder gleichgültig. Ich wußte nicht, daß es eine andere Sorte gab. Wenn du nie Eiscreme gegessen hast und nicht viel darüber weißt, gehört Eiscreme nicht in deine Welt. Sie ist nichts Besonderes. In meinem Fall gehörten gesunde, liebevolle Männer nicht in meine Welt. Sie waren nichts Besonderes.

Während einer Busfahrt über Land saß ich neben einem älteren Herrn. Wir plauderten, und er erzählte mir von seiner Frau und wie einsam er sich fühle, weil er das erste Mal seit Jahren ohne sie verreise. Er erzählte von seinen Kindern und erwähnte einen Vorfall, als sein Sohn ihn einmal um eine Gefälligkeit gebeten hatte, die er vergessen hatte. Der Mann sagte, er habe sich deshalb jahrelang Vorwürfe gemacht, bis er seinen Sohn eines Tages darauf ansprach; doch der konnte sich an nichts mehr erinnern.

Wovon er nicht sprach, was ich aber heraushörte, war seine ganz spezielle Hingabe an seine Familie. Er war gefühlsmäßig, körperlich, geistig und finanziell für sie da. Er umsorgte sie und scheute sich nicht, das auch zu zeigen.

Mir wurden die Augen geöffnet«, erklärt sie. »Diese Sorte Mann kannte ich nicht – diese Sorte Ehemann, Vater, Persönlichkeit und Familie existierte tatsächlich. Einen Augenblick lang überkam mich Traurigkeit. Ich hatte bereits einiges an Trauerarbeit geleistet, aber wie konnte ich um etwas trauern, dessen Verlust mir nicht bewußt war? Ich trauerte darum, daß ich diese Form der Vater- und Familienliebe nicht gekannt hatte. Dann übertrug ich diese Information in meine Realität. Diese Art der Liebe, einen solchen Mann gab es auch für mich.«

Wir müssen die weißen Flecken ausfüllen, denn dadurch eröffnen sich uns viele Möglichkeiten:

○ gesunde Liebe
○ Identität
○ ein tiefes Gefühl der Geborgenheit
○ sich gut fühlen als Normalzustand
○ die Fähigkeit, Konflikte zu lösen
○ gute Freunde
○ erfüllende Arbeit
○ genügend Geld und
○ uneingeschränkte Liebe und Schutz einer Höheren Macht.

Viele von uns litten als Kinder an Entbehrungen, und viele von uns haben diese Entbehrungen mit ins Erwachsenenleben genommen. Entbehrung schafft benachteiligtes Denken. Benachteiligtes Denken verewigt die Entbehrung.

Die Falle schnappt zu, und wir fürchten, zu kurz zu kommen: Es gibt wunderbare Dinge, aber für uns reichen sie nicht. Verzweifelt raffen wir zusammen, was wir kriegen können, und halten es fest, egal ob wir es eigentlich wollen, egal, ob es gut für uns ist. Wir werden mißgünstig und neidisch auf Menschen, die genügend haben. Wir horten materielle Werte oder können uns nicht daran erfreuen, aus Angst, sie abzunutzen oder aufzubrauchen. Oder wir fügen uns in unser Schicksal und begnügen uns mit wenig. Entbehrung wird zur Gewohnheit. Wir fahren fort, ängstlich zu sein und uns benachteiligt zu fühlen, auch wenn wir es gar nicht sind.

»Ich kaufe fünfzig Rollen Klopapier auf einmal«, sagt eine Frau, erwachsenes Kind eines Alkoholikers, die zweimal mit Alkoholikern verheiratet war. »Ich kaufe fünfzig Rollen Klopapier auf einmal, weil es Jahre gab, in denen wir nicht genug Klopapier hatten und kein Geld da war, um welches zu besorgen. Und ich möchte nie wieder ohne Klopapier sein. In den letzten drei Jahren habe ich über 25000 Dollar im Jahr verdient. Ich habe genug Geld, um Klopapier zu kaufen. Aber ich glaube immer noch, es reicht nicht.«

Wir reagieren sehr verschiedenartig auf Verlust. Wir verlangen, daß das Leben und die Menschen in unserem Leben alles das wettmachen, was uns in der Vergangenheit widerfahren ist. Das ist unfair; eine solche Erwartungshaltung kann gegenwärtige Annehmlichkeiten schmälern.

Negatives Benachteiligungsdenken macht weniger aus den Dingen. Wir murren über das halbleere Glas Wasser, sind so sehr darauf fixiert, was wir nicht haben, daß wir das halbvolle Glas Wasser nicht zu schätzen wissen, sei es das Glas selbst oder daß wir leben und gesund genug sind, um das Wasser trinken zu können. Wir befürchten so sehr, nicht mehr zu bekommen, oder sind so verärgert darüber, nur ein halbes Glas trinken zu können, daß wir es gar nicht trinken. Wir lassen es auf dem Tisch stehen, bis es verdunstet. Dann haben wir gar nichts, und genau das ist es, was wir ohnehin befürchteten. Das ist Selbsttäuschung! Wir können das Wasser trinken, wenn wir Durst haben, und an den Wasserhahn gehen, um uns frisches Wasser zu holen.

Die vielleicht einschneidenste Wirkung der Entbehrung ist unsere Einstellung, die guten Dinge im Leben nicht zu verdienen. Das ist zwar nicht wahr, aber unsere Überzeugung macht es wahr. Was wir zu verdienen glauben, was wir wirklich tief in unserem Herzen glauben, das werden wir auch bekommen.

Negatives Verlustdenken kann uns daran hindern zu sehen, was in unserem gegenwärtigen Leben gut ist, und kann bewirken, daß das Gute nicht eintrifft. Verluste zu erleiden, ist schmerzhaft. Es ist schmerzhaft, durchs Leben zu gehen in der Überzeugung, es sei nicht genug da.

Es ist schmerzhaft zu glauben, wir verdienen es nicht besser. Also hören Sie damit auf. Jetzt. Sofort. Sie können die weißen Flecken auffüllen mit Gedanken wie: »Es gibt genug« und »Ich habe es verdient«. Es gibt genug für Sie. Es gibt auch genug für den Nachbarn. Sie verdienen das Beste, was immer das für Sie bedeutet.

Das Dankbarkeitsprinzip

Verlustdenken verwandelt Gutes in weniger Gutes oder in Nichts. Dankbarkeit macht mehr aus den Dingen.

Vor vielen Jahren, als ich anfing, mein durch Drogensucht zerrüttetes Leben wieder aufzubauen, träumte ich davon, zu heiraten und eine Familie zu gründen. Ich träumte davon, ein Haus zu besitzen, ein gemütliches geborgenes Heim. Ich wollte manches, was andere auch hatten. Ich wollte ›Normalität‹, was immer das war.

Es sah so aus, als würde ich es bekommen. Ich heiratete. Ich wurde schwanger. Ich bekam eine kleine Tochter. Nun fehlte nur noch das Haus. Wir besichtigten eine Menge Traumhäuser – große Traumhäuser und mittlere Traumhäuser. Das Haus, das wir kauften, war kein Traumhaus, aber es war das, was wir uns leisten konnten.

Fünfzehn Jahre lang war es vermietet gewesen und hatte ein ganzes Jahr leergestanden, und es bestand vorwiegend aus morschen Holzbalken und zerbrochenen Fensterscheiben. In manchen Zimmern waren zehn Lagen Tapeten übereinandergeklebt. Die Wände hatten tiefe Risse und Löcher. Die Fußböden im ganzen Haus waren mit einem grellen orangefarbenen fleckigen Teppich ausgelegt. Und wir hatten weder das Geld noch das handwerkliche Geschick, sie auszubessern. Wir hatten kein Geld für neue Fenster, für Vorhänge oder Wandfarbe. Wir konnten uns keine Möbel leisten. Wir besaßen ein zweistöckiges verfallenes Haus mit einem Küchentisch, zwei Stühlen, einem Lehnsessel, einem Bett, einer Wiege und zwei Schränken, von denen einer zerbrochene Schubfächer hatte.

Etwa zwei Wochen nach unserem Einzug besuchte uns eine Freundin. Wir standen dort, wo eigentlich Rasen hätte wachsen sollen, wenn Gras gewachsen wäre. Meine Freundin sagte immer wieder, wie glücklich ich sein müsse und wie schön es sei, ein eigenes Haus zu besitzen. Aber ich war nicht glücklich und fand es nicht schön. Kein Mensch in meinem Bekanntenkreis hatte ein so verwahrlostes Haus.

Ich redete nicht viel über meine Gefühle, aber jede Nacht, wenn mein Mann und meine Tochter schliefen, schlich ich hinunter ins Wohnzimmer, setzte mich auf den widerlich orangefarbenen Teppich und weinte. Das wurde zum Ritual. Wenn alles schlief, saß ich auf dem Fußboden und dachte an alles, was ich an dem Haus haßte, weinte und fühlte mich hoffnungslos unglücklich. Das dauerte Monate. So berechtigt meine Reaktion gewesen sein mochte, sie änderte nichts an der Situation.

Einige Male machte ich verzweifelte Renovierungsversuche, aber alles ging schief. Einen Tag vor dem Erntedankfest versuchte ich die Wände im Wohn- und Eßzimmer neu zu streichen. Doch die nasse Farbe löste die Tapetenschichten. Ein anderes Mal bestellte ich teure Tapeten, in der Hoffnung, sie bezahlen zu können, wenn sie geliefert wurden. Die Hoffnung war vergeblich.

Eines Abends, als ich wieder auf dem Fußboden hockte und mich meinem Klageritual hingab, kam mir der Gedanke: *Wieso versuchst du es nicht mit Dankbarkeit?*

Zunächst verwarf ich die Idee. Dankbarkeit war absurd. Wofür sollte ich wohl dankbar sein? Und wieso? Und dann faßte ich den Entschluß, es dennoch zu versuchen. Ich hatte nichts zu verlieren. Und ich hatte es satt, mich zu bemitleiden.

Ich wußte zwar immer noch nicht, wofür ich dankbar sein sollte, also war ich dankbar für alles. Ich fühlte mich nicht dankbar. Ich spielte Dankbarkeit. Ich zwang mich, dankbare Gedanken zu haben. Bei dem Gedanken an die aufgeweichten herabhängenden Tapetenfetzen dankte ich

Gott. Ich dankte Gott für alles, was ich in diesem Haus haßte. Ich dankte Ihm, es mir beschert zu haben. Ich dankte Ihm, daß ich hier war. Ich dankte Ihm auch dafür, daß ich es haßte. Jeden negativen Gedanken über das Haus konterte ich mit einem dankbaren Gedanken.

Das mag eine weniger logische Reaktion gewesen sein als negatives Denken, aber sie stellte sich als wirkungsvoller heraus. Nachdem ich drei oder vier Monate Dankbarkeit geübt hatte, veränderten sich die Dinge.

Meine Einstellung änderte sich. Ich saß nicht mehr heulend auf dem Fußboden, sondern fing an, das Haus zu akzeptieren − so wie es war. Ich fing an, mich um das Haus zu kümmern, als sei es mein Traumhaus. Ich hielt es sauber und ordentlich und machte es so hübsch wie möglich.

Dann fing ich an zu denken. Vielleicht würde die Farbe halten, wenn ich die alten Tapeten ablöste. Ich hob den orangefarbenen Teppich an einigen Stellen hoch und entdeckte Eichendielen im ganzen Haus. Ich durchstöberte einige Kisten auf dem Speicher und fand alte Spitzenvorhänge, die an die Fenster paßten. Ich entdeckte hübsche Tapeten für zwei Dollar die Rolle. Ich erkundigte mich, womit man Risse in Wänden und Decken ausbesserte. Ich nahm mir vor zu lernen, wie man etwas machte, wenn man es nicht wußte. Meine Mutter erklärte sich bereit, mir beim Tapezieren zu helfen. Alles, was ich brauchte, kam auf mich zu.

Neun Monate später hatte ich ein schönes Heim. Im ganzen Haus glänzten Eichendielen. Landhaustapeten und weißgetünchte Wände bildeten einen hübschen Kontrast zu den dunklen alten Holzbalken in allen Räumen.

Immer wenn ich auf ein Problem stieß − eine Schranktür fehlte, und ich hatte kein Geld für die Schreinerarbeiten −, zwang ich mich zur Dankbarkeit. Schon bald tauchte eine Lösung auf: Nimm die anderen Türen auch heraus, und du hast eine offene Anrichte für die Küche.

Ich arbeitete unermüdlich, und bald hatte ich ein zweistöckiges hübsches Haus. Es war nicht perfekt, aber es gehörte mir, und ich war glücklich, darin zu leben; stolz, darin zu leben; aufrichtig dankbar, darin zu leben. Ich liebte dieses Haus.

Bald füllte das Haus sich auch mit Mobiliar. Auf Flohmärkten stöberte ich Möbelstücke für fünf und zehn Dollar auf, lackierte sie und legte Spitzendeckchen darauf. Ich lernte, aus nichts etwas zu machen, statt nichts aus etwas.

Ich hatte Gelegenheit, das Dankbarkeitsprinzip im Verlauf meiner Genesung immer wieder anzuwenden. Es hat immer gewirkt. Entweder ich ändere mich, meine Umstände ändern sich, oder beides ändert sich.

»Aber Sie wissen ja gar nicht, wie schlecht es mir geht!« klagen die Leute. »Sie wissen nicht, was ich alles entbehren mußte. Sie wissen nicht, wie schwierig es gerade jetzt ist. Sie wissen nicht, was es bedeutet, nichts zu haben!«

Doch, das weiß ich. Und Dankbarkeit ist die Lösung. Dankbar sein für das, was wir heute haben, bedeutet nicht, daß wir uns damit auf ewig zufriedengeben. Es bedeutet, anzuerkennen, daß das, was wir heute haben, das ist, was wir heute haben sollen. Es ist genug, wir sind genug, und alles, was wir brauchen, wird auf uns zukommen. Wir müssen nicht verzweifelt, angstvoll, neidisch, aufgebracht oder knickrig sein. Wir brauchen uns keine Gedanken darüber zu machen, was andere besitzen; sie besitzen nicht das, was wir besitzen. Wir müssen lediglich das, was wir haben, anerkennen und achten. Der Trick dabei ist, daß wir zuerst dankbar sein müssen — bevor wir etwas bekommen, nicht hinterher.

Dann müssen wir glauben, daß uns das Beste zusteht, was das Leben zu bieten hat. Wenn wir das nicht glauben, müssen wir unseren Glauben an das, was uns zusteht, ändern. Eine Änderung unserer Vorstellung davon, was uns zusteht, ist kein Prozeß, der sich über Nacht vollzieht. Ob wir von Beziehungen, Arbeit, Heim oder Geld sprechen, alles geschieht nach und nach. Wir glauben, daß uns ein bißchen von etwas zusteht, dann ein wenig mehr und noch ein wenig mehr und so weiter. Die Veränderung beginnt dort, wo wir gerade sind, entsprechend unserer Fähigkeit. Manchmal brauchen die Dinge ihre Zeit.

Der Glaube, daß uns Gutes zusteht, ist ebenso wichtig wie Dankbarkeit. Wenn wir Dankbarkeit üben, ohne das zu verändern, was wir zu verdienen glauben, bleiben wir in der Benachteiligung stecken.

»Ich verdiente 30000 Dollar im Jahr und bestieg jeden Morgen meinen zehn Jahre alten Wagen, bei dem die Heizung kaputt war, und dankte Gott dafür. Ich übte Dankbarkeit«, sagt eine Frau auf dem Weg der Genesung von der Co-Abhängigkeit. »Meine Kinder wollten mich überreden, einen neuen Wagen zu kaufen, aber ich weigerte mich; ich war dankbar für meinen alten Wagen. Eines Tages sprach ich mit jemandem über Mangel und Entbehrung, als mir der Gedanke kam, daß ich es mir leisten konnte, einen neuen Wagen zu kaufen, sobald ich glaubte, es stünde mir einer zu. Ich änderte meine Meinung darüber, was mir zusteht, und kaufte mir einen neuen Wagen.«

Es gibt Zeiten in unserem Leben, in denen uns Entbehrung hilft, unseren Charakter zu festigen, uns für bestimmte Aufgaben stärkt oder dazu beiträgt, ›unsere Schuld abzutragen‹, wenn wir ein Ziel erreichen wollen. Entbehrung muß einen bestimmten Zweck verfolgen und einen Anfang und ein Ende haben. Viele von uns haben das zu weit getrieben. Die Entbehrung hat dann keinen Zweck und kein Ende.

In einem Andy-Capp-Comicstrip beschwert Andys Frau sich eines Tages bei ihm über ihren zerschlissenen Mantel. »Dieser Mantel ist eine Schande. Damit kann ich wirklich nicht mehr auf die Straße gehen. Ich brauche einen neuen«, sagt sie.

»Mal sehen, mal sehen«, antwortet er.

»Grob übersetzt heißt das also«, sagt sie zähneknirschend, »du weißt erst, was du alles nicht brauchst, wenn du es ausprobierst.«

Genausowenig wissen wir, was wir haben können, wenn

wir es nicht ausprobieren. Und wir wissen nicht, was wir bereits haben, wenn wir nicht dankbar werden. Seien Sie dankbar und glauben Sie, das Beste wert zu sein. Vielleicht haben Sie heute mehr, als Sie denken. Und morgen wird es besser, als Sie sich vorstellen können.

Hausaufgabe

1. Um feststellen zu können, was Sie zu verdienen glauben, vervollständigen Sie jede der folgenden Aussagen. Schreiben Sie so viele Gründe auf, wie Ihnen zu jeder Aussage einfallen. Schreiben Sie so viele auf, bis Sie Ihre Grundsatzüberzeugungen aufgespürt haben. Schreiben Sie in freier Assoziation, halten Sie fest, was immer Ihnen in den Sinn kommt. Das ist kein Test, sondern eine Erweiterung Ihres Ich-Bewußtseins. Sobald Sie alle negativen Überzeugungen aufgeschrieben haben, verändern Sie diese in positive ›Mir steht zu‹-Aussagen. Hier ein Beispiel möglicher Antworten auf die ersten Fragen.

Ich kann keine gesunde, liebevolle Beziehung haben, weil

    John nicht aufhört zu trinken;
    es keine richtigen Männer gibt;
    ich keine Zeit habe;
    es keinen Sinn hat;
    die Männer mich immer verlassen;
    ich es aufgebe;
    ich nie die große Liebe finde;
    ich nicht weiß, wieso;
    mich niemand lieben kann.

Hier ein zweites Beispiel:

Ich kann keine Arbeit finden, die mir gefällt, weil
    ich keinen Hauptschulabschluß habe;

mich kein Mensch anstellen würde;

ich keine guten Zeugnisse früherer Arbeitgeber habe;

ich nie etwas Richtiges gelernt habe;

ich es sowieso zu nichts bringe;

alle guten Stellen bereits besetzt sind;

ich mich genausogut mit dem zufriedengeben kann, was ich habe − das ist besser als nichts;

es sich ohnehin niemand darum schert.

Nennen Sie so viele Gründe zu folgenden Aussagen, wie Ihnen einfallen.

○ Ich kann keine gesunde, liebevolle Beziehung haben, weil:

○ Ich kann keine Arbeit finden, die mir gefällt, weil:

○ Ich kann nicht genug Geld haben, weil:

○ Ich kann keine schöne Wohnung haben, weil:

○ Ich kann kein glückliches, geborgenes Leben führen, weil:

○ Ich kann mich nicht ohne Vorbehalt lieben, weil:

○ Ich kann keine guten Freunde haben, weil:

○ Ich kann kein Vergnügen haben, weil:

○ Ich kann Gottes Liebe für mich nicht in Anspruch nehmen, weil:

○ Ich kann nicht gesund sein, weil:

○ Ich kann keinen Erfolg haben, weil:

○ Ich kann nicht tüchtig sein, weil:

○ Ich kann nicht gut aussehen, weil:

○ Ich kann das Leben nicht genießen, weil:

12

Bestätigen Sie sich selbst

> Das, was wir uns alle als Kinder wünschten –
> geliebt und angenommen zu werden, wie wir
> sind, und nicht, wenn wir größer oder dünner
> oder hübscher gewesen wären –, das
> wünschen wir uns auch heute noch... Aber wir
> bekommen es nicht von anderen Menschen,
> wenn wir es nicht von uns selbst bekommen.
>
> – Louise Hay

Früher hielt ich Affirmationen für albern. Seither habe ich meine Meinung geändert – und mein Leben. Ich habe meine Meinung geändert, weil Affirmationen Werkzeuge sind, die mitgeholfen haben, mein Leben zu verändern. Neben Zwölf-Schritte-Programmen und unserer Höheren Macht sind Affirmationen die wichtigsten Genesungshilfen, die wir bekommen können.

Etwas ›bestätigen‹, bedeutet, eine feste, bindende Erklärung abgeben, geltend machen. In der Genesung ist der Gedanke, mit Affirmationen zu arbeiten, eng verbunden mit einem anderen Begriff: *Ermächtigung*. ›Ermächtigen‹ heißt erlauben, bevollmächtigen, befähigen.

In den vorangegangenen vier Kapiteln haben wir eine Reihe von Ursachen für negative Botschaften untersucht. Durch Botschaften aus der Ursprungsfamilie, durch ein Leben mit überkommenen ›Regeln‹, durch Scham und Entbehrung haben viele von uns ein ganzes Repertoire negativer Gedanken über sich selbst, über andere und über das Leben entwickelt. Diese Botschaften haben wir jahrelang ausgesprochen, gedacht und geglaubt. Viele von uns haben diese Überzeugungen so oft und so lange wiederholt, bis sie sie verinnerlicht haben. Die negativen Botschaften haben sich in unser Unterbewußtsein eingenistet und sich in unserem Leben manifestiert. Sie sind unsere Prinzipien, unsere Wahrheiten und daher unsere Realität geworden.

Während der Genesung entwickeln wir ein Repertoire positiver Gedanken über uns, über andere und über unser Leben. Wir wiederholen diese Überzeugungen so oft, bis wir sie verinnerlichen. Die positiven Botschaften nisten sich in unser Unterbewußtsein ein und manifestieren sich in unserem Leben. Sie werden zu unseren Prinzipien, unseren Wahrheiten und daher zu unserer Realität. Das sind Affirmationen. Wir schalten die Energie in uns selbst und in unserem Leben von negativ auf positiv. Mit Affirmationen laden wir unsere Lebensbatterie auf.

Fast alle haben wir einen Großteil unseres Lebens damit verbracht, bestimmte Gedanken über uns, über andere und über das Leben geltend zu machen und hervorzuheben. In der Genesung geht es um die Entscheidung, was wir bestätigen wollen.

»Ich habe meine Arbeit an der Ursprungsfamilie geleistet«, sagt eine Frau. »Ich kenne meine Botschaften. Ich kenne meine Muster. Aber was fange ich damit an?«

Die Antwort lautet: Affirmationen und Bevollmächtigung. Durch Affirmationen verändern wir Regeln, verändern wir Botschaften, gehen richtig mit Scham und Schuldgefühlen um und machen uns auf den Weg von der Benachteiligung zur Anerkennung. Wir unterstreichen den Wahrheitsgehalt neuer Überzeugungen, geben uns neue Vollmachten, vermitteln uns neue Botschaften und statten uns mit neuen Fähigkeiten aus. Wir geben dem Guten und Positiven in uns selbst und unserem Leben Macht. Affirmationen sind keine Nebenerscheinung. Sie sind der Kern unserer Genesungsarbeit. Wenn negative Botschaften zur Zerstörung beigetragen haben, stellen Sie sich vor, was positive Botschaften zuwege bringen!

Affirmationen sind keine oberflächlichen Lippenbekenntnisse und kein Wunschdenken. Sie sind das Gegenmittel gegen den ganzen negativen Müll, den wir uns jahrelang aufgeladen haben. Affirmationen öffnen dem Guten, das uns begegnet, die Tür und bestärken das Gute, das bereits in uns ist.

Die Verbindung zwischen Gedanken, Gefühlen, Glauben, körperlichem Wohlbefinden und Realität ist in letzter Zeit in aller Munde. Bücher, wie Louise Hays *Gesundheit für Körper und Seele* und Bernie Siegels *Prognose Hoffnung. Heilerfolge aus der Praxis eines mutigen Arztes* haben aus gutem Grund die Bestsellerlisten erobert. Sie sind plausibel. Das, was wir denken, sagen und glauben, wirkt auf das, was wir tun, wem wir begegnen, wen wir heiraten, wie wir aussehen, wie wir uns fühlen, auf den Verlauf unseres Lebens und, wie manche sogar behaupten, auf unsere Lebenserwartung. Unsere Überzeugungen können Einfluß nehmen auf die Krankheiten und Beschwernisse, die wir uns zuziehen, und darauf, ob wir davon geheilt werden oder nicht.

Affirmationen helfen, Realität zu erschaffen

Affirmationen schaffen Raum für Realität. Das Konzept, Affirmationen in die Genesung einzubauen, bedeutet, negative Botschaften durch positive zu ersetzen: Wir verändern unsere Aussagen, um unsere Sichtweisen verändern zu können. Wenn wir das Gute in uns hervorheben und bekräftigen, werden wir mehr davon sehen und bekommen. Wenn wir das Gute in anderen bekräftigen, werden wir auch davon mehr bekommen.

Die Kraft und die Verantwortung, unsere Botschaften und Überzeugungen zu ändern — uns zu bestätigen und zu bestärken —, liegen bei jedem einzelnen von uns. Zu bestimmten Zeiten unseres Lebens müssen wir uns auf andere beziehen, die uns bestätigen und bestärken. Als ich mit der Genesung aus der Co-Abhängigkeit begann, erhielt ich von bestimmten Menschen Bestätigung und Bestärkung, und das war ein Geschenk Gottes. Ich versuche, dieses Geschenk weiterzugeben. Ich brauche immer noch Menschen, die an mich glauben und mich bestärken. Es ist wichtig, das füreinander zu tun. Wenn wir aber lernen, uns selbst zu bestätigen und zu bestärken, machen wir große Fortschritte.

Genesung ist ein Prozeß, ein spiritueller Prozeß. Die dynamische Arbeit mit Affirmationen ist Bestandteil dieses Prozesses.

Bestärken heißt, jemandem Macht erteilen. Wem haben wir in der Vergangenheit Macht erteilt? Unserem schrecklichen Aussehen? Unserem elenden Befinden? Unseren Problemen? Den Problemen anderer? Unserem Mangel an Geld, Zeit oder Talent? Dem erbärmlichen Leben, das wir führten? Nächste Frage: Wollen wir wirklich negative Gedanken hegen und pflegen – im Wissen, daß diese Einstellung dazu beiträgt, mehr negative Gedanken und negative Realität zu erschaffen? Wollen wir das Problem oder die Lösung bestärken?

Wenn unsere Beziehungen nicht geklappt haben, glauben wir, daß unsere Beziehungen nicht funktionieren, daß es keine richtigen Partner gibt und daß die Menschen uns ständig ausnutzen. Wir machen Witze darüber. Wir sagen es allen Ernstes. Oder wir behalten diesen Gedanken für uns. Er wird zu unserem Glauben und unserer Erwartung. Wenn wir das, was geschieht, ändern wollen, müssen wir das ändern, was wir glauben und erwarten. Wir kapitulieren davor, was war und ist. Wir lösen uns von unserem Verlangen, diese negativen Umstände eintreffen zu lassen, und wir verändern unser Verhalten. Wir akzeptieren unsere gegenwärtigen Umstände, aber wir schaffen Raum für etwas anderes in unserem Leben.

Es gibt gute Menschen auf der Welt. Ich fühle mich zu gesunden, liebevollen Menschen hingezogen und sie sich zu mir. Eine gesunde Beziehung kommt auf mich zu. Wir klammern uns nicht zwanghaft an diesen Gedanken. Wir lauern nicht darauf, daß es geschieht. Dennoch ist es empfehlenswert, diesen neuen Gedanken etwa fünfmal am Tag zu denken oder immer dann, wenn ein alter, negativer Gedanke in uns hochsteigt. Wir warten nicht auf das Ergebnis. Ob etwas heute, morgen oder nächste Woche eintrifft, kümmert uns nicht, wir machen uns diesen Gedanken lediglich zur Überzeugung. Geschieht etwas, das im Gegensatz zu unserer neuen Überzeugung steht, benutzen wir diesen Vorfall nicht, um uns zu beweisen, daß unsere alte Überzeugung doch recht hat.

Wir verändern die Regeln unserer Ursprungsfamilie und polen negative Botschaften in positive Botschaften um. So verändern wir beispielsweise: *Ich bin nicht liebenswert* und *Ich kann mich nicht um mich kümmern* in *Ich bin liebenswert* und *Ich kann mich um mich selbst kümmern.* Wir überwältigen das Negative mit einer gleichermaßen aussagestarken positiven Botschaft.

Wenn Scham für uns ein Thema ist, konzentrieren wir uns auf die Botschaft: *Es ist in Ordnung, so zu sein, wie ich bin. Wer ich bin, ist gut, und ich bin gut genug.* Wir verändern, was wir zu verdienen glauben. Aus der Aufgabe am Ende des letzten Kapitels können wir eine Liste negativer Gedanken aufdecken, die förmlich danach schreien, in positive Einstellungen verändert zu werden. Wenn wir davon überzeugt waren, daß es nicht genügend gute Jobs, gute Männer, Geld oder Liebe für uns gibt, behaupten wir das Gegenteil.

Unser Ziel in der Arbeit mit Affirmationen besteht nicht darin, alle negativen Gedanken und traurigen Gefühle aus unserem Leben zu verbannen. Das ist weder gesund noch wünschenswert. Wir wollen uns nicht in Robotor verwandeln. Gefühle der Trauer und Wut sind manchmal ebenso wichtig wie Glücksgefühle und Harmonie.

Was Affirmationen sind und was sie nicht sind

Wenn wir mit Affirmationen arbeiten, bedeutet das nicht, daß wir Probleme außer acht lassen. Das wäre Verdrängung. Wir müssen Probleme erkennen, wir müssen aber auch Lösungen bekräftigen. Affirmationen schaffen unse-. re Probleme nicht aus der Welt; Affirmationen helfen uns, sie zu lösen.

Affirmationen sind kein Ersatz dafür, die Realität anzuerkennen. Sie sind keine Form der Kontrolle. Sie sollen angewendet werden mit einem starken Verlangen nach Akzeptierung, Spiritualität und Loslassen.

Wenn wir den Prozeß der Veränderung negativer Botschaften in positive Botschaften beginnen, kommen wir uns oft unbeholfen und ungeschickt vor. Vorübergehend verschlechtern sich die Dinge sogar. Unsere alten Denkweisen kommen uns wieder zu Bewußtsein. Das ist gut. Das säubert unser Unterbewußtsein und schafft Platz für Neues. Wenn wir anfangen, ein Zimmer zu säubern, sieht es zunächst unordentlicher und schmutziger aus. Wir holen unerwünschte Gegenstände und Schmutz aus den Ecken und Winkeln. Saubermachen erhöht die Unordnung, bis eine neue Ordnung geschaffen ist.

Es ist zunächst ganz normal, sich gegen Affirmationen und positive Gedanken zu wehren. Wenn Sie sich seit zehn, zwanzig oder dreißig Jahren mit negativen Gedanken vollgestopft haben, kommt Ihnen das Positive logischerweise zunächst fremdartig. vor. Geben Sie sich fünf bis zehn Jahre lang gewissenhafte und nachdrückliche Affirmationen des Guten. Es wird nicht so lange dauern, bis es sich in Ihrem Leben manifestiert, billigen Sie sich dennoch eine so lange Zeit zu. Üben Sie Geduld. Geben Sie nicht auf. Lassen Sie nicht zu, daß gewisse Probleme oder Sachverhalte ihr altes, negatives Denkmuster wieder in Kraft setzen.

Sie werden einige Prüfungen bestehen müssen, wenn Sie negative in positive Überzeugungen verwandeln. Mir geht es oft so. Wenn ich eine Überzeugung ändere, schwappt eine große Flutwelle in mein Leben und versucht, meine neue Überzeugung fortzuspülen. Als wolle das Leben sagen: »Da! Und was glaubst du jetzt *wirklich?*« Lassen Sie die Stürme toben. Halten Sie an Ihren neuen Affirmationen fest. Machen Sie sie zu Ihrem Anker. Wenn der Sturm abflaut, werden Sie feststellen, daß Sie mit Ihren neuen Überzeugungen auf festem Boden stehen.

Affirmative Handlungsweisen

Viele Verhaltensweisen und Aktivitäten sind affirmativ. Nachfolgend habe ich einige davon aufgelistet.

○ Regelmäßige Teilnahme an Zwölf-Schritte-Selbsthilfegruppen und die Anwendung dieser Schritte auf unser Leben bestätigen uns und unsere Genesung.

○ Das Lesen von Meditationsbüchern und die Beschäftigung mit positivem Denken verstärken Affirmationen.

○ Gebete sind Affirmationen.

○ Anhören von Tonbandkassetten. Der Markt an Selbsthilfe-Tonbandkassetten ist im Wachsen begriffen. Tonbänder, die das Unterbewußtsein ansprechen, erlangen ebenfalls ständig größere Popularität. Eine Methode, bei der Affirmationen nur vom Unterbewußtsein aufgenommen werden; damit wird jeder bewußte Widerstand gegen positive Botschaften umgangen.

○ Einem Gottesdienst beizuwohnen, kann eine Affirmation sein.

○ Teilnahme an Seminaren, Workshops und Vorträgen ist affirmativ.

○ Das Konzept des ›Handelns, als ob‹ ist eine Affirmation. Dieser Gedanke unterstellt keineswegs eine negative Vortäuschung falscher Tatsachen. Er bedeutet, uns selbst zu behandeln, als seien wir bereits die Person, die wir werden wollen. Das ist eine wirksame Methode, um Raum für neue Realitäten zu schaffen.

○ Ziele aufzuschreiben, sind Affirmationen.

○ Mit Hilfe der Bildersprache oder Visualisierung ziehen wir das Positive an. Wir erschaffen geistige Bilder dessen, was wir uns wünschen; wir sehen uns so, wie wir sein wollen.

○ Positive Selbstgespräche sind eine grundsätzliche

Form, um uns zu bestätigen. Wir zwingen uns, positiv zu denken. Wir stellen neue Regeln für uns auf, geben uns neue Botschaften und neue Überzeugungen. Wir schauen in den Spiegel und sprechen laut zu uns selbst; wir sehen uns in die Augen und sagen uns, daß wir uns lieben und daß wir großartig sind. Anfangs macht uns das ein wenig verlegen, doch wir gewöhnen uns mit ebensolcher Gewißheit daran, wie wir uns an alle die negativen Gedanken gewöhnt haben, die wir uns zu eigen gemacht haben. Alte Fotos von sich anzuschauen und positiv mit diesen Bildern zu sprechen, ist eine weitere nützliche Technik. Wir sprechen in jedem Alter und zu jeder Zeit unseres Lebens positiv und liebevoll mit uns. Wir lassen uns all das Gute zukommen, das wir uns wünschen und brauchen.

○ Schriftliche Affirmationen sind ebenfalls nützlich. Viele bringen positive Botschaften im Badezimmer, Schlafzimmer, im Arbeitsbereich oder an einem sonstigen Platz an, dort, wo sie positive Rückmeldung wünschen.

○ Uns mit Freunden zu umgeben, die an uns glauben, ist bejahend. Was andere über uns sagen, denken und glauben, kann einen wichtigen Einfluß haben auf unsere Einstellung uns selbst gegenüber.

○ Andere zu bestätigen – an sie glauben, sie unterstützen und bestärken –, bringt uns gleichfalls Nutzen. Wenn wir etwas weggeben, können wir mehr behalten. An das Positive so stark zu glauben, um es weiterzugeben, bestärkt uns und erinnert uns an unsere Überzeugungen.

○ Entspannung und Vergnügen sind bejahend.

○ Arbeit kann uns Selbstbestätigung geben; sie bestätigt uns in unseren Fähigkeiten und unseren schöpferischen Kräften.

○ Unsere Erfolge und Leistungen zu feiern, ist bejahend.

○ Komplimente zu geben und zu erhalten, ist affirmativ.

○ Körperliche Betätigung und gesunde Ernährung sind eine Affirmation.

○ Therapeutische Massage ist eine Form der Affirmation, die zunehmend an Popularität gewinnt. Viele Menschen, die von Co-Abhängigkeit, sexuellem Mißbrauch und dem Syndrom des erwachsenen Alkoholikerkindes genesen, haben sich ihrem Körper entfremdet. Körperliche Entfremdung, Abspaltung von unserem physischen Selbst, mag einst eine Schutzmaßnahme gewesen sein. Um körperliche oder seelische Schmerzen zu überleben, haben wir unsere Gefühle und vielleicht auch unsere körperlichen Empfindungen auf Eis gelegt oder betäubt. Der Energiefluß zu bestimmten Körperregionen ist blockiert. Therapeutische Massage – heilsame, nicht-sexuelle Berührung – kann den Energiefluß wieder öffnen und Heilung bringen. Wir sind ebensosehr unser körperliches Selbst wie unser geistiges, emotionales und spirituelles Selbst.

○ Positive Literatur, auch Filme mit positivem Inhalt können affirmativ sein.

○ Dankbarkeit ist ein wunderbarer Weg, um das Gute zu bejahen.

○ Streicheln hilft ebenfalls.

○ Liebe ist bejahend. Affirmationen sind Liebe.

Je mehr unserer Sinne wir in den Affirmationsprozeß einbringen, desto mehr Macht werden unsere Affirmationen haben. Sprechen, Sehen, Hören, Denken und positive Berührung sind Formen, dorthin zu gelangen. Wir überfluten uns mit positiver Energie. Affirmationen sind nicht nur kleine Papierzettel, die wir uns an den Spiegel kleben – obgleich diese Zettel wichtig sind. Uns selbst zu bejahen, bedeutet, eine Lebensform zu finden, die selbstbejahend statt selbstnegierend ist.

Selbstfürsorge

Wir entwickeln einen Lebensstil, der von unserer Denkweise über Selbstfürsorge und Selbstdisziplin geprägt ist.

Wir lieben uns so, wie wir es brauchen und wie es uns zusteht; wir üben Disziplin, wie es für uns am besten ist. Wir werden unser bester Freund und Beschützer.

Wie geschieht Selbstfürsorge? Von allen weißen Flekken, die unsere Seele aufweist, ist dieser meist der heikelste. Wenn wir Selbstfürsorge nie gesehen, berührt, geschmeckt oder gefühlt haben – wie können wir dann wissen, was sie ist? Sie ist eine Haltung uns selbst gegenüber – eine Haltung uneingeschränkter Liebe und Akzeptierung. Ich spreche davon, uns selbst so sehr und so stark zu lieben, daß das Gute direkt in unser Wesen eindringt und sich von dort auf unser Leben und unsere Beziehungen überträgt. Ich spreche von der Liebe zu uns selbst, egal, was geschieht oder wohin wir gehen.

Am Morgen beim Aufstehen und während des ganzen Tages fragen wir uns liebevoll und zärtlich, was wir zu unserer Selbstfürsorge tun können. Wenn wir Schmerzen haben, fragen wir, wie wir uns helfen können, damit es uns besser geht. Wir geben uns Ermunterung und Rückhalt. Wir sagen uns, daß wir etwas tun können und daß wir es gut tun und daß alles gut wird. Wenn wir einen Fehler machen, sagen wir uns, es ist in Ordnung. Wir warten eine Weile, bis wir unser Gleichgewicht wiedergefunden haben, und fragen uns dann, ob wir aus unserem Fehler lernen können, ob es einen Weg gibt, unser Verhalten in Zukunft zu ändern, oder ob wir Verbesserungen vornehmen müssen.

Wir sagen uns, daß wir uns lieben und annehmen. Wir sagen uns, daß wir großartig und etwas Besonderes sind. Wir sagen uns, daß wir immer für uns da sind. Wir geben uns das Gefühl der Geborgenheit und Liebe. Wir tun alle jene wunderbaren Dinge für uns, die wir gern von einem anderen empfangen hätten.

Wenn *wir* nicht daran glauben, liebenswert zu sein, wie sollte es ein anderer tun? Wenn ich nicht glaube, daß ich liebenswert bin, kann ich auch nicht glauben, daß meine Höhere Macht mich liebt. Wenn ich nicht glaube, daß ich liebenswert bin, lasse ich nicht zu, daß andere oder Gott mich lieben. Wenn wir uns aber lieben, verleihen wir uns die Fähigkeit, andere zu lieben.

Wir hören auf, uns zu kritisieren und zu schelten. Statt dessen bemühen wir uns bewußt, uns zu pflegen und zu loben, weil wir dadurch das Beste in uns hervorholen.

»Ich habe mich mein ganzes Leben lang unter Druck gesetzt«, sagt Arlene. »Wenn ich hart arbeite, zwinge ich mich, noch härter zu arbeiten. Wenn ich müde bin, zwinge ich mich, durchzuhalten. Ich übe genau die Selbstkritik und handle danach, die meine Mutter an sich selbst und mir geübt hat.«

Arlene fürchtete, die Arbeit werde liegenbleiben, wenn sie sich um sich selbst kümmerte. Sie fürchtete, träge zu werden, wenn sie ihrem Verlangen nachgab. Dennoch beschloß sie, Selbstfürsorge zu üben, und machte dabei eine erstaunliche Feststellung.

»Ich fühlte mich an meinem freien Tag erschöpft, zwang mich aber dazu, die Wohnung zu putzen. Dann beschloß ich, etwas Gutes für mich zu tun. Ich sehnte mich nach einem Mittagsschlaf, also ruhte ich mich zwei Stunden aus. Ich wachte erfrischt auf und freute mich richtig auf die Hausarbeit, schaffte sie spielend, und es blieb mir noch Zeit, abends auszugehen. Selbstfürsorge macht mich nicht träge oder tatenlos. Sie gibt mir mehr Energie und erhöht meinen Tatendrang.«

Durch Selbstfürsorge tanken wir Kraft und Energie. Wenn wir uns lieben, annehmen und für uns sorgen, erreichen wir einen Zustand der Harmonie, in dem wir Höchstleistungen erbringen können. Das Gute daran ist, daß wir durch Selbstliebe, Selbstanerkennung und Selbstfürsorge auch anderen helfen, sich selbst zu lieben, und sie durch unser Verhalten in die Lage versetzen, mit Liebe und Akzeptierung auf uns zu reagieren. Damit setzt eine starke Kettenreaktion ein.

Uns uneingeschränkt zu lieben und anzunehmen, bedeutet nicht, daß wir unser Verlangen nach Veränderung und

Wachstum leugnen. Wir befähigen uns dadurch vielmehr zu Liebe und Wachstum.

»Kritik schließt uns genau in das Verhaltensmuster ein, das wir zu verändern versuchen«, schreibt Louise Hay. »Verständnis und Nachsicht uns selbst gegenüber helfen uns davon zu lösen. Denken Sie daran, Sie haben jahrelang Selbstkritik geübt, und es hat nicht funktioniert. Versuchen Sie, sich anzuerkennen, und warten Sie ab, was geschehen wird.«

Es gibt keine festen Richtlinien, in welcher Form wir Selbstfürsorge betreiben sollen. Wenn wir uns die Frage stellen, was uns helfen könnte oder was wir brauchen, um uns besser zu fühlen, und in uns hineinhorchen, dann bekommen wir die richtige Antwort.

Selbstdisziplin entwickeln

Disziplin ist ein individueller Vorgang. Disziplin bedeutet, daß wir nicht immer über Gefühle sprechen. Manchmal ist das nicht angebracht, und gelegentlich müssen wir abwarten. Disziplin bedeutet, daß wir die Tiefpunkte unseres Genesungsprozesses an grauen Tagen überstehen, jenen Tagen, an denen wir nicht wissen, ob überhaupt etwas geschieht oder ob wir irgendein Ziel dieser Reise jemals erreichen. Disziplin bedeutet, daß wir an unsere Höhere Macht und Gottes Liebe zu uns glauben, auch wenn es nicht so aussieht, als liebe er uns. Disziplin bedeutet, das Wesen von Ursache und Wirkung der Dinge zu begreifen und unser Verhalten danach auszurichten, um erwünschte Konsequenzen zu schaffen. Disziplin ist Selbstkontrolle, allerdings nicht die Art von Kontrolle, mit der viele von uns bislang lebten, sondern etwas, das wir einem geliebten Kind beibringen, weil wir wissen, daß es bestimmte Dinge beachten muß, um ein angenehmes Leben zu führen.

Wann sind wir liebenswert? Wann fühlen wir uns sicher? Wann bekommen wir die Geborgenheit, Fürsorge und Liebe, die uns so sehr zusteht? Wir bekommen sie dann, wenn wir sie uns selbst geben.

Bevor ich anfing, mit Affirmationen zu arbeiten, war mein erster Gedanke morgens beim Aufwachen: *Gräßlich! Schon wieder ein neuer Tag!* Damit schleppte ich mich durch den Tag, bis ich abends ins Bett sank, die Augen schloß und sagte: »Gott sei Dank, dieser Tag ist vorbei!«

Wenn ich jetzt morgens die Augen aufschlage, verweile ich ein wenig bei folgendem Gedanken: *Dies ist der Tag, den der Herr gemacht hat. Ich will mich freuen und glücklich sein.*

Etwas später spreche ich mein Morgengebet. Beim Zähneputzen und Schminken spreche ich *laut aus*, daß ich mich liebe und daß ich für mich da bin und mich um mich kümmere, daß Gott mich liebt und für mich sorgt, daß ich das, was ich heute tue, gut tue und alles bekomme, was ich heute brauche.

In meiner Morgenpause lese ich in einem Meditationsbuch. Auf meinem Schreibtisch liegen mehrere Karten mit erhebenden Affirmationen. Ich habe einen festen Terminplan zur Teilnahme an Selbsthilfegruppen. Mindestens jeden zweiten Tag spreche ich mit einem Genesenden, um Rückhalt, Ermutigung und Akzeptierung zu geben und zu erhalten.

Während des ganzen Tages spreche ich positive Gedanken aus. Wenn ich mich schäme, sage ich mir, es ist in Ordnung, so zu sein, wie ich bin. Wenn ich ein negatives Gefühl habe, sage ich mir, es ist in Ordnung, so zu fühlen. Wenn ich mir Sorgen um Geld mache, konzentriere ich mich auf folgenden Gedanken: *Mein Gott wird alle meine Bedürfnisse nach dem Maß seines Reichtums in Herrlichkeit befriedigen.*

Immer, wenn ein negativer, angsterzeugender Gedanke in mir hochsteigt, konzentriere ich mich auf einen positiven Gedanken. Ich konzentriere mich auch auf positive Gedanken in solchen Momenten, da ich mich mit negativen Botschaften auseinandersetzen muß. Wenn ich Panik und Verzweiflung fühle, suggeriere ich meinem Geist positive Gedanken. Ich sichere mir Geborgenheit zu.

Ich notiere mir regelmäßig Ziele. Ich schreibe auf, was mir meiner Meinung nach zusteht. Ich verbringe eine Stunde in der Woche mit dem Anhören von Meditationskassetten. Ich verbringe einige Minuten in der Woche damit, mir das Gute vorzustellen, das geschehen soll. Vor meinem inneren Auge nimmt es Gestalt an, ich spüre seine Wirkung. Ich gehe regelmäßig zur therapeutischen Massage und arbeite währenddessen an Affirmationen. Und ich zwinge mich, für nahezu alles dankbar zu sein.

Das habe ich mir zur Routine gemacht. In Streßzeiten verstärke ich meine Bemühungen. Auch wenn das nach viel Aufwand klingt, ist es keineswegs zuviel. Ein Zuviel waren alle die Jahre, die ich damit verbrachte, mich nach negativen, zerstörerischen Botschaften zu richten.

Um herauszufinden, woran Sie arbeiten müssen, verbringen Sie einen oder zwei Tage damit, Ihren Gedanken zuzuhören. Hören Sie auf das, was sie Ihnen sagen. Hören Sie auf die Probleme und negativen Eigenschaften, die bei Ihnen und anderen wieder an Macht gewinnen. Schauen Sie in den Spiegel, und achten Sie auf Ihre Gedanken. Wenn Sie Ihre Rechnungen bezahlen, hören Sie dabei auf Ihre Gedanken. Hören Sie am Arbeitsplatz auf das, was Sie von Ihrer Arbeit, Ihren Fähigkeiten und Karriereaussichten halten. Nehmen Sie Ihren Lebenspartner in die Arme, und hören Sie dabei auf Ihre Gedanken. Hören Sie zu, wie Sie auf Ihre Probleme reagieren. Hören Sie zu, was Sie zu Ihren Kindern und über sie sagen. Welchen Dingen verleihen Sie Macht? Welchen Dingen räumen Sie Platz ein? Geben Sie dem Nahrung, was wachsen soll. Verändern Sie, was verändert werden muß, und machen Sie es gut. Erklären Sie Ihren zerstörerischen Denkmustern den Krieg.

Viele von uns haben Jahre damit verbracht, sich nahezu um ihre Existenz zu verneinen. Jetzt lernen wir, uns in ein eigenes Leben hineinzulieben.

Hausaufgabe

1. Nehmen Sie sich Zeit, Ihre gegenwärtigen Überzeugungen, Ihren Glauben und Ihre Standpunkte zu überprüfen. Hören Sie sich zu, was Sie sagen und denken. Bemühen Sie sich dabei, ein objektiver Beobachter zu sein. Was denken und sagen Sie über sich selbst, Ihre Fähigkeiten, Ihr Aussehen, Ihre Finanzen, Ihre Beziehungen? Ist das, was Sie besonders betonen, auch das, wovon Sie mehr haben wollen? Welche Probleme verstärken Sie?

2. Schreiben Sie sich eine Gruppe persönlicher Affirmationen für sich selbst auf. Formulieren Sie liebevolle, bestärkende Affirmationen, die Ihnen beim Lesen ein gutes Gefühl geben. Nehmen Sie sich jeden Tag Zeit, sie zu lesen, sprechen Sie die Sätze laut aus. Verändern Sie diese Affirmationen, wenn Ihre Bedürfnisse sich verändern.

3. Nehmen Sie sich Zeit und betrachten Sie sich im Spiegel; sagen Sie sich, daß Sie sich lieben, daß Sie schön sind, daß Sie das, was Sie tun, richtig machen. Sagen Sie sich, daß Sie für sich sorgen und Ihre Höhere Macht gleichfalls für Sie sorgt.

4. Entwickeln Sie bestimmte Gewohnheiten der Selbstfürsorge, die Pflege einschließen. Nehmen Sie sich vor, sich täglich etwas Zeit für ein Meditationsbuch zu nehmen; regelmäßig Selbsthilfegruppen zu besuchen; machen Sie es sich zur Angewohnheit, Ziele zu notieren; nehmen Sie sich Zeit zur Entspannung, Zeit für Freunde und auch Zeit, sich selbst zu verwöhnen. Treffen Sie eine Auswahl aus den in diesem Kapitel besprochenen Möglichkeiten oder anderen, die Sie entdeckt haben. Nehmen Sie sich die Freiheit, verschiedene Methoden auszuprobieren, bis Sie die für Sie geeignete gefunden haben.

TEIL IV

BEZIEHUNGEN

Wir haben Machtlosigkeit eingestanden.
Wir haben eine Höhere Macht gefunden.
Wir lernen, unsere Kraft zu besitzen.
Nun können wir unsere Kraft weitergeben.

13

Unsere Beziehungen verbessern

... es ist weder zynisch noch oberflächlich zu
sagen, daß Liebe wie alles in der Natur seine
Zeit hat. Auch das schönste Lebewesen ist
vergänglich... und kehrt mit ebensolcher
Zuverlässigkeit zurück.

– Martin Blinder

Unsere Beziehungen spiegeln unseren derzeitigen Stand
auf dem Weg der Genesung wider. In diesem Abschnitt
untersuchen wir einige Gedanken zur Verbesserung unserer Beziehungen. Wir beschäftigen uns eingehend mit unseren Liebesbeziehungen, deren Muster auch auf andere
Beziehungen übertragen werden können – von denen
viele zu ganz besonderen Liebesbeziehungen heranwachsen können.

Letztlich beschäftigt sich das ganze Buch mit Gedanken
zur Verbesserung von Beziehungen. Unsere gesamte Genesungsarbeit – der Umgang mit Scham und Schuldgefühlen, unsere Vergangenheitsbewältigung, die Überzeugung,
daß uns das Beste zusteht; mit überkommenen Regeln zu
brechen, uns zu bejahen und zu bestärken lernen, zur
Überzeugung zu kommen, daß wir liebenswert sind –,
alles das wirkt sich auf unsere Beziehungen aus.

Genesung bedeutet mehr, als Beziehungen zu beenden
oder zu vermeiden. Auch wenn manche von uns sich eine
bestimmte Zeit von gewissen Beziehungen fernhalten wollen, vollzieht Genesung sich nicht getrennt von Beziehungen. Und Beziehungen finden nicht ohne Genesung statt.
Genesung ist der Lernprozeß, wie wir in Beziehungen
funktionieren. Und wir lernen in Beziehungen zu funktionieren, indem wir uns in Beziehungen begeben.

In einem von mir geleiteten Workshop fragte ich die Teilnehmer, wie viele der Anwesenden gescheiterte Beziehungen hinter sich hätten. Alle hoben beide Hände. »Ich wußte nicht, daß Sie Witze machen wollen«, gab eine Frau zur Antwort.

Viele von uns haben gescheiterte Beziehungen hinter sich. Viele von uns kämpfen augenblicklich mit ihren Beziehungen. »Kate und ich sind seit sechs Jahren verheiratet«, sagt Del. »Wir kommen beide aus mäßig gestörten Familien und arbeiteten beide vor unserer Ehe bereits einige Jahre in Genesungsprogrammen. Manchmal haben wir intensiv an der Beziehung gearbeitet. Manchmal haben wir uns den Rücken gekehrt und an uns selbst gearbeitet. Manchmal hatten wir zuviel anderes zu tun, um an irgend etwas zu arbeiten. Manchmal wissen wir, daß wir uns wirklich lieben; manchmal ist unsere Beziehung ein echter Kampf. Ich hatte keine Ahnung, daß Beziehungen so schwierig sind.«

Trotz unserer Kämpfe glauben viele von uns noch immer an Ehe, Familie und Liebe. Trotz unseres Scheiterns wünschen sich viele von uns eine liebevolle, innige, erfüllte Beziehung. Auch wenn wir ängstlich und vorsichtig sind, so wünschen sich doch die meisten von uns bestmögliche Beziehungen. Das Thema dieses Kapitels, dieses Abschnitts, dieses Buches und der Genesung schlechthin *ist* die Verbesserung unserer Beziehungen. Der Zweck dieses Kapitels besteht darin, uns davon zu überzeugen, daß wir das schaffen.

Seit Anbeginn der Zeit haben die Menschen darum gekämpft, mit oder ohne einen Menschen zu leben, den sie lieben. Einige Elemente der Beziehungen haben sich im Lauf der Jahre verändert. Wir haben uns weiterentwickelt aus einer Zeit, da die Menschen nicht viele Möglichkeiten in der Wahl eines Lebensgefährten hatten, sich nicht scheiden lassen oder einen individuellen Lebensstil haben konnten, bis hin in unsere Zeit, die derartig viele Möglichkeiten bietet, daß mancher von der Vielfalt gelähmt ist. Frauen haben einen langen Weg zurückgelegt von der kulturell auferlegten Abhängigkeit bis hin zum Feminismus und der Freiheit, auch traditionelle Werte wählen zu können. Für manche Menschen haben sich die Beziehungsrollen drastisch geändert.

»Ich weiß nicht, was die Frauen heute wollen oder erwarten«, sagte ein Mann.

»Ich kann Sie beruhigen«, antwortete ich, »wir wissen es selbst nicht immer genau.«

Menschen hungern nach Informationen über Beziehungen. Wir wollen mehr darüber erfahren, wie sie funktionieren, wie sie besser funktionieren und wie wir alte Fehler vermeiden können. Wir wollen Einblick gewinnen und Zusammenhänge verstehen. In jüngster Zeit werden wir mit Büchern über Beziehungen bombardiert. Es gibt Kurse, Beratungen, Seminare und Schulungen zur Bereicherung von Beziehungen. Die Arbeit an Beziehungen wurde zu einer der vielen Gestaltungsmöglichkeiten der Beziehungen.

»Früher glaubte ich, die Leute lernten einander kennen, verliebten sich und heirateten«, sagt Hank. »Nach meiner Genesung ging ich ›eine Beziehung‹ ein und stellte fest, daß von mir erwartet wurde, daran zu ›arbeiten‹. Ich wußte nicht einmal, was der Ausdruck bedeutete! Auch das Wort ›Beziehung‹ war für mich neu. Früher nannten wir es ›ein Mädchen kennenlernen‹ oder ›heiraten‹.«

Beziehungen pflegen

Wir haben festgestellt, daß bestimmte Verhaltensweisen und Einstellungen eine Beziehung pflegen und ihr zu Wachstum verhelfen. Gesunde Distanz, Ehrlichkeit, Selbstliebe, Nächstenliebe, Probleme angehen, Unterschiede diskutieren und Flexibilität helfen dabei, eine Beziehung zu pflegen. Wir können Beziehungen fördern durch Annehmen, Verzeihen und Humor, eine ermutigende, aber realistische Haltung, offenen Gedankenaustausch, Respekt, Toleranz, Geduld und Glaube an eine Höhere Macht.

○ Sich der eigenen Gefühle und der des anderen anzunehmen, ist hilfreich.

○ Um etwas zu bitten, statt etwas zu verlangen, hilft.

○ Sich keine Sorgen zu machen, wenn Sorgen zu schmerzhaft sind, hilft ebenfalls.

○ Für uns selbst da zu sein und an unserer eigenen Genesung zu arbeiten, ist hilfreich.

○ Eigene Grenzen zu setzen und einzuhalten sowie die Grenzen anderer zu respektieren, verbessert Beziehungen.

○ Selbstfürsorge — die Verantwortung für uns zu übernehmen — kommt Beziehungen zugute.

○ Interesse für andere und für uns selbst hilft.

○ Glaube an uns selbst und den anderen Menschen ist von Nutzen.

○ Wenn wir Energie, Aufmerksamkeit und Zeit in Beziehungen investieren, fördern wir ihr Wachstum.

○ Beziehungen mit Menschen anzuknüpfen, die zu Beziehungen fähig sind, hilft.

Andererseits wirken gewisse Verhaltensweisen und Haltungen sich schädlich auf Beziehungen aus. Geringe Selbstachtung, Verantwortung für andere zu übernehmen, sich selbst zu vernachlässigen, unerledigte Probleme sowie der Versuch, andere Menschen oder die Beziehung zu kontrollieren, all dies kann sich negativ auswirken. Schaden entsteht weiterhin durch übertriebene Abhängigkeit, fehlende Gespräche über Gefühle und Probleme, Lügen, Mißbrauch und nicht behandeltes Suchtverhalten. Bestimmte Haltungen wie Hoffnungslosigkeit, Verärgerung, ständige Kritik, Naivität, Unzuverlässigkeit, Hartherzigkeit, negative Einstellung oder Zynismus können eine Beziehung ruinieren.

○ Zu egoistisch oder nicht egoistisch genug zu sein, kann Beziehungen schädigen.

○ Zuwenig oder zuviel Toleranz kann Beziehungen schädigen.

○ Zu hoch gesteckte oder zu geringe Erwartungen können Beziehungen schädigen.

○ Alle Hochgefühle, alle Erregung, Spannung und Stimulierungen von der Beziehung zu erwarten, kann ihr schaden.

○ Wenn wir nicht aus unseren Fehlern lernen, wiederholen wir genau diese Fehler.

○ Zu streng mit uns selbst wegen unserer Fehler zu Gericht zu gehen, kann Beziehungen schädigen.

○ Von anderen, uns selbst oder unseren Beziehungen Perfektion zu erwarten, kann Beziehungen schaden.

○ Eine Beziehung nicht genau zu prüfen, kann ihr schaden; ebenso aber auch eine Beziehung unter dem Mikroskop zu untersuchen.

Beziehungen und Liebe führen ein Eigenleben. Wie bei allem Leben liegt zwischen Geburt und Tod einiges dazwischen − Beziehungen haben Anfang, Mitte und Ende. Manche beginnen und enden innerhalb von zwölf Stunden; andere überspannen ein ganzes Leben. Wie alles Leben sind Beziehungen zyklisch, nicht starr. Wir erleben Zyklen von Leidenschaft und Langeweile, von Harmonie und Kampf, von Nähe und Distanz, von Freud und Leid, Wachstum und Ruhe.

Gelegentlich verändern sich mit den Zyklen oder Jahreszeiten einer Beziehung die Grenzen und Dimensionen. Wir können lernen, so flexibel zu werden, daß wir diese sich verändernden Jahreszeiten annehmen.

Wir unterscheiden viele verschiedene Formen der Beziehungen. Einige bezeichnen wir als ›gesund‹ und andere als ›ungesund‹. Die Energie zwischen zwei Menschen kann positiv oder negativ sein. Beziehungen können aus unseren Unzulänglichkeiten oder unseren Stärken entstehen oder aus Einsamkeit. Manche beruhen auf Körperchemie. Die meisten kombinieren diese Merkmale und werden aus vielerlei Gründen eingegangen – von denen viele den Beteiligten unbekannt sind und erst im Rückblick klar werden. Normalerweise glauben zwei Menschen einfach, daß sie einander lieben und die Beziehung glücklich sei. Die Beziehung entspricht den Bedürfnissen beider Partner.

Earnie Larsen unterscheidet in seinen Vorträgen und Schriften drei Beziehungspositionen: ›drinnen‹, ›draußen‹ und in ›Warteposition‹. Keine Beziehung kann existieren, wenn ein Partner auf ›aus‹ schaltet, sagt Larsen.

Die Genesung hat nichts mit dem besonderen Zustand ›in oder aus einer Beziehung‹ zu tun. Genesung zeichnet sich dadurch aus, daß jeder von uns eigene Entscheidungen trifft darüber, was er will und tun muß und was für ihn wichtig ist. Kein anderer Lebensbereich bringt unsere Einmaligkeit so sehr zum Ausdruck, wie es unsere Beziehungen tun – die Biographie unserer Beziehungen, die gegenwärtigen Umstände und Ziele.

Als Sheryl mit ihrer Genesung von der Co-Abhängigkeit begann, ließ sie sich von ihrem Mann scheiden, den sie »einen praktizierenden Sexabhängigen und Alkoholiker« nennt. Heute, zweieinhalb Jahre später, trifft sie sich nur gelegentlich mit Männern.

»Es wäre mir und einem Mann gegenüber nicht fair, jetzt bereits eine Beziehung einzugehen. Ich bin noch nicht bereit. Außerdem kenne ich keinen Mann, mit dem ich eine tiefere Beziehung wünsche. Eines Tages möchte ich eine gute Beziehung haben«, sagt Sheryl. »Bis dahin arbeite ich an mir.«

Vor vielen Jahren unterzog Sams Frau Beth sich einer Behandlung gegen ihre Suchtkrankheit, und er suchte Al-Anon auf. Sie sind seit fünfundzwanzig Jahren verheiratet und wollen die Ehe aufrechterhalten.

»Das wahnsinnige Verhalten hat aufgehört. Es wird alles besser. Wir haben zwar keine wunderbare Beziehung, aber wir wollen die Familienstruktur beibehalten. Unsere Kinder sind uns dafür dankbar. Ich bin froh, daß wir uns dafür entschieden haben«, sagt Sam. »Unsere Beziehung ist nicht ideal, aber sie ist machbar geworden. Und das wollen wir beide. Wenn wir unser Leben noch einmal von vorn beginnen könnten, würden wir vermutlich einen anderen Partner wählen. Aber wir haben uns füreinander entschieden, und diese Entscheidung würdigen wir.«

Nach drei Jahren Al-Anon ließ Marianne sich von ihrem Ehemann Jake scheiden, einem nassen Alkoholiker.

»Wir haben drei Kinder. Ich hatte Angst, allein zu leben, und Schuldgefühle, mich scheiden zu lassen. Ich halte nicht viel von Scheidung. Manchmal bin ich traurig über den Verlust unserer Familie. Manchmal vermisse ich die guten Dinge, die wir gemeinsam hatten. Aber ich bedaure nicht, einen Schlußstrich unter unsere unglückliche Beziehung gezogen zu haben. Die Kinder und ich litten zusehr darunter«, sagt Marianne.

Jan und Tom sind seit fünfundzwanzig Jahren verheiratet. Jan geht seit zehn Jahren zu Al-Anon. Tom geht seit acht Jahren zu den Anonymen Alkoholikern.

»An manchen Tagen halte ich nicht viel von dieser Ehe; an anderen Tagen weiß ich, daß ich Tom noch genauso liebe wie an unserem Hochzeitstag. Manchmal wachsen wir zusammen, manchmal auseinander«, sagt Jan. »Wir haben uns sehr verändert, aber in gewisser Beziehung sind wir immer noch die gleichen. Was sich verändert hat, ist folgendes: Heute lebe ich mit Tom zusammen, weil ich mich dafür entschieden habe, nicht weil ich glaube, ich hätte keine andere Wahl.«

Ich habe viele Geschichten über Beziehungen gehört. Manche Genesende sind glücklich verheiratet, andere führen eine unglückliche Ehe, manche Ehen sind erträglich, und andere sind mal gut, mal schlecht. Manche Menschen sind geschieden, andere leben allein und sind auf der Suche nach einem Partner, manche leben allein und meiden Beziehungen. Manche haben Liebschaften, andere leben in einer engen Partnerschaft, manche leben auf Probe zusammen. Manche sind nach dem Beginn ihrer Genesung erfolgreiche Beziehungen eingegangen; andere nicht.

Manche Paare arbeiten an verbesserungsfähigen Beziehungen aus der Zeit vor ihrer Genesung.

Manche Beziehungen halten ein Leben lang; andere nicht. Viele von uns haben beschlossen, die nicht dauerhaften Beziehungen ›Lernerfahrungen‹ zu nennen. Solange wir uns nicht weigern, aus unseren Fehlern zu lernen, stellen die meisten Beziehungen eine Verbesserung zur vorangegangenen dar. Martin Blinder, bereits zu Beginn dieses Kapitels zitiert, schreibt:

> *Die meisten Menschen verlieben sich im Verlauf ihres Lebens immer wieder... Nur wenige Menschen verlieben sich mit siebzehn und bleiben demselben Menschen für den Rest ihres Lebens treu; die meisten von uns gehen durch eine Reihe kürzerer Beziehungen, verlassen wiederholte Male einen Liebespartner zugunsten eines anderen, der unserem stetig wachsenden Reifegrad entspricht. Jeder neue Partner verbindet im allgemeinen Merkmale unserer vorangegangenen Liebespartner, und unser jüngstes Idol repräsentiert eine Wiederkehr des alten, angereichert mit Nuancen des neuen. Bekannte Konflikte tauchen wieder auf, sind aber schneller und weniger schmerzhaft zu lösen. Es werden immer noch Fehler begangen, die Bedingungen sind nicht ideal, doch im großen und ganzen lernen und profitieren wir aus unseren Erfahrungen. Auf lange Sicht stellen unsere neueren Beziehungen meist eine enorme Verbesserung gegenüber den vergangenen dar.*

Trotz unserer Erfahrungen mit früheren Beziehungen wissen wir über den Verlauf einer Liebe etwa so viel, wie über das Auskurieren eines gewöhnlichen Schnupfens. Die uralten Redewendungen, den meisten von uns bekannt, enthalten viel Weisheit. »Wenn etwas sein soll, dann wird es sein.« »Wenn du etwas liebst, laß es los; wenn es zurückkommt, gehört es dir.« Und: »Um den richtigen Menschen zu finden, mußt du der richtige Mensch sein.« Diese Sprüche sind nicht ohne Grund zu Sprichwörtern geworden, sie haben ihren Wahrheitsgehalt bewiesen. Der Gedanke, daß unsere Beziehungen etwa so gesund sind wie wir selbst, ist ein gültiger Grundsatz.

Das Schlimmste, was wir tun können, ist unsere Beziehungsgeschichte oder gegenwärtige Situation zu zerrütten, indem wir zynisch, hoffnungslos, verbittert werden oder uns schämen. Unsere Biographie ist kein Zufall. Unsere gegenwärtigen Umstände sind kein Zufall. Wir haben Entscheidungen getroffen, die korrigiert werden können. Wir treffen im Verlauf unserer Entwicklung neue Entscheidungen. Wir entdecken Muster, die entwirrt werden müssen. Aber wir können aus jeder Beziehung, die wir eingegangen sind, lernen und Gewinn ziehen. Unsere Beziehungen sind ein Spiegelbild unseres Wachstums, und unsere Beziehungen haben häufig zu diesem Wachstum beigetragen.

Zwar mögen manche gesünder sein als andere, den vollkommenen Menschen oder die vollkommene Beziehung gibt es dennoch nicht. Es wird viel über Ideale geschrieben und gelehrt, doch Beziehungen verlaufen nicht ideal, und Menschen verhalten sich nicht immer mustergültig. Tatsache ist, daß das Zusammenleben mit manchen Menschen einfacher ist als mit anderen.

Sie befinden sich in Ihrer Genesungsreise dort, wo Sie sein müssen, und Sie sind in Begleitung der Menschen, mit denen Sie zusammensein müssen — heute. Sie waren mit den Menschen zusammen, mit denen Sie zusammen sein mußten, um diesen Punkt zu erreichen. Es ist in Ordnung, keine Beziehung zu haben. Es ist in Ordnung, eine Beziehung zu beenden, wenn sie vorüber ist. Es ist in Ordnung zu bleiben. Es ist in Ordnung, sich eine Beziehung zu wünschen — auch wenn Sie eine oder mehrere Beziehungen hatten, die nicht klappten. Sie haben ein Recht auf eine weitere Chance — ob die Chance darin besteht, eine neue Beziehung einzugehen oder eine gegenwärtige zu verbessern.

Sie können dauerhafte Liebe finden. Sie können Ihr Genesungsverhalten mit den Menschen in Ihrem Leben heute üben. Sie können die Qualität und Energie Ihrer Beziehungen sogar erheblich verbessern. Vielleicht üben Sie neue Beziehungsverhalten und sehen bereits eine Verbesserung. Es steht Ihnen das Beste zu, was die Liebe zu bieten hat. Der Prozeß, das Beste von der Liebe zu erhalten, beginnt jedoch in Ihrem Innern.

Earnie Larsen sagt: »Es verändert sich nichts, wenn nichts geändert wird.« Und den einzigen Menschen, den Sie ändern können, sind Sie selbst. Und wenn Sie das tun, verändern Sie gelegentlich mehr, als Sie sich vorstellen können.

Sehen wir uns an, was Sie tun können, um Lernerfahrungen in Liebeserfahrungen umzuwandeln.

Hausaufgabe

1. Schreiben Sie die Geschichte Ihrer Beziehungen. Schließen Sie alle wichtigen Leute − Freunde, Familienmitglieder, Geliebte, Freundinnen, Ehepartner etc. − mit ein. Wie begann die Beziehung mit diesen Menschen, außer den Familienmitgliedern? Wie endete die jeweilige Beziehung? Welche Bedürfnisse erfüllte jede Beziehung? Was haben Sie aus jeder Beziehung gelernt oder gewonnen?
2. Haben Sie irgendwelche negativen Gefühle bezüglich vergangener Beziehungen? Bringen Sie den Willen auf, diese Gefühle loszulassen? Können Sie die Geschichte Ihrer Beziehung annehmen?

14
Verhängnisvolle Affären überwinden

Ich sage nicht, Sie sollen sich zufriedengeben!...
Ich sage Ihnen, Sie sollen nach Gold streben, nicht
nach einer billigen Imitation.

– Nita Tucker

Der Film *Verhängnisvolle Affäre* war 1987 weltweit ein
Kassenhit. Der Titel zog auch mich an. Er faßte die
Geschichte meiner zweiundvierzig Jahre Beziehungsge-
schichte in zwei Worten zusammen.

»Ich betrete einen Raum mit 500 Männern, 499 davon
erfolgreich und gesund; und ich picke mir die eine arbeits-
lose Niete heraus und stelle fest, daß der Typ meinen Blick
sucht«, sagt Christy.

»Als ich meinen Ex-Mann kennenlernte, einen sexbesessenen Alkoholiker, war mein erster Gedanke: *Der Junge
sieht nach Problemen aus.* Mein zweiter Gedanke war:
Den hol ich mir!« sagt Jan.

»Eine Frau, die aussieht, als könne ›sie mir weh tun‹,
übt eine besondere Faszination auf mich aus«, sagt Don.
»Ich bin seit Jahren auf dem Weg der Genesung und fühle
mich noch immer zu diesen Frauen hingezogen.«

Viele von uns leben mit diesem Phänomen, sich instink-
tiv und stark zu Menschen hingezogen zu fühlen, die uns
nicht guttun. Ich nannte das jahrelang irrtümlicherweise
›sich verlieben‹ und ›Gottes Willen‹. In diesem Kapitel erforschen wir, wie wir über diese, wenn nicht verhängnisvollen, so doch katastrophalen Leidenschaften hinweg-
kommen und lernen, uns zu Menschen hingezogen zu fühlen, die gut für uns sind. Hören Sie gut zu. Ich sagte nicht
›langweilig‹. Ich sagte ›gut für uns‹. Langweilig ist es,
fünf, zehn, fünfzehn oder mehr Jahre in unmittelbarer

Nähe eines Alkoholikers, eines Sexbesessenen oder eines Mannes zu leben, der uns mißbraucht. Nita Tucker schreibt:

> *Ich sage nicht, daß Sie eine Beziehung mit jemandem eingehen sollen, zu dem Sie sich nicht körperlich hingezogen fühlen. Ich sage, daß Sie vielleicht nicht immer wissen, wie sehr Sie sich spontan zu jemandem hingezogen fühlen... Vielleicht sagt Ihnen Ihre Mutter, daß Ihre Erwartungen zu hoch sind. Das sage ich Ihnen nicht. Ich sage Ihnen, daß diese Männer nicht richtig sind... Ich sage Ihnen, daß es weit aufregendere, romantischere, spannendere und befriedigendere Dinge gibt als Körperchemie. Dann nämlich, wenn Sie mit jemandem fünf, zehn oder vierzig Jahre zusammenleben und die Leidenschaft sich noch immer vertieft.*

Dieses Kapitel handelt davon, eine solche Beziehung in Gang zu setzen, eine Beziehung, bei der die Möglichkeit besteht, daß sie klappt, dauerhaft und befriedigend ist und Ihnen das gibt, was Sie sich wünschen. Genesung ist mehr, als das Ende von Beziehungen herbeizuführen. Genesung handelt von einigen guten Ansätzen. Viele Gedanken in diesem Kapitel basieren auf dem besten Buch, das ich zu diesem Thema gelesen habe: *Beyond Cinderella: How to Find and Marry the Man You Want* von Nita Tucker.

Auf die Plätze!

Zunächst wollen wir festhalten, daß das Anknüpfen einer Beziehung legitim ist. Es ist in Ordnung, sich eine Beziehung zu wünschen, und es ist in Ordnung, eine Beziehung zu suchen. Bestätigen Sie und erkennen Sie Ihren Wunsch an, eine Beziehung haben zu wollen. Es ist ein normaler, gesunder, menschlicher Wunsch.

Als nächstes überlegen Sie, welche Form der Beziehung

Sie wünschen. Jede Form? Eine zufriedenstellende, erfüllende, liebevolle und dauerhafte? Eine vorübergehende Beziehung? Eine, wie Sie sie schon hatten?

Sobald Sie geklärt haben, welche Form der Beziehung Sie sich *wünschen*, stellen Sie fest, welche Form der Beziehung Sie *brauchen*. Hier kann es Unterschiede geben. Sie mögen in einer gesunden, liebevollen Beziehung leben; wenn Sie jedoch Ihre Hausaufgaben (Arbeit an der Ursprungsfamilie) nicht erledigt und Ihre Botschaften nicht geändert haben, ›brauchen‹ Sie vielleicht (oder landen darin) eine Beziehung, die Sie mißbraucht oder kontrolliert oder in anderer Weise den früheren Beziehungen gleicht.

Unsere unterschwelligen Bedürfnisse sind mit unseren nicht bewältigten Aufgaben verknüpft und damit, was uns unserer Meinung nach zusteht. Die Menschen, die uns begegnen, bestätigen das, was wir über Männer und Frauen denken und was in Beziehungen *immer geschieht*. Wenn wir nicht verarbeitete Wut auf Männer oder Frauen hegen, werden unsere Beziehungen dieser Wut wahrscheinlich Rechnung tragen.

Wir können loslassen oder daran arbeiten, uns von unseren destruktiven Bedürfnissen oder Gefühlen aus der Vergangenheit zu befreien. Wir ändern das, was wir glauben, um das ändern zu können, was wir sehen.

Die nächste Überlegung, die ansteht, ist die Sache mit ›unserem Typ‹. Ich hatte jahrelang bestimmte Vorstellungen über ›meinen Typ‹, wenn ich auf der Suche nach einer Beziehung war, wenn ich Ausschau nach interessanten Männern hielt, zu denen ich mich hingezogen fühlte. Ich kannte ›meinen Typ‹ genau. Er hatte eine bestimmte Körperhaltung, einen bestimmten Gang, eine bestimmte Art zu reden, einen gewissen Blick und eine Geschichte, auf die dieser Blick sich bezog. Mit ›mich hingezogen fühlen‹ meine ich die explosive Chemie, die ich erlebte, bevor ich die Bekanntschaft dieses Mannes machte. Ich wäre nie auf die Idee gekommen, mich für Männer zu interessieren, die nicht mein Typ waren, und begab mich einzig und allein aufgrund des Sogs dieser anfänglichen Anziehung in eine Beziehung.

Nicht ein einziges Mal ist es mir gelungen, eine funktionierende Beziehung mit ›meinem Typ‹ zu erleben. Ich hätte jede Wette gewonnen, daß jeder Mann, zu dem ich mich stark und spontan hingezogen fühlte, ernsthafte Mängel aufwies, die eine harmonische Beziehung unmöglich machten. Auf der anderen Seite der Medaille waren die vielen Männer, die ich gar nicht bemerkte. Wenn ich sie bemerkte, hatte ich nicht das geringste Interesse daran, sie kennenzulernen oder mit ihnen auszugehen. Sie trugen einen bestimmten Haarschnitt, Polyesterhosen oder hatten einen Bart.

Ich mußte vierzig Jahre alt werden, bis ich endlich etwas begriff: Es ist bei weitem einfacher, einen Mann zu überreden, seine Hosen in einem anderen Geschäft zu kaufen oder sich den Bart abzunehmen, als ihn vom Trinken abzuhalten. Mein Typ war eigentlich gar nicht mein Typ. Er war meine ›Lieblingsdroge‹.

»Mit wem gehst du jetzt aus?« fragte ich eine genesende Freundin.

»Ach, weißt du«, antwortete sie, »er hat einen anderen Namen und sieht anders aus, aber im Grunde genommen gehe ich mein ganzes Leben lang mit dem gleichen Mann aus.«

Viele von uns haben zugelassen, daß dieses Phänomen der verhängnisvollen Leidenschaften ihre Beziehungen bestimmt. Viele haben Menschen übersehen, mit denen sie wirklich eine erfolgreiche Beziehung erlebt hätten. Es ist nämlich möglich, unsere Vorstellungen über unseren Typ zu ändern. Chemie ist in einer Beziehung wichtig, ebenso wichtig sind aber auch andere Dinge. Diese erste Anziehung hat garantiert nichts mit Liebe zu tun, ja, sie schließt gewöhnlich sogar Liebe aus. Wir können uns von einer besseren Chemie hingezogen fühlen, die wir mit einem Menschen entwickeln, der vermeintlich nicht unser Typ ist

– und es in Wirklichkeit doch ist. Das ist vielleicht nicht auf den ersten Blick ersichtlich, wird aber bald deutlich.

Nita Tucker leitet einen Kurs, den sie ›Verbindungen knüpfen‹ nennt, in dem sie den Teilnehmern eine Aufgabe stellt. Sie müssen glücklich verheiratete Paare über ihre Beziehungen befragen. »Eine der Fragen bezieht sich auf das Kennenlernen«, schreibt Tucker. »Achtzig Prozent der bislang interviewten Personen (über tausend Befragte) berichteten, daß sie *keine* spontane Zuneigung füreinander empfanden, als sie sich kennenlernten.«

Vielleicht kommt man sich merkwürdig vor, Beziehungen einzugehen, ohne diese Initialzündung zu erleben. Das ist in Ordnung. Das Gefühl wird sich einstellen. Sie werden entdecken, daß Sie sich mit Menschen, die nicht Ihr Typ sind, wohler und sicherer fühlen.

»Ich wurde von diesem Mann angezogen. Ich ging achtmal mit ihm aus und redete lange mit meiner Sponsorin, bis ich begriff, daß ich mich zwar zu ihm hingezogen fühlte, aber nicht mit ihm zusammensein wollte. Ich fühlte mich in seiner Gegenwart unbehaglich. Es gab von Anfang an grundlegende Probleme. Alles, was wir gemeinsam hatten, war diese Anziehungskraft«, sagt eine Frau.

Das bringt uns zur nächsten Überlegung: *den Verfügbarkeitsfaktor.* Es gibt mehrere Faktoren, die einen Menschen für eine intime, liebevolle Beziehung nicht verfügbar machen. Der/die Betreffende ist verheiratet oder befindet sich in einer anderen Liebesbeziehung. Er/sie ist seit kurzem geschieden, oder eine andere Beziehung ist so kurzfristig zu Ende gegangen, daß er/sie nicht verfügbar ist. Dieser Mensch will vielleicht keine gesunde, liebevolle Beziehung eingehen oder ist nicht bereit, eine Beziehung mit *Ihnen* einzugehen.

Aktive Suchtkrankheit, Sexbesessenheit oder andere unbehandelte Störungen lassen einen Menschen nicht bereit sein, eine Beziehung einzugehen. Nasse Alkoholiker, Sexabhängige und Spieler sind nicht verfügbar, um gesunde, liebevolle Beziehungen einzugehen. Sprechen Sie mir nach: Nasse Alkoholiker, Sexabhängige und Spieler sind nicht verfügbar, um gesunde, liebevolle Beziehungen einzugehen. Menschen, die eine Störung behandeln müßten, es aber nicht tun, sind nicht bereit, Beziehungen einzugehen.

Weitere Faktoren, die Nichtverfügbarkeit signalisieren:

○ so sehr an eine frühere Familie gebunden zu sein, daß jemand nicht die materiellen oder emotionalen Möglichkeiten hat, eine neue Beziehung einzugehen;

○ zwanghaft zu arbeiten oder so beschäftigt zu sein, daß jemand keine Zeit hat, sich einer Beziehung zu widmen;

○ in einer anderen Stadt, einem anderen Land zu leben, so daß jemand räumlich nicht verfügbar ist, um den Bedürfnissen der Beziehung nachzukommen.

Eine Beziehung mit jemand anzuknüpfen, der nicht verfügbar ist, kann Co-Abhängigkeits-Verrücktheiten in uns auslösen. Der Nichtverfügbarkeitsfaktor darf nicht persönlich genommen werden. Wir müssen damit keine negativen Einstellungen zu Männern, Frauen oder Beziehungen rechtfertigen. Die Verfügbarkeit einer Person ist eine Tatsache und muß als solche angenommen und in Erwägung gezogen werden. Viele von uns haben einen Großteil ihres Lebens damit verbracht, mit dem Kopf gegen die Wand zu rennen und zu jammern, weil sie sich um eine Beziehung mit jemandem bemühten, der von Anfang der Beziehung an nicht verfügbar war. Viele von uns haben ihr Leben damit verbracht, sich zu ihrem Typ hingezogen zu fühlen, wobei der zwingende Faktor, der ihn zu unserem Typ machte, die Nichtverfügbarkeit war.

Wir können lernen, uns nach der Verfügbarkeit zu erkundigen. Das kann häufig bereits in den ersten Minuten des Kennenlernens geschehen, manchmal bietet sich erst später Gelegenheit. »Hallo! Leben Sie in einem Programm?« »Wo arbeiten Sie?« »Sind Sie verheiratet?« »Wie lange sind Sie schon geschieden?«

Da wir beim Thema Verfügbarkeit sind, sollten wir auch

unsere eigene Verfügbarkeit erörtern. Sind Sie immer noch in einer früheren Beziehung verstrickt? Sind Sie bereits ausreichend genesen, um verfügbar zu sein? Haben Sie Zeit und Energie, um sich einer Beziehung zu widmen? Sind Sie emotional verfügbar? Wenn Sie mit jemandem zusammen sind, mit dem Sie keine dauerhafte, enge Beziehung haben wollen, sind Sie nicht verfügbar.

Mit wem wir ausgehen und mit welchen Menschen wir Beziehungen haben, ist eine Frage unserer Verfügbarkeit. Unsere Vorurteile gegen Menschen und Beziehungen sind ebenfalls Ausdruck unserer Verfügbarkeit. Wenn Sie nur mit nichtverfügbaren Menschen Beziehungen eingehen, und wenn Sie negative Ansichten über Menschen und Beziehungen haben, sind Sie so lange nicht verfügbar, bis Sie sich ändern.

Hier können Affirmationen helfen. Wir ändern unsere Einstellung hinsichtlich unserer Anziehungskraft auf bestimmte Menschen, und wir ändern unsere Einstellung hinsichtlich der Wirkung bestimmter Menschen auf uns. Neue Affirmationen können beispielsweise lauten:

○ Ich fühle mich zu gesunden, liebevollen, verfügbaren Menschen hingezogen und sie sich zu mir.

○ Ich fühle mich zu Menschen hingezogen, die gut für mich sind.

Haben wir uns zum Beispiel immer wieder vorgebetet: »Es gibt keine guten Männer (oder Frauen)«, so ändern wir den Satz in: »Es gibt genügend gute Männer (oder Frauen). Ich treffe und lerne gesunde, liebevolle Menschen kennen.« Wir können alle negativen Überzeugungen bezüglich Männern, Frauen oder Beziehungen ändern.

Ein Prinz (oder eine Prinzessin) ist ein Mann (eine Frau), mit dem (der) Sie eine befriedigende und dauerhafte Beziehung unterhalten können, schreibt Nita Tucker. Ein Frosch ist eine Person, mit der Sie aus vielerlei Gründen keine dauerhafte und befriedigende Beziehung unterhalten können. Viele von uns haben ihr Leben damit verbracht,

Frösche zu küssen und zu hoffen, sie würden sich in Prinzen verwandeln; oder wie eine Frau sich ausdrückte: »Prinzen zu küssen und zuzusehen, wie sie sich in Frösche verwandeln.« Manche Frösche sind netter als andere, aber Frosch bleibt Frosch. Vielleicht rieselt uns bei jeder Begegnung mit einem Frosch ein Schauer der Erregung über den Rücken, deshalb müssen wir nicht zu ihm in den Teich hüpfen.

Was wünschen Sie sich von Ihren Beziehungen? Was brauchen Sie? Was steht Ihnen Ihrer Meinung nach zu? Sie können damit beginnen, Raum zu schaffen für das Gute, indem Sie das Gute bestätigen und bereits im Anfangsstadium der Beziehung die Verantwortung für Ihr Verhalten übernehmen. Verhängnisvolle Affären sind keine Liebe. Sie sind nicht Gottes Wille, also hören Sie auf, Gott die Schuld daran zu geben. Beziehungen sind nicht zwangsläufig Schicksal. Und sie müssen nicht verhängnisvoll sein.

Fertig...

Wenn wir unsere Hausaufgaben erledigt haben, sind wir bereit, uns in die Startlöcher zu begeben. Wir können Leute treffen und uns die aussuchen, die wir näher kennenlernen wollen. Der letzte Satz enthält drei Schlüsselworte: *treffen, Menschen* und *aussuchen*.

Wir sind nicht auf Entenjagd. Es geht nicht darum, daß wir unsere Beute einsacken, bevor die Jagdsaison um Schlag Mitternacht endet. Es geht uns nicht darum, uns von unserer Chemie beherrschen zu lassen. Wir wollen Menschen kennenlernen und lernen, auf bessere Weise Verbindung mit ihnen einzugehen.

Wie treffen Sie Leute? Indem Sie gesellschaftlichen Umgang pflegen. Gehen Sie dorthin, wo Menschen sich treffen. Therapiegruppen und Zwölf-Schritte-Meetings eignen sich nicht dafür, Menschen zu treffen, mit denen man ausgehen möchte. Der primäre Zweck der Gruppenarbeit besteht in der Genesung. Wir sabotieren einen wichtigen Teil unseres Gesundungsprozesses, wenn wir dort auf Partnersuche gehen. Begegnungsorte können unter anderem sein: die Kirche; Sportereignisse (als Teilnehmer oder Zuschauer); Parties; Unterricht; Einkaufsbummel; kulturelle Ereignisse; Wohltätigkeitsveranstaltungen; ehrenamtliche Tätigkeiten; politische Aktivitäten; Tanzveranstaltungen; Restaurants; Cafés; gepflegte Nachtclubs; Tierparks; Ausstellungen; Single-Klubs und gehobene Vermittlungsagenturen.

Wenn wir den ernsten Vorsatz haben, Menschen kennenzulernen, müssen wir uns regelmäßig in Gesellschaft begeben. Wir wollen gut aussehen und uns wohl fühlen. Das bedeutet, daß wir unserem Erscheinungsbild erhöhte Aufmerksamkeit schenken. Das bedeutet auch erhöhte Aufmerksamkeit unserer Selbstfürsorge, Selbstpflege und Selbstachtung gegenüber. Die attraktivsten Menschen sind solche, die sich selbst lieben und ihr eigenes Leben leben.

Wir lernen zu lächeln und ›Hallo!‹ zu sagen. Sonst wissen die anderen nicht, daß wir sie kennenlernen möchten. Wir werden unerwünschte Verehrer und Nichtverfügbare abzuweisen haben, aber das ist besser als umgekehrt und stellt außerdem eine gute Übung dar. Wir haben viele Gelegenheiten, nein zu sagen, und einige Chancen, ja zu sagen. Das Konzept, offen, herzlich und freundlich zu sein, ist einfach, wird aber häufig nicht beachtet.

»Monatelang bemühte ich mich, Menschen kennenzulernen«, sagt eine Frau. »Ich besuchte öffentliche Veranstaltungen und stand dort wie eine Statue in der Ecke. Bis mir bei einer solchen Gelegenheit die Erleuchtung kam; ich sah einen Mann und dachte, den würde ich gern kennenlernen. Ich fragte mich, ob er mich wohl bemerkt habe, ob er mich ansprechen werde. Ich hoffte es, fürchtete aber, er werde es nicht tun. Es waren immer die gleichen Gedanken, die mir im Kopf herumgingen, wenn ich jemanden sah, der mich interessierte. Dann kam mir die Idee. Warum nicht einfach zu ihm hingehen, lächeln und

›Hallo!‹ sagen? Ich mußte nicht aufdringlich sein, nur freundlich. Es ging mir nicht darum, ihn ›abzuschleppen‹; ich wollte ihn lediglich kennenlernen. Also tat ich den ersten Schritt. Es wurde keine Beziehung daraus. Nach einem kurzen Gespräch wurde mir klar, daß er nicht der Richtige für mich war. Aber ich hatte etwas dazugelernt. Wenn ich jemanden kennenlernen möchte, kann ich das tun; ich muß nur auf ihn zugehen und ein Gespräch beginnen.«

Je intensiver wir unser Leben leben, um so mehr Menschen lernen wir kennen. Je mehr Menschen wir treffen, desto größer unsere Chance, jemanden kennenzulernen, der verfügbar und tatsächlich unser Typ ist. Wir können wählerisch sein, sollten aber nach echten Kriterien auswählen. Hören Sie auf, Menschen abzulehnen, die möglicherweise nicht Ihr Typ sind; hören Sie auf, automatisch Menschen gut zu finden, weil Sie sich zu ihnen hingezogen fühlen. Tucker rät, mit jemandem dreimal auszugehen, bevor man ihn oder sie ablehnt. Nehmen Sie sich Zeit, herauszufinden, ob Sie jemandem begegnet sind, den Sie näher kennenlernen wollen.

Wir sollten uns nicht von Emotionen leiten lassen und die Vernunft hintan stellen. Wenn jemand uns ›richtig‹ erscheint, aber nicht verfügbar ist, so ist er/sie nicht der/die Richtige. Wir sollten aber auch Emotionen nicht zugunsten von Vernunftgründen unterdrücken. Wir haben den Eindruck, jemand ist für uns richtig; stellen sich aber keine Gefühle ein, *nachdem wir diesen Menschen kennengelernt haben*, ist er für uns nicht geeignet – auch wenn er oder sie gesund und verfügbar wären.

Loslassen!

Jetzt sind wir in den Startlöchern, bereit zum Spurt in die Liebe unseres Lebens, holen tief Luft... und lassen los!

»Ich bin auf der Suche nach einer Beziehung«, sagte eine Frau. »Ich bin ganz wild darauf, völlig außer Kontrolle, und wenn nicht bald etwas mit mir geschieht, lande ich wieder in der Therapie.«

Ich tröstete sie und sagte, daß der Prozeß des Anknüpfens einer Beziehung bei vielen von uns das Animalische hervorkehrt. Wir können jedoch Vorkehrungen treffen, um uns für eine gute Beziehung verfügbar zu machen. Etwas, das die meisten von uns vollziehen müssen, ist die Kapitulation.

Wenn wir ohne Beziehung unglücklich sind, werden wir vermutlich auch mit einer Beziehung unglücklich sein. Eine Beziehung bildet nicht den Anfang unseres Lebens; eine Beziehung wird nicht zu unserem Leben. Eine Beziehung ist die Fortsetzung unseres Lebens. Eine Liebesbeziehung mag gewisse Bedürfnisse befriedigen, wie es nur eine Liebesbeziehung vermag, sie stillt jedoch nicht alle unsere Bedürfnisse, und sie ›macht uns nicht glücklich‹. Wenn wir in diesem Augenblick nicht glücklich sein können, haben wir dieses Gefühl wohl auch nicht im nächsten Augenblick. Wichtig ist das *Annehmen*, der gesegnete Zustand, von dem aus alle Dinge sich zum Besseren verändern können.

Es besteht ein Unterschied zwischen dem Zugeben, in einer Beziehung sein zu wollen, und der Verzweiflung, in einer Beziehung zu sein. Wer Hunger hat, kauft schlecht ein. Verzweifelte Menschen schlagen andere in die Flucht. Sie ziehen Menschen an, die nicht gut für sie sind. Sie treffen die zweitbeste Wahl.

»Was ist, wenn ich verzweifelt bin?« fragt eine Frau. »Ich bin ausgehungert nach einer Liebesbeziehung. Ich warte schon so lange darauf. Ich bin verzweifelt. Was kann ich dagegen tun?«

Ich möchte ihre Frage mit der Geschichte einer anderen Frau beantworten. »Jedesmal, wenn ich eine Beziehung beende, gerate ich in Panik«, sagt Karen. »Ich mache mir Sorgen, daß ich nie wieder einen Menschen treffe und mich nie wieder verliebe. Ich bin sechsunddreißig Jahre alt, und die längste Beziehung, die ich je hatte, dauerte ein halbes Jahr.«

Verzweiflung ist wie Panik. Wenn wir davon befallen sind, müssen wir gesondert damit umgehen. Verzweiflung ist mit Angst und unserem Bedürfnis nach Kontrolle verbunden. Verzweiflung signalisiert nicht behandelte oder versteckte Abhängigkeitsprobleme. Häufig liegen der Verzweiflung negative Überzeugungen zugrunde: Fehler beim anderen, Angst vor der Zukunft, Unsicherheit, was uns zusteht und darüber, ob wir es je bekommen. Eine Beziehung, die wir aus Verzweiflung eingehen, stellt sich vielleicht als eine Beziehung heraus, die unsere negativen Überzeugungen bestätigt. Verändern wir, was wir glauben. Lassen Sie sich in hohem Maß Selbstliebe, Anerkennung und Selbstfürsorge zukommen. Handeln Sie, als seien Sie nicht verzweifelt, bis Sie es tatsächlich nicht mehr sind.

Nehmen Sie Zurückweisung nicht persönlich. Geben Sie nicht auf, verlieren Sie die Hoffnung nicht, werden Sie nicht negativ oder zynisch. Ein Schlüssel zur Feststellung, was Ihnen Ihrer Meinung nach wirklich zusteht, ist Ihre Reaktion auf das Scheitern einer Beziehung im Anfangsstadium. Was beweist das? Daß Ihnen nie etwas Gutes widerfährt? Daß Sie nicht liebenswert sind? Das Sie nie Liebe finden? Natürlich spüren Sie Ihren Schmerz oder Ihre Enttäuschung, Sie sollten dennoch überprüfen, was das Leben Ihnen beweist. Wenn eine Beziehung scheitert oder Sie zurückgewiesen werden, beweist das nur, daß Sie die Liebe Ihres Lebens noch nicht gefunden haben.

Seien Sie nachsichtig mit sich selbst. Manchmal besteht der einzige Weg zur Kapitulation darin, sich durch die Erfahrung und Verzweiflung durchzuarbeiten. Sie werden Fehler machen. Sie werden sich manchmal verrückt vorkommen. Egal, wie alt Sie sind und welchen Lebenslauf Sie haben, Sie können Liebe finden, wenn es das ist, was Sie wollen. Wenn Sie willens sind, abzuwarten und daran zu arbeiten, werden Sie fähig sein, die Art der Liebe zu finden, die Sie sich wünschen.

Wahre Nähe braucht Zeit

Ein Wort zur Warnung: Gehen Sie nicht übereilt mit jemand ins Bett. Zu voreilig im Bett zu landen, vielleicht gar beim ersten Kennenlernen (was auf jeden Fall zu früh ist), ruiniert Beziehungen. Neben moralischen und äußerst wichtigen gesundheitlichen Überlegungen (AIDS, Herpes usw.) gibt es noch einen Grund, es nicht zu tun: Sex ist eine starke Form der Intimität. Wenn wir mit jemandem Sex haben, bevor wir eine emotionale, geistige und spirituelle Beziehung zu ihm haben, kann das Ungleichgewicht so hoch sein, daß ein Mensch damit nicht fertig wird. Und abgesehen von beiläufigen sexuellen Begegnungen (von denen in diesem Kapitel nicht die Rede ist) erwartet einer der Beteiligten gewöhnlich mehr nach dem Sex, was immer man Gegenteiliges sagen mag. Das ist normal. Aber es liegt in Ihrer Verantwortung, abzuwarten, bis Sie die Gewißheit haben, daß diese Erwartungen erfüllt werden.

Wir können mit dem seltsamen Gefühl der sexuellen Anziehungskraft umgehen, ohne dieses Gefühl auszuleben. Wenn wir mit jemandem ins Bett gehen, heißt das nicht, daß wir eine Beziehung mit diesem Menschen haben möchten. Die Intimität, die wir aufbauen möchten, ist keine spontane Erscheinung. Kommen Sie dem Menschen zunächst in anderer Beziehung nahe, um zu sehen, ob Sie ihm überhaupt nahe sein wollen. Lassen Sie die Chemie langsam hochsteigen. Geben Sie sich Zeit, um eine geistige, emotionale und spirituelle Bindung aufzubauen, bevor es zu sexueller Intimität kommt.

Hören Sie nie auf, für sich selbst zu sorgen

Wir sagen oft: »Ich wünsche mir eine gute Beziehung. Bis dahin arbeite ich an mir und kümmere mich um mich selbst.« Warum ›bis dahin‹? Selbstfürsorge ist eine lebenslange Aufgabe und Verantwortung. Sie hört nicht auf, wenn eine Beziehung beginnt. Im Gegenteil, dann müssen wir unsere Bemühungen, für uns selbst zu sorgen, noch verstärken.

»Ich kann erst dann feststellen, daß ein Mensch nicht gesund ist (süchtig, nicht verfügbar, dysfunktional), wenn es zu spät ist«, klagen viele Menschen.

»Zu spät wofür?« frage ich.

Ein Merkmal vieler gescheiterter Beziehungen ist, daß sie gut aussieht – bis wir ›drin‹ sind. Es sieht so aus, als würden Bedürfnisse befriedigt. Es sieht aus, als sei der andere gesund und liebevoll. Wir vernachlässigen unsere Schutzhaltung, werden verletzlich, engagieren uns emotional, und die Dinge verändern sich sofort. Die Struktur schaltet um auf Zerstörerisch oder Verrückt, und wir stehen ratlos da. Wir dürfen nicht aufgeben, für uns selbst zu sorgen, wenn wir uns gefühlsmäßig engagieren.

»Ich lernte einen Mann kennen. Etwa zwei Monate lang lief alles prima«, sagt eine Frau. »Dann änderte sich alles. Er hörte auf, zu den Gruppenmeetings zu gehen, und fing an zu trinken. Das folgende Jahr war schrecklich. Ich wartete darauf, daß es wieder so würde, wie es war. Bis mir schließlich dämmerte, daß es sich nicht ändern würde. Ich hatte auf etwas gewartet, das nicht eintreffen würde.«

Es ist möglich, Beziehungen langsam anlaufen zu lassen. Und wir können sie beenden, wenn sie verrückt werden. Es ist nie zu spät oder zu früh, für sich selbst zu sorgen.

»Wie steht es denn damit: Sobald wir den Wunsch aufgeben, eine Beziehung zu haben, finden wir sie?« fragte mich ein Mann. »Ich lebe schon eine ganze Weile danach, und nichts tut sich.«

Ich antworte nicht etwa leichtfertig darauf: »Loslassen und Gott überlassen.« Ich schlage das ganz ernsthaft vor *und* betone, daß wir unseren Beitrag hierfür überprüfen sollten:

○ Arbeiten wir an unserer Ursprungsfamilie?

○ Verändern wir unsere Botschaften?

○ Bestätigen wir uns, daß uns das Beste zusteht und wir das Beste bekommen?

○ Unternehmen wir etwas, um Menschen zu begegnen?

Ist unser Beitrag geleistet, müssen wir den Rest der richtigen Zeit überlassen. Wir müssen unsere Aktivitäten verbinden mit Kapitulation und Loslassen. Trotz unserer besten Bemühungen begegnen uns Beziehungen meist dann, wenn wir sie am wenigsten erwarten. Louise Hay schreibt:

Liebe entsteht, wenn wir sie am allerwenigsten erwarten, wenn wir sie nicht suchen. Die Jagd nach Liebe bringt nie den richtigen Partner. Die Suche nach Liebe verursacht nur Sehnsucht und Unglücklichsein. Liebe ist nie äußerlich erkennbar, Liebe ist in uns.

Bestehen Sie nicht darauf, daß Liebe sofort zu entstehen hat. Vielleicht sind Sie noch nicht bereit, oder Sie haben sich noch nicht weit genug entwickelt, um die Liebe zu erreichen, die Sie sich vorstellen.

Binden Sie sich nicht an irgend jemanden, nur um einen Menschen zu haben. Stellen Sie Ansprüche. Welche Art von Liebe möchten Sie erreichen? Listen Sie die Merkmale auf, die Sie wirklich in einer Beziehung wünschen. Entwickeln Sie diese Ansprüche auch für sich selbst, dann werden Sie auch den Menschen für sich gewinnen, der sie hat.

Sie könnten prüfen, warum Liebe Ihnen fernbleibt. Könnte es Kritik sein? Mangelndes Selbstwertgefühl? Unsinnige Maßstäbe? Filmstarvorstellungen? Die Angst vor Intimität? Die Überzeugung, Sie seien nicht liebenswert?

Seien Sie bereit zur Liebe, wenn sie wirklich kommt. Bereiten Sie den Boden vor, und seien Sie bereit, Liebe zu geben. Seien Sie erfüllt von Liebe, und Sie werden liebenswert sein. Seien Sie der Liebe gegenüber offen und empfänglich.

Sind Sie auf der Suche nach einer Beziehung? Genießen Sie den Prozeß. Leisten Sie Ihren Beitrag, dann ›lassen Sie los und überlassen Sie das weitere Gott‹. Seien Sie vergnügt. Treffen Sie Menschen, ohne aufzuhören, sich um sich selbst zu kümmern. Lernen Sie aus Ihren Erfolgen und Ihren Mißerfolgen. Seien Sie offen. Vielleicht wissen Sie gar nicht so genau, wer Ihr Typ ist. Vielleicht warten einige angenehme Überraschungen auf Sie. Sprechen Sie mit Menschen Ihres Vertrauens darüber, was Sie tun können, um nicht Gefahr zu laufen, eine Beziehung getrennt davon einzugehen, was Ihnen Halt gibt.

Es gibt gesunde Männer. Es gibt gesunde Frauen. Es gibt glückliche Beziehungen. Sie können lernen, Beziehungen einzugehen, die klappen. Sie können lernen, Liebe, die Ihnen guttut, an sich zu ziehen und zu genießen. Bejahen Sie sich und Ihre Pläne. Bestätigen Sie sich, daß Ihnen das Beste zusteht und daß es auf Sie zukommt, denn wenn Sie an etwas glauben, wird es auch eintreffen.

Hausaufgabe

1. Beschreiben Sie Ihren Typ. Seien Sie so ausführlich wie möglich. Ist Nichtverfügbarkeit ein Merkmal Ihres Typs? War es Ihnen je möglich, mit Ihrem Typ eine erfolgreiche Beziehung zu erleben?
2. Wenn Sie Ausschau nach einer Beziehung halten, wo suchen Sie? Wohin gehen Sie regelmäßig, um Menschen zu treffen? Gibt es auch einige neue Treffpunkte, die Sie aufsuchen könnten, um Menschen zu begegnen?
3. Sind Sie für eine Beziehung verfügbar? Gibt es in Ihrem Leben mehrere Versuche, Beziehungen mit nichtverfügbaren Menschen anzuknüpfen? Wie lauten Ihre Vorurteile und Ihre Meinung über Männer, Frauen oder Beziehungen? Was tun Männer oder Frauen *immer*, und was *tun Sie Ihnen immer an?* Was passiert Ihrer Meinung nach immer in Beziehungen? Was steht Ihnen Ihrer Meinung nach in einer Beziehung zu?

4. Erstellen Sie eine Liste Ihrer Ziele, und stehen Sie dazu, was Sie in Ihrem Liebesleben wünschen.
5. Wenden Sie sich an positiv eingestellte Freunde, die den Willen haben, Sie in Ihrer Suche nach einer Beziehung zu unterstützen. Sprechen Sie offen mit ihnen darüber, was Sie tun, denken und fühlen.

15

Grenzen

Ich bin zweiundvierzig Jahre alt und habe endlich herausgefunden, was ich nicht will. Jetzt muß ich nur noch herausfinden, was ich will.

– Anonym

Ich war für eine Zeitung auf Reportage, als mir im Vorlesungsraum des U.S.-Luftwaffenstützpunkts in Panama City ein Plakat auffiel. Es bezog sich auf die damalige U.S.-Außenpolitik als Antwort auf sowjetische Expansionsbestrebungen in Lateinamerika; es handelte gleichermaßen von meiner neuen Politik, ›keinen Boden zu verlieren‹.

Ich bin nicht länger bereit, mein Selbstwertgefühl, meine Selbstachtung, das Wohlergehen meiner Kinder, meinen Beruf, mein Heim, meinen Besitz, meine Sicherheit, meine Glaubwürdigkeit, meine Gesundheit, *mich zu verlieren*, um eine Beziehung aufrechtzuerhalten. Ich lerne, wie ich angemessen und mit hohem Selbstwertgefühl *mich dafür entscheide* zu geben. Ich lerne, daß ich mich gelegentlich dafür entscheiden kann, in Konfliktsituationen etwas *aufzugeben*. Aber ich bin nicht länger bereit, gedankenlos alles, was ich habe, für Beziehungen, die äußere Erscheinung oder im Namen der Liebe aufzugeben.

Jahrelang ließ ich mich mit der Einstellung ›Alles oder nichts‹ in Beziehungen ein. Gewöhnlich verlor ich alles, was ich hatte, und stand am Ende vor dem Nichts. Ich glaubte, die Bereitschaft, alles zu verlieren und zu geben, sei in der Liebe nun einmal notwendig. Das funktioniert nur im Kino, und da funktioniert es nicht besonders gut.

Hier eine Szenenfolge: Ein Mann läuft mit rauchendem Colt und dem gesamten Polizeiaufgebot der Stadt an den

Fersen durchs Leben. Feindselig und verbittert starrt er aus dem Fenster einer verdunkelten Wohnung. Seine Freundin umarmt ihn und flüstert: »Ich bin immer bei dir, Geliebter, was auch kommen mag.«

Was auch kommen mag? Ein paar Szenen später sitzt der Mann entweder in der Todeszelle und wartet auf den elektrischen Stuhl oder liegt tot auf der Straße. Er ist erledigt. Sie bleibt schluchzend allein – und der Film ist aus. Es war *seine* Geschichte. Wenn sie aufgehört hat, ihn zu betrauern, hat sie wirklich etwas, worüber sie weinen kann. Sie hat nicht nur ihre Beziehung verloren, sie hat auch ihre Arbeit, ihre Wohnung und ihre Einrichtung verloren. Keine Bank gibt ihr Kredit. Freunde und Verwandte sind wütend auf sie. Und nach der ganzen miesen Publicity ist auch ihr Ruf beim Teufel.

Die Moral dieser Geschichte und dieses Kapitels lautet: Grenzen ziehen. Wir müssen uns nicht bereiterklären, alles für die Liebe aufs Spiel zu setzen. Im Gegenteil, wenn wir in unseren Beziehungen vernünftige, gesunde Grenzen setzen, schaffen wir die Grundvoraussetzung für Liebe und glückliche Beziehungen. Wir lernen, vernünftige Entscheidungen darüber zu treffen, wieviel wir in unseren Beziehungen zu *geben* bereit sind – von uns selbst, unserer Zeit, unseren Talenten und unserem Geld. Wir können lernen, freiwillig gewisse Dinge aufzugeben, während wir Konflikte aushandeln und an Beziehungen arbeiten. Grenzen machen das Leben nicht schwierig; Grenzen vereinfachen das Leben. Wir müssen wissen, wie weit wir gehen wollen und wie weit andere uns begleiten sollen. Wenn wir das begriffen haben, können wir überall hingehen.

Was sind Grenzen?

Ich bat eine genesende Freundin, mir Grenzen in ihren Worten zu schildern.

»Wie kannst du jemand sagen, daß du dein ganzes

Leben lang zugelassen hast, daß andere auf dir herumtrampeln, ohne unflätig zu werden?« antwortete sie.

Grenze wird definiert als ›tatsächliche oder angenommene Linie, die ein Hoheitsgebiet markiert‹ oder als ›Gebiets- oder Landesgrenze‹.

In der Genesung verwenden wir den Ausdruck *Grenzprobleme*, um ein grundsätzliches Wesensmerkmal der Co-Abhängigkeit zu beschreiben. Damit definieren wir einen Menschen, dem es schwerfällt zu erkennen, wo er oder sie aufhört und ein anderer beginnt. Wir haben ein unklares Bild von uns selbst. Vielleicht fällt es uns schwer, den Unterschied zwischen unseren Gefühlen und den Gefühlen eines anderen, unserem Problem und dem eines anderen, unserer Verantwortung und der Verantwortung eines anderen festzustellen. Oft geht es nicht darum, daß wir Verantwortung für andere übernehmen; wir fühlen uns für sie verantwortlich. Unsere Fähigkeit, uns selbst zu sehen und uns hinreichend von anderen zu unterscheiden, ist verwischt. Die Grenzen, die uns umgeben, sind verwischt. Menschen mit schwachen Grenzen scheinen die Gefühle anderer ›aufzunehmen‹ oder ›zu absorbieren‹ – ähnlich wie ein Schwamm, der sich mit Wasser vollsaugt.

»Ich besuchte meine Familie. Meine Schwester führte sich ziemlich schlimm auf«, sagt Kate. »Sie arbeitet in keinem Genesungsprogramm für Co-Abhängige, obwohl sie es tun sollte. Sie läßt sich mißbrauchen. Und sie schleppt eine Menge starker ungelöster Gefühle mit sich herum.

Ich war etwa eine Stunde mit ihr zusammen und hatte plötzlich wieder diese verrückten Gefühle. Es dauerte einen Tag, bis ich meinen Frieden und mein Gleichgewicht wiedergefunden hatte. Zunächst konnte ich mir nicht denken, was geschehen war. Heute weiß ich es. Ich machte mir ihre Gefühle zu eigen. Es waren nicht meine Gefühle; es waren ihre.«

Das Wort *Grenze* wird in Genesungskreisen auch gebraucht, um zu beschreiben, daß wir aktiv werden und etwa ›eine Grenze setzen‹. Damit haben wir beschlossen, einem anderen verständlich zu machen, daß er uns nicht benutzen, nicht verletzen oder uns nicht etwas wegnehmen kann, ob dieser Besitz nun konkret oder abstrakt ist. Wir sind entschlossen, dem anderen zu sagen, daß er uns nicht mißbrauchen oder anderweitig gegen unsere Regeln verstoßen kann.

Geographisch ist ein Staat, ein Land, ein Grundstück, durch Grenzen vom Nachbargebiet abgetrennt. In der Genesung sprechen wir von Grenzen, die unser persönliches Territorium – unser *Selbst* – markieren. Wir können jedoch unsere Grenzen nicht mit einer dicken schwarzen Linie markieren. Dennoch hat jeder von uns sein eigenes Hoheitsgebiet. Unsere Grenzen definieren und umspannen dieses Hoheitsgebiet, das aus Körper, Geist, Gefühlen, Seele, unserem Besitz und unseren Rechten besteht. Unsere Grenzen definieren und umfassen unsere ganze Energie, das individuelle Selbst, das wir ›Ich‹ nennen. Unsere Grenzen sind zwar unsichtbar, dennoch real. Es gibt einen Punkt, wo ich aufhöre und der andere beginnt. Unser Ziel besteht darin, diese Linie zu erkennen und zu achten.

Was ist mit meinen Grenzen geschehen?

»Niemand kommt mit Grenzen zur Welt«, sagt Rokelle Lerner, Therapeutin und Autorin von Abhandlungen über Probleme erwachsener Kinder von Alkoholikern. »Grenzen werden uns von unseren Eltern beigebracht... Manche von uns haben kein Gefühl für Grenzen, andere haben Mauern errichtet statt Grenzen, und wieder andere haben Grenzen mit Schlupflöchern.«

Manche Menschen haben das Glück, erwachsen zu werden mit dem Wissen, wer sie sind, was ihre Rechte sind und was nicht. Sie verletzen nicht das Hoheitsgebiet anderer und lassen es nicht zu, daß andere ihre Grenzen überschreiten. Sie haben gesunde Grenzen und ein starkes Ich-Gefühl.

Leider wurden viele von uns erwachsen mit schadhaften, angekratzten oder nicht vorhandenen Grenzen. Oder wir haben uns einen so starken Panzer zugelegt, daß niemand uns zu nahe kommen kann.

Dazu trägt eine Reihe von Ereignissen bei: wenn Kindern keine gesunden Grenzen beigebracht werden, wenn die Grenzen und Rechte der Kinder übertreten und verletzt wurden und wenn Kinder von ihrer Umgebung in unangemessene Rollen gezwungen werden. Krankheiten wie Suchtmittelabhängigkeit oder andere zwanghafte Störungen übertreten unentwegt Grenzen.

Kinder haben schwache oder nicht vorhandene Grenzen, wenn sie emotional oder körperlich vernachlässigt oder im Stich gelassen werden. Ihre Grenzen sind schwach, wenn sie nicht genügend Fürsorge erhielten oder nicht mit ausreichender Disziplin und Grenzsetzung aufgewachsen sind. Sie entwickeln kein Selbst, keine Identität und kein gesundes Selbstwertgefühl. Das ›Selbst‹ kann sich nur schwer in einer Leere bilden.

Mißbrauch, Demütigung oder Scham- und Schuldgefühle verletzen die Grenzen. Solches Verhalten hinterläßt dort große Löcher, wo die Grenzverletzung stattfand. Wenn wir als Kinder emotional, körperlich oder sexuell mißbraucht wurden, wachsen wir ohne gesunde Grenzen in diesem Bereich unseres Hoheitsgebietes auf. Als Erwachsene reagieren wir auf Invasion in diesem Gebiet empfindlich, bis wir unsere Grenze reparieren und festigen können.

Unangemessene Generationsrollen unter Familienmitgliedern und unangemessene Rollen zwischen unserer Familie und anderen Familien können den Aufbau von Grenzen schädigen. Wir haben vielleicht nicht gelernt, das Hoheitsgebiet anderer oder unser eigenes Hoheitsgebiet zu erkennen und zu respektieren.

Wenn wir uns um jemanden kümmern mußten, der eigentlich die Fürsorge für uns hätte tragen müssen, glauben wir vielleicht, daß die Gedanken, Gefühle und Probleme anderer Menschen unsere Verantwortung sind. Wenn wir bei jemandem lebten, der uns dazu ermunterte, übermäßig abhängig von ihm zu sein, haben wir vielleicht nicht gelernt, daß wir eigenständig sind. Wir sind vielleicht in das Erwachsensein eingetreten mit dem Gefühl, die Hälfte von etwas zu sein und einen anderen Menschen zu brauchen, um vollständig zu sein. Sich um andere zu kümmern – ob es darum geht, daß andere Menschen Verantwortung für uns übernehmen oder wir die Verantwortung für sie – beschädigt Grenzen. Das vermittelt uns ein unklares Bild von uns selbst und anderen – davon, wer wir und wer andere sind.

Menschen, die gerne Kontrolle ausüben, dringen in fremdes Gebiet ein. Sie überschreiten Grenzen und glauben, ein Recht dazu zu haben. Durch das Zusammenleben mit jemandem, der unsere Gedanken, unseren Körper oder unsere Gefühle zu kontrollieren versuchte, wurden unsere Grenzen verletzt. Dadurch wurden unsere Rechte auf unsere Gefühle, Gedanken, unseren Körper, unsere Privatsphäre und unseren Besitz mißachtet; vielleicht wissen wir gar nicht, daß wir Rechte haben. Wir wissen vielleicht auch nicht, daß andere Rechte haben.

Unsere ursprüngliche Bindung an unseren ersten Betreuer prägt unsere späteren Bindungen zu anderen. Unsere Grenzen bestimmen, wie wir uns an unsere Umgebung anpassen, welche Verbindung wir zu ihr aufnehmen. Wenn wir schwache Grenzen haben, verlieren wir uns auf dem Gebiet anderer. Wenn unsere Grenzen Lücken aufweisen, droht uns die Gefahr einer Invasion. Wenn unsere Grenzen zu strikt und undurchlässig sind, lassen wir andere nicht an uns heran.

Ohne Grenzen verursachen Beziehungen uns Angst. Wir sind in Gefahr, alles zu verlieren, was wir haben, auch das eigene Ich.

Bestehen zu viele Grenzen, haben wir überhaupt keine Beziehungen. Wir wagen nicht, anderen nahezukommen, weil es zu lange dauern würde, bis wir unser *Ich* wiederfinden. Die Menschen ergreifen vor uns die Flucht.

Wir fühlen uns mit den Menschen am wohlsten, die gesunde Grenzen haben. Das Zusammensein mit Menschen, die zu viele oder zu wenige Grenzen haben, ist mühsam.

Wir fühlen uns mit Menschen, die Grenzverletzungen begehen, nicht wohl; wenn wir unser bisheriges Leben jedoch mit Invasoren und Grenzverletzern verbracht haben, merken wir vielleicht nicht, wie unbehaglich wir uns in ihrer Gegenwart fühlen.

Das Ziel der Genesung besteht darin, gesunde Grenzen zu errichten, nicht zu nachgiebig und auch nicht zu streng zu sein sowie Risse in unseren Grenzen zu kitten. Wir haben die Verantwortung, gesunde Grenzen zu errichten.

Wir dürfen die Verantwortung um die Sorge um uns selbst oder das Verfolgen unserer eigenen Interessen nicht in die Hände anderer legen; sie liegt bei uns und unserer Höheren Macht.

Wenn wir gesunde Grenzen errichten, entwickeln wir ein vernünftiges Rollenverhalten mit Familienmitgliedern und mit uns selbst. Wir lernen, uns und andere zu respektieren. Wir benutzen und mißbrauchen andere nicht, noch lassen wir zu, daß andere uns benutzen und mißbrauchen. Wir hören auf, uns selbst zu mißbrauchen! Wir üben keine Kontrolle über andere aus und lassen nicht zu, daß sie uns kontrollieren. Wir hören auf, Verantwortung für andere zu übernehmen, und lassen nicht länger zu, daß andere Verantwortung für uns übernehmen. Wir übernehmen Verantwortung für uns selbst. Wenn wir zu streng sind, lassen wir ein wenig locker. Wir entwickeln ein klares Gefühl für uns selbst und unsere Rechte. Wir lernen, daß wir ein vollständiges Ich besitzen. Wir lernen, das Territorium eines anderen ebenso wie unser eigenes zu respektieren. Wir lernen, uns zuzuhören und Vertrauen zu uns zu haben.

Was schmerzt? Was tut gut? Was gehört uns und was nicht? Und was geben wir bereitwillig auf?

Wie kann ich Grenzen errichten?

»Ich wuchs mit einem trunksüchtigen Vater und einer kontrollierenden Mutter auf. Später ging ich von zu Hause fort und heiratete meinen eigenen Alkoholiker«, sagt Diane. »Als ich anfing, von meiner Co-Abhängigkeit zu genesen, hatte ich keine Ahnung davon, was Grenzen waren. Der Beweis dafür war mein Leben.

Ich dachte, ich müsse alles tun, was die Leute von mir verlangten. Wenn jemand ein Problem hatte, glaubte ich, die Verantwortung liege bei mir, es zu lösen. Ich ließ mich von Menschen benutzen und hatte Schuldgefühle, weil es mir nicht paßte, benutzt zu werden. Mein Ehemann manipulierte mich, log mich an und mißbrauchte mich verbal. Ich hatte Schuldgefühle, weil es mir nicht gefiel, wie er mich behandelte. Meine Kinder schikanierten mich. Sie waren frech zu mir. Sie weigerten sich, meine Anweisungen zu beachten oder zu befolgen. Wenn ich mich darüber ärgerte, wie sie mich behandelten, hatte ich Schuldgefühle.

Ich bin jetzt seit acht Jahren im Genesungsprogramm für Co-Abhängige«, fährt Diane fort. »Allmählich erkenne ich den Unterschied zwischen angemessener und unangemessener Behandlung. Ich glaube allmählich, daß ich es verdiene, von anderen − auch von meinen Kindern − gut behandelt zu werden. Ich weiß, daß ich es nicht zulassen muß, daß andere mich ausnutzen oder mich beschimpfen. Ich muß nicht alles tun, was andere von mir verlangen. Ich brauche mich nicht berühren zu lassen, wenn ich nicht berührt werden will. Ich brauche nicht das empfinden, was ich nach Meinung anderer empfinden soll. Ich brauche mich nicht von Menschen benutzen zu lassen. Ich kann nein sagen und ›Hör auf damit!‹ Ich kann eigene Entscheidungen treffen, was ich in einer bestimmten Situation tun will und tun muß. Ich kann für *mich selbst* einstehen.

Ich habe gelernt, andere nicht unaufhörlich zu kontrollieren und mich nicht ständig um sie zu kümmern. Ich habe gelernt, andere zu respektieren, ihre Eigenart und ihre Rechte, besonders die Rechte von Familienmitgliedern.

Ich habe gelernt, daß ich weggehen oder mir Gedanken darüber machen kann, wie ich mich um mich selbst kümmere, wenn das, was andere tun, mich verletzt oder mir falsch erscheint. Ich habe klarere Vorstellungen davon entwickelt, was meine Verantwortung ist und was nicht. Aber«, fährt Diane fort, »ich muß immer noch daran arbeiten, und manchmal ist diese Arbeit sehr schwer.«

Das ist die sprichwörtlich gute und schlechte Nachricht. Wir können lernen, Grenzen zu setzen und einzuhalten, aber wir müssen vielleicht mehr daran arbeiten als andere. So wie wir gepolt sind, wissen wir oft nicht sofort, was weh tut und was nicht. Wir sind uns über unsere Rechte nicht im klaren. Es ist vielleicht nicht einfach, uns zuzuhören, weil wir uns fremd geworden sind.

Um ein Leben mit schmerzhaften Begebenheiten, Mißbrauch und verrückten Verhaltensweisen zu ertragen, lernen wir Schmerz und extremes Verhalten zu verleugnen. Wenn wir in Strukturen gelebt haben, in denen das Gesetz der ›Grenzenlosigkeit‹ herrschte (kümmere dich nicht um dich selbst), haben wir jedesmal Schuldgefühle, wenn wir in Erwägung ziehen, eine Grenze zu setzen.

»Ich bin seit sechs Jahren im Genesungsprogramm«, sagt ein Mann, der als Kind körperlich mißbraucht wurde. »Ich kann mittlerweile Grenzen setzen, sobald ich erkenne, daß etwas mich verletzt, aber es kostet mich noch einige Zeit, zu erkennen, wann mich etwas verletzt.«

Viele von uns haben eine hohe Toleranzschwelle bei Schmerz und in extremen Situationen entwickelt. So wie Experten sagen, daß Alkoholiker eine hohe Toleranzschwelle für Alkohol entwickeln, die hoch bleibt, ob der Alkoholiker trinkt oder nicht, so entwickeln auch wir eine hohe Toleranzschwelle bei Schmerz, Mißbrauch, Mißhandlung und Grenzüberschreitungen. Manchmal fällt es uns schwer festzustellen, ob jemand uns verletzt, ob wir andere verletzen oder ob wir uns selbst verletzen. Manchmal muß der Schmerz anhaltend und stark sein, bevor wir merken, daß er da ist. Und viele von uns haben keinen Bezugsrahmen, um zu erkennen, was normal und angebracht ist.

Wie können wir von jemandem verlangen, uns nicht weiter zu verletzen, wenn wir nicht sicher sind, daß die Verletzung weh tut? Wie können wir ein Verhalten als unangemessen erkennen, wenn wir nie ein anderes Verhalten kennengelernt haben? Für uns ist es normal. Wie können wir wissen, was wir wollen, wenn niemand uns sagt, es ist in Ordnung, Wünsche zu haben?

Daran müssen wir arbeiten. Wir müssen vielleicht mehr daran arbeiten als andere. Möglicherweise müssen wir unser ganzes Leben lang daran arbeiten. Um das zu tun, müssen wir zu uns selbst finden, um in uns selbst zu leben.

»Grenzen sind nicht nur ein Denkprozeß«, sagt Lerner.

Wir müssen auf unseren Körper hören, um zu wissen, wo unsere Grenzen sind. Wenn wir mit Suchtkrankheit in der Familie groß geworden sind, mußten viele sich von ihrem Körper, von ihrem Selbst trennen, um zu überleben. Wenn wir in einem Milieu groß geworden sind, in dem sexueller Mißbrauch getrieben wurde, mußten wir Gefühle unterdrücken, wenn wir vor Ekel geschüttelt wurden oder unser Magen sich zu einem Knoten verkrampfte. Wir mußten unseren Körper mißachten, um zu überleben.

Sobald wir erwachsen waren, wurde plötzlich von uns erwartet, Grenzen zu setzen. Da wir uns jedoch nicht im Einklang mit unserem Körper befanden, war uns das nicht möglich. Nun müssen wir lernen, wieder zu uns selbst zu finden, lernen, auf unseren Körper zu hören.

Grenzen setzen ist kein isolierter Vorgang, sondern verbunden mit dem Wachstum unserer Selbstachtung, dem Umgang mit Gefühlen, damit, überkommene Regeln abzuschaffen und unsere Spiritualität zu entwickeln. Damit verbunden ist das Loslassen. Schuldgefühle sind mit Grenzen verbunden. Wir schämen uns, wenn wir zulassen, daß andere unsere Grenzen überschreiten. Schuldgefühle versuchen uns daran zu hindern, Grenzen zu setzen, die wir setzen müssen.

Unsere Grenzen *und* unser Selbst entwickeln sich und wachsen in dem Maß, wie unser Selbstvertrauen wächst, in dem wir mit gesunden Menschen zu tun haben und in dem wir klarere Vorstellungen darüber gewinnen, was angebracht ist und was nicht. Je mehr wir in der Genesung wachsen, desto besser können wir Grenzen setzen.

○ Grenzen setzen bedeutet zu lernen, uns um uns selbst zu kümmern, egal, was geschieht, wohin wir gehen oder mit wem wir zusammen sind.

○ Grenzen entstehen aus unserer tiefen Überzeugung, was wir verdienen oder nicht verdienen.

○ Grenzen entstehen aus dem Glauben an die Bedeutung unserer Wünsche und Bedürfnisse, Neigungen und Abneigungen.

○ Grenzen entstehen aus einem tieferen Verständnis für unsere persönlichen Rechte, besonders für das Recht auf Selbstfürsorge und das Recht, wir selbst sein zu dürfen.

○ Grenzen entstehen, indem wir lernen, uns zu schätzen, uns zu vertrauen und auf uns zu hören.

Das Ziel unserer Grenzsetzung besteht nicht darin, dicke Mauern um uns zu errichten. Der Zweck besteht darin, genügend Sicherheit und Selbstsinn zu gewinnen, um anderen nahezukommen, ohne Gefahr zu laufen, uns zu verlieren, andere zu überfordern, Grenzen zu überschreiten oder unsere Grenzen verletzen zu lassen. Grenzen sind der Schlüssel zu liebevollen Beziehungen.

Wenn wir eine eigene Identität besitzen, sind wir in der Lage, Nähe und Intimität zu erfahren. Wir sind fähig, zu spielen, schöpferisch und spontan zu sein. Wir sind in der Lage, zu lieben und geliebt zu werden.

Intimität, Spiel und Kreativität bringen einen Kontrollverlust mit sich. Nur wenn wir Grenzen haben und wissen, daß wir Vertrauen zu uns haben können, diese Grenzen zu halten und für uns selbst zu sorgen, sind wir in der Lage, loszulassen und das Gleichgewicht zu halten. Diese Aktivitäten helfen uns, Selbstsinn zu entwickeln, denn durch Liebe, Spiel und schöpferische Kraft beginnen wir zu verstehen, wer wir sind, und können sicher sein im Vertrauen zu uns. Seine Grenzen zu haben, bedeutet, ein Ich zu besitzen, das stark, geborgen, gesund und selbstsicher genug ist, um loszulassen – und wieder auf die Füße zu kommen, ohne Schaden zu erleiden.

Tips, um Grenzen zu errichten

Wir brauchen keine Blockade zu errichten, um unser Territorium zu schützen; wir brauchen nicht übervorsichtig zu sein. Wir müssen lediglich lernen, auf uns zu achten. Hier einige Tips zur Stärkung unserer Fähigkeit, Grenzen zu ziehen.

Wenn wir merken, daß wir jemandem gegenüber eine Grenze ziehen müssen, tun wir das in deutlicher Form, möglichst ohne Zorn und so knapp formuliert wie möglich. Vermeiden Sie Rechtfertigung, Begründung oder Entschuldigungen. Geben Sie eine kurze Erklärung, wenn dies sinnvoll ist. Wir können nur dann intime Beziehungen aufrechterhalten, wenn wir anderen erzählen, was uns schmerzt und was uns guttut. Der wichtigste Mensch, den wir von unserer Grenzziehung in Kenntnis setzen müssen, sind wir selbst.

Wir können nicht gleichzeitig eine Grenze (eine Schranke) errichten und uns um die Gefühle eines anderen kümmern. Beides schließt sich einander aus. Ich habe diesen Tip an früherer Stelle bereits erwähnt, er kann jedoch nicht oft genug wiederholt werden.

Wir schämen uns und haben Angst, Grenzen zu ziehen. Tun Sie es dennoch! Die Menschen wissen vielleicht nicht, daß sie Grenzen verletzen. Und Menschen haben keinen Respekt vor den Menschen, die sich benutzen lassen. Menschen benutzen Menschen, die benutzbar sind, und respektieren Menschen, die sie nicht benutzen können. Gesunde Grenzen sind für alle von Vorteil. Sowohl Kinder als auch Erwachsene fühlen sich in unserer Gegenwart wohler.

Zorn, Ärger, Klagen und Jammern sind Hinweise auf Grenzen, die wir unbedingt ziehen müssen. Dinge, die wir nicht leiden können, nicht aushalten, die uns wütend machen und die wir hassen, sind meist Bereiche, die geradezu nach Grenzen schreien. Genesung bedeutet nicht, daß wir nicht mehr wütend sind, nicht mehr jammern und uns nicht mehr beklagen. Genesung bedeutet, daß wir lernen, genau auf uns zu hören. Solche Empfindungen sind Hinweise auf Probleme, so wie ein rotes Blinksignal auf dem Armaturenbrett unseres Autos. Scham und Angst sind die Schranken, die wir um unserer Selbstfürsorge willen durchbrechen müssen. Andere Anhaltspunkte zur Errichtung von Grenzen sind Gefühle, die uns zu ›ersticken‹ drohen, oder das Gefühl, Opfer zu sein. Wir müssen darauf achten, was unser Körper uns mitteilt. Und wie ich bereits sagte, müssen wir vielleicht wütend werden, um eine Grenze zu ziehen, aber wir brauchen nicht ständig zornig unsere Grenzen zu verteidigen.

Wir sind Prüfungen ausgesetzt, wenn wir Grenzen errichten. Planen Sie das ein. Es hat keinen Sinn, eine Grenze zu ziehen, bevor wir nicht bereit sind, unsere Rechte geltend zu machen. Häufig liegt der Schlüssel für Grenzen nicht darin, andere Menschen zu überzeugen, daß wir Grenzen haben – sondern darin, uns selbst davon zu überzeugen. Sobald wir wissen, wirklich wissen, wo unsere Grenzen liegen, wird es nicht schwierig sein, andere davon zu überzeugen. Andere spüren oft, wann wir unsere Grenze erreicht haben. Wir ziehen nicht mehr so viele Grenzgänger an. Die Dinge verändern sich. Eine Frau suchte ihren Berater auf und ließ ihre gewohnte regelmäßige Tirade der Beschwerden über ihren Ehemann ab. »Wann hört das endlich auf?« fragte die Frau schließlich den Berater. »Wann Sie es wollen«, gab der Berater zur Antwort.

Seien Sie bereit, beharrlich Ihren Grenzen entsprechend zu handeln. Unsere Grenzen müssen unserem Verhalten entsprechen. Unsere Taten müssen unseren Worten entsprechen. Wenn Sie sagen, eine Ihrer Grenzen besteht darin, Ihren Wagen nicht auszuborgen, aber weiterhin zulassen, daß andere Ihren Wagen benutzen, dann beklagen Sie sich weiterhin darüber, denn Sie haben keine Grenze gezogen. Konsequenzen und Ultimaten sind eine Form, Grenzen geltend zu machen. Wenn Ihre Grenze zum Beispiel darin besteht, nicht mit Alkoholismus leben zu wollen, und ein nasser Alkoholiker lebt mit Ihnen, können Sie ihm ein Ultimatum stellen – ein Entweder-Oder. Entweder der andere hört auf zu trinken und beginnt ein Genesungsprogramm, oder Sie trennen sich von ihm. Ich höre oft Menschen klagen: »Ich habe eine Grenze gezogen, aber Henry hält sich nicht daran.« Grenzen sind für unsere Selbstfürsorge gemacht, nicht um andere zu kontrollieren. Wenn wir eine Grenze gezogen haben, nicht mit nassen Alkoholikern zusammenzuleben, bedeutet das nicht, daß wir Harvey zwingen, das Trinken aufzugeben. Harvey kann selbst entscheiden, ob er trinkt oder nicht. Unsere Grenze gibt eine Richtlinie für unsere Entscheidung – ob wir mit Harvey zusammensein wollen oder nicht.

Manche Menschen respektieren unsere Grenzen gern. Das Problem bestand nicht darin, was sie mit uns gemacht haben; es besteht darin, was wir mit uns selbst gemacht haben. Manche Menschen werden wütend auf uns, weil wir Grenzen ziehen, besonders dann, wenn wir mit der Grenzziehung, die bislang nicht bestand, ein System verändern. Menschen reagieren besonders verärgert darauf, wenn wir uns um sie gekümmert haben oder zuließen, daß sie uns benutzten oder kontrollierten, und wir dann die Entscheidung treffen, es sei an der Zeit, das zu ändern.

Wir errichten Grenzen, wenn wir dazu bereit sind und keine Minute früher. Wir tun es nach unserem Ermessen, nicht nach dem Ermessen eines anderen — nicht nach dem Zeitplan unseres Sponsors, unserer Gruppe oder unseres Beraters. Weil der Entschluß mit unserem Wachstum verbunden ist.

Ein Rückhaltsystem kann uns helfen, wenn wir uns bemühen, Grenzen zu ziehen und geltend zu machen. Rückmeldung zu bekommen, was normal und nicht normal ist, wo unsere Rechte liegen und wo nicht, kann wertvoll sein. Ermunterung und Ansporn von außen können uns sehr unterstützen, wenn wir darum bemüht sind, diese Rechte geltend zu machen.

Grenzen ziehen macht auch Freude. Wir lernen nicht nur zu erkennen, was uns weh tut und was uns nicht behagt, wir lernen auch zu erkennen, was uns gefällt, was uns gut tut, was wir wollen und was uns Freude macht. Damit beginnen wir, unsere Lebensqualität zu verbessern. Wenn wir nicht genau wissen, wer wir sind, was uns gefällt und was wir wünschen, haben wir ein Recht darauf, diese spannenden Entdeckungen zu machen.

Grenzen sind ein persönliches Problem. Sie reflektieren unser Wachstum und sind Teil unseres Wachstums, unseres *Selbst*, unserer Verbindung zu uns selbst, zu unserer Höheren Macht und zu anderen Menschen. Darauf zu achten, was uns gefällt, was wir wollen, was uns wohl tut und was uns weh tut, entfernt uns nicht von unserer Höheren Macht oder vom Plan Gottes für unser Leben. Wenn wir auf uns hören und uns selbst schätzen, kommen wir dem Willen Gottes für unser Leben näher: einem reichhaltigen Plan für das Gute. Wenn wir Risiken auf uns nehmen und mehr darüber lernen, wer wir sind, entstehen unsere Grenzen und unsere Persönlichkeit. Im Verlauf unserer Entwicklung, den jeweiligen Umständen entsprechend, werden wir uns dazu stellen müssen, neue Grenzen zu errichten, was uns weh tut, was uns guttut, was uns gefällt und was uns nicht gefällt. Grenzen ziehen ist der fortlaufende

Prozeß, auf uns zu hören, uns und andere zu respektieren, unsere Rechte zu erkennen und für uns selbst zu sorgen.

Bemühen Sie sich um Ausgleich. Streben Sie nach Flexibilität. Streben Sie nach einem gesunden Selbstsinn und danach, welche Behandlung Sie verdienen. Gesundes Leben bedeutet, anderen von Zeit zu Zeit etwas zu geben, aber es besteht ein großer Unterschied zwischen Geben und Beraubtwerden.

Dies sind einige Tips, was nicht heißen soll, daß es sich um Richtlinien zur Grenzziehung handelt. Jeder von uns trägt seinen eigenen Ratgeber in sich. Wenn wir weiterhin an unserer Genesung arbeiten, entwickeln sich unsere Grenzen. Wir werden gesund und hellhörig. Unser *Ich* sagt uns, was wir wissen müssen, und unsere Selbstliebe ist stark genug, um auf uns zu hören.

Stellen Sie die Frage: *Was tut mir weh?* Hören Sie zu und beenden Sie den Schmerz. Stellen Sie die Frage: *Was tut mir gut?* Wenn etwas guttut, haben Sie das große Los gezogen. Stellen Sie die Frage: *Was gehört mir?* Wenn etwas Ihnen gehört, können Sie es haben; wenn es Ihnen nicht gehört, stecken Sie es nicht in die Tasche. Stellen Sie die Frage: *Was bin ich bereit zu verlieren?* Vielleicht haben Sie keinen Grund und Boden zu vergeben.

Hausaufgabe

1. Welche Grenzen haben Sie zu Beginn Ihrer Genesung errichtet? Welche Grenzen haben Sie in jüngster Zeit errichtet? Können Sie sich erinnern, wie Sie sich vor und nach der Grenzziehung gefühlt haben? Mußten Sie diese Grenzen geltend machen? Welche Grenzziehungen und deren Einhalten fallen Ihnen besonders schwer?

2. Gibt es jemanden in Ihrem Leben, der Sie benutzt oder Sie nicht angemessen oder respektvoll behandelt? Sind Sie noch heute wütend oder verärgert über etwas Vergangenes, klagen oder jammern Sie darüber? Was hin-

dert Sie daran, für sich selbst zu sorgen? Was geschieht Ihrer Meinung nach, wenn Sie es tun? Was geschieht Ihrer Meinung nach, wenn Sie es nicht tun?

3. Wie fühlen Sie sich in Gegenwart von Menschen mit festen Grenzen – zu viele Regeln und Vorschriften? Wie fühlen Sie sich in Gegenwart von Menschen mit wenigen oder gar keinen Grenzen?

4. Zu welchen Preisgaben waren Sie in der Vergangenheit zugunsten einer Partnerbeziehung bereit? Welche Verluste nehmen Sie heute bereitwillig hin? Was geben Sie nicht bereitwillig auf?

16

Intimität

> »Willst du Intimität in unserer Beziehung oder
> nicht?« platzte sie schließlich heraus. »Aber
> sicher«, sagte er. »Was ist das?«
>
> – Anonym

Während meiner Vortragsreisen durch die Vereinigten
Staaten sprach ich mit Gruppen Genesender und stellte
einige zwanglose Untersuchungen an. Ich fragte, wie viele
Menschen ihre Genesung durchliefen, ohne Rückschläge
zu erleiden. Ich fragte, wie viele eine absolut harmonische
Beziehung hätten. Und ich stellte eine dritte Frage.

»Wie viele von Ihnen erlebten Intimität und Nähe als
Rollenbildung in der Ursprungsfamilie?«

Bei Zuhörerschaften zwischen zweihundert und neun-
hundert Menschen hoben selten mehr als zwei oder drei
Anwesende die Hand, um die letzte Frage mit Ja zu beantworten. (Niemand antwortete mit Ja auf die erste Frage;
etwa zwei von fünfzehntausend beantworteten die zweite
Frage mit Ja, ohne daß ich Gelegenheit hatte, ihre Lebenspartner zu befragen.)

Wenige von uns hatten in der Kindheit das Glück zu erleben, wie Intimität aussieht. Die meisten wuchsen in Familien auf, in denen Intimität und Nähe nicht existierten.
Verhaltensweisen wie Kontrolle, Kümmern um andere,
Unehrlichkeit und zuweilen die noch schmerzhafteren Zusammenhänge von Mißbrauch in jeglicher Form machten
Intimität und Nähe unmöglich. Die Regeln – hab kein
Vertrauen, komme anderen nicht zu nahe, sprich nicht
über Gefühle, sei nicht verwundbar – machten Intimität
und Nähe im höchsten Maß unwahrscheinlich.

Mein Freund Chad eröffnete seinen Freunden seine Verlobung. Später am Abend fragte er Veronica, eine anwesende Freundin, ob sie und ihr Freund heiraten wollten.

»Nein«, sagte Veronica, »das haben wir nicht vor.«

Chad sah sie an. »Dein Freund wäre ein Narr, wenn er dich nicht heiratet«, sagte er.

»Du verstehst das nicht«, sagte Veronica, »wenn er kein Narr wäre, hätte ich keine Beziehung mit ihm. Ich habe eine begrenzte Fähigkeit zu Intimität, und jeder, der sich eine herzliche, liebevolle Beziehung wünscht, ist bei mir an der falschen Adresse.«

Veronicas Worte drückten ein Problem aus, das viele von uns kennen. Die meisten von uns wünschen sich Intimität und Nähe, doch nur wenige von uns wissen, wie so etwas aussieht oder sich anfühlt. Einer noch geringeren Anzahl Menschen wurde beigebracht, wie man diese Dinge bekommt. Den meisten wurde beigebracht, Intimität und Nähe nicht zu spüren.

Ich hielt *Intimität* für Straßenjargon. Ich begriff Intimität nicht, weil ich sie nicht erlebt hatte.

Wie wurde sie praktiziert? Wie sah sie aus? Wie fühlte sie sich an?

Ich fragte mich, ob Intimität etwas mit Sex zu tun hätte. Dann machte ich die Feststellung, daß Intimität bedeutete, die ganze Nacht aufzubleiben und über Gefühle zu reden: über seine Schuldgefühle und meine Wut. Bei einer bestimmten Gelegenheit in einer Gruppe empfand ich eine starke, umfassende Bindung an diese Gruppe, als einer redete und ich zuhörte. Das machte mir Angst, weil ich mich außer Kontrolle fühlte. Ich fragte mich, ob das Intimität sei. Ich versuchte herauszufinden, ob Intimität das gleiche sei wie das, was John Powell in seinem Buch *Why Am I Afraid to Tell You Who I Am* ›Gipfelkommunikation‹ nannte.

Intimität und Nähe waren für mich geheimnisvoll und vergänglich. Und dennoch sehnte ich mich nach beidem.

Während einer Autofahrt mit einer Freundin auf dem Weg zu einem Trödelmarkt erkannte ich, daß ich weder bei ihr noch sonst einem Menschen meine Wachsamkeit aufgeben konnte, um wirklich Nähe zulassen zu können.

Eines Abends betrat ich mein Wohnzimmer und hatte die plötzliche tiefe Gewißheit, daß ich zu ängstlich und zu nervös war, um meinen Kindern nahe zu sein. Ich erfüllte zwar meine Mutterrolle, kümmerte mich um sie und übte Kontrolle über sie aus. Aber ich war nicht fähig, entspannt und ihnen nahe zu sein.

Ich lag nachts mit meinem Ex-Mann im Bett, sehnte mich nach einer emotionalen und spirituellen Bindung zu ihm und hatte nicht die leiseste Ahnung, wie ich das erreichen könnte.

In den Jahren seit meiner Genesung von Co-Abhängigkeit und von Störungen des erwachsenen Kindes von Alkoholikern erlebte ich mehr Augenblicke der Intimität und Nähe als in meinem ganzen Leben vor Beginn meiner Genesung. Ich hatte anderen Schuld zugewiesen, beklagte mich darüber, keine Nähe zu kennen, und fragte mich, wann mir Nähe je gelingen würde. Als ich mich jedoch ernsthaft damit beschäftigte, enge und intime Beziehungen zu haben, und dieses Streben mit meiner Genesung kombinierte, fing ich an, intime Beziehungen zu pflegen.

Ich weiß noch nicht alles, was ich über Intimität wissen will. Doch einiges habe ich bereits gelernt.

Intimität erreichen

Nähe geschieht, wenn Ihre Grenzen nachgeben und die Grenzen eines anderen berühren. Nähe tut gut. Sie ist eine wohltuende, entspannte Erfahrung. Wir können viele Stunden und Tage der Nähe genießen, wenn wir uns das gestatten und jemanden haben, mit dem wir es erleben können. Nähe ist etwas, das wir kontrollieren können. Ich glaube, sie hat viel zu tun mit innerer Einstellung – Anliegen, Ehrlichkeit, Offenheit, Bereitschaft, Geborgenheit und Hingabe. Wir können unsere Energie auch auf leblose Dinge oder auf Haustiere verlagern und in dieser Beziehung unsere Grenzen nachgiebig machen: ein Brillantring, unsere Arbeit, ein Hund, eine Katze. Das ist alles zu seiner Zeit in Ordnung und ist Ihre freie Entscheidung.

Intimität ist die große Energieverbindung. Sie ist transzendental. Unsere Grenzen und Schranken lösen sich auf, und wir verschmelzen *zeitlich begrenzt und meist kurzfristig* mit einem anderen. Intimität kann emotional, mental, sexuell, spirituell oder eine anregende Kombination aller dieser Faktoren sein. Intimität kann zwar nicht berechnet, gewogen oder verglichen werden, die tiefsten Erfahrungen sind jedoch die multidimensionalen Energieverbindungen. Intimität ist eine so starke Verbindung, daß sie nicht gewaltsam aufrechterhalten werden kann. Sie ist eine Gabe, ein willkommener Gast, der unangemeldet kommt und nach eigenem Gutdünken geht. In der Sekunde, da wir uns bewußt werden, was Intimität ist, ist sie vielleicht schon wieder am Verschwinden.

Nähe und Intimität sind wie Glück. Sie sind schwer zu beschreiben. Nähe und Intimität geschehen, wann und wo wir sie am wenigsten erwarten, können nicht künstlich hergestellt, erzwungen oder erkauft werden. Sie sind Bestandteil einer bestimmten Lebensweise. Diese ›Lebensweise‹ nennen wir auch Genesung – Selbstfürsorge und Selbstliebe. Genesung macht uns für Beziehungen verfügbar und erhöht unsere Fähigkeit zu Intimität und Nähe.

»Intimität setzt dann ein, wenn das individuelle (meist instinktgesteuerte) Programmieren intensiver wird und soziale Muster und anderweitige Einschränkungen und Motive nachzugeben beginnen«, schreibt Eric Berne in *Spiele der Erwachsenen*.

Wir können nahe oder intime Momente haben, und wir können nahe und intime Beziehungen haben – Beziehungen, die von Intimität getragen sind.

Zwei Menschen, die sich bei einer Tasse Kaffee unterhalten, können Nähe und Intimität verspüren; drei Leute, die beim Abendessen sitzen und plaudern; zwei Leute, die gemeinsam kochen oder gemeinsam ein Zimmer tapezieren; zwei Leute, die zusammen angeln gehen; ein einzelner, der betet; ein Paar, das miteinander tanzt; zwei Menschen, die sich an den Händen halten und schweigend den Sonnenuntergang genießen. Diese Aktivitäten sind an sich keine Aktivitäten der Intimität und Nähe, können es aber sein. Genauso verhält es sich mit Sex.

Damit Nähe in einer Beziehung entstehen kann, müssen beide den Wunsch dazu verspüren. Wir müssen für Nähe aufgeschlossen und verfügbar sein. Wir müssen das Verlangen danach haben und bereit dazu sein. Wir müssen Schranken und Ängste abbauen und Schutzmaßnahmen fallenlassen. Intimität und Nähe können im gemeinsamen Tun oder nur im Zusammensein entstehen. Wir müssen Zeit miteinander verbringen, um das zu erreichen.

Bei Nähe und Intimität vernachlässigen wir vorübergehend unsere Wachsamkeit. Wir machen unsere Grenze — die Linie, die uns vom anderen unterscheidet und trennt — durchlässig. Wir geben uns der Beziehung, dem anderen und dem Augenblick hin — wir machen uns verwundbar.

Um in unseren Beziehungen loslassen zu können, brauchen wir gesunde Grenzen. Wir müssen sicher, stark und hinlänglich umsorgt sein, um zur Hingabe fähig zu sein. Wir müssen wissen, daß wir unsere Wachsamkeit aufgeben können. Unsere Grenzen müssen gesund und gefestigt sein, bevor wir die Entscheidung treffen können, wo und mit wem wir sie durchlässig machen können.

Um vorübergehend mit einem anderen in der Erfahrung zu verschmelzen, die wir Intimität nennen, müssen wir aber auch fähig sein, wieder zu uns zu finden. Sonst haben wir es nicht mit Intimität und Nähe zu tun — sondern mit Auflösung und Abhängigkeit. Wir brauchen ein stabiles Selbstwertgefühl, um auf uns zählen zu können, um Selbstfürsorge zu üben. Der andere muß wissen, daß wir sein Gebiet zu gegebener Zeit wieder verlassen. Beide brauchen die Gewißheit, daß keine Invasion, Beschämung, Erniedrigung, Überschreitung oder ein übertrieben langer Aufenthalt stattfinden, wenn sie sich auf das Gebiet des anderen begeben.

Bevor das entzückende, unbeschwerte, liebevolle Kind in uns zum Vorschein kommen und spielen kann, müssen wir erst zu ihm gelangen. Das Kind muß überdies wissen, daß es geborgen, geschätzt, geliebt und umsorgt wird, wenn es zum Spielen kommt. Diese kindlichen Gefühle sind eine notwendige Voraussetzung für Intimität.

Schranken gegen Intimität

Um intim oder nahe zu sein, müssen wir uns für den Augenblick von unserem Bedürfnis nach Kontrolle freimachen. Andere kontrollieren und sich um sie kümmern verhindert Intimität und Nähe, ist Ersatz für und Schranke gegen die Nähe. Wir können keine Nähe empfinden, wenn wir versuchen, Kontrolle zu üben oder uns um andere zu kümmern. Kontrolle und Sichkümmern sind Formen der Beziehung zu Menschen. Sie sind weniger befriedigend als Nähe und Intimität, für einige von uns jedoch der einzige Weg, mit anderen Verbindung aufzunehmen.

Bestimmte Verhaltensweisen können Ersatz für Intimität werden: Klatsch, Schuldzuweisung, Strafe, Streit anfangen, Nörgeln, Verurteilen und Selbstmitleid. Dies sind Schutzmaßnahmen, jedoch weder Intimität noch Nähe.

Sich zwanghaft mit Vergangenheit, Zukunft oder Gegenwart zu beschäftigen, verhindert Nähe, da wir davon abgehalten werden, in der Gegenwart zu sein.

Unerledigte Aufgaben, nicht aufgearbeitete Wut blockieren den Zugang zu unserer Vergangenheit, blockieren somit uns und verhindern Intimität. Wenn wir unsere Vergangenheit nicht bewältigt haben, wenn wir uns noch heute von alten Botschaften leiten lassen, sind wir nicht in der Lage, Intimität und Nähe zu erlangen. Wenn wir unsere Trauerarbeit nicht abgeschlossen haben, unsere gegenwärtige Situation und die Menschen in unserer gegenwärtigen Situation nicht akzeptieren, sind wir wahrscheinlich nicht fähig, ausreichend in der Gegenwart zu sein, um Intimität und Nähe zu empfinden. Nicht verarbeiteter

Zorn und Ärger, entweder auf den Menschen, mit dem wir zusammen sind, oder Menschen aus anderen Bereichen unseres Lebens, als deren Stellvertreter eben dieser Mensch für uns steht, können Intimität und Nähe blockieren.

»Die meiste Zeit meines Lebens wurde ich von Männern zum Opfer gemacht«, sagt Jane. »Als ich nach einigen Jahren der Genesung eine gesunde Beziehung einzugehen versuchte, wurde mir erst bewußt, wie wütend ich auf Männer war. Ich hatte mich nie mit meiner Wut auf die Männer auseinandergesetzt, die mich schlecht behandelt hatten. Ich rationalisierte meine Wut. Ich verdrängte meine Wut. Aber sie blieb bestehen. Logisch! Ich hatte das weder erkannt noch zur Kenntnis genommen. Statt dessen benutzte ich meine Wut, um den jeweiligen Mann in meinem Leben zu bestrafen und um zu beweisen, daß alle Männer gräßliche Typen waren. Eine Form meiner Bestrafung bestand darin, daß ich keinen Mann zu nahe an mich heranließ.«

Ein anderer sicherer Weg zur Verhinderung von Intimität und Nähe ist der, Intimität und Nähe von Menschen zu erwarten, die weder zum einen noch zum anderen fähig sind. Das bringt uns wieder zum Verfügbarkeits- bzw. Nichtverfügbarkeitsfaktor in Beziehung. Aktive Sucht, ernsthafte unerledigte vergangene oder gegenwärtige Störungen, Mißbrauch und Lügen schließen Intimität und Nähe aus. Menschen, die solche Probleme haben oder in Beziehung zu diesen Störungen stehen, können keine Intimität erleben. Wir können warten, bis der Himmel sich grün färbt, und werden dennoch nicht in der Lage sein, einem aktiv Süchtigen oder einem Menschen, den wir im Verdacht haben, uns zu belügen, oder einem, von dem wir fürchten, er könne uns verbal, körperlich oder emotional verletzen, nahe oder intim mit ihm zu sein.

Ein Mensch, der Mißbrauch treibt, der lügt oder seine Sucht auslebt, ist nicht fähig zu Ehrlichkeit und Hingabe, Hinnahme, Eigenverantwortlichkeit und Offenheit – alles

Faktoren, die für Intimität und Nähe unerläßlich sind. Diese Menschen leben nicht in ihrer Gegenwart und sind für eine Beziehung nicht verfügbar. Und tief in unserem Innern, dort wo es wirklich zählt, wissen wir, daß wir die Gefahr nicht eingehen wollen, uns einem solchen Menschen hinzugeben und uns ihm gegenüber verwundbar zu machen. Unser Territorium ist in akuter Gefahr, einer Invasion und Übergriffen zum Opfer zu fallen.

Beschämung schließt Intimität aus. Wenn wir nicht sein können, wer wir sind, zeigen und offenbaren wir uns nicht einem anderen. Intimität und Nähe erfordern Selbstbejahung. Wir müssen mit uns selbst intim sein, bevor wir mit anderen intim sein können.

Der Unterschied zwischen Intimität und den ›Spielen‹, die wir ersatzweise spielen, könnte folgendermaßen beschrieben werden: Es ist ein ›Spiel‹, wenn ich dich bestrafe, weil ich wütend auf dich bin. Intimität ist, wenn ich dir sage, daß ich verletzt und wütend bin und dich bestrafen möchte. Es ist allerdings nur dann Intimität, wenn ich mit ruhiger Stimme spreche und Verantwortung für meine Gefühle und Verhaltensweisen übernehme. Intimität ist, wenn ich mich offen und verwundbar mache und darauf vertraue, daß du dich um meine Gefühle sorgst.

Wahre Intimität

In *Leaving the Enchanted Forest: The Path from Relationship Addiction to Intimacy* nennen die Verfasserinnen Stephanie Covington und Liana Beckett drei weitere wichtige Faktoren für intime Beziehungen.

- ○ *Die Beziehung muß gegenseitig sein.* Das bedeutet, beiden Beteiligten ist freigestellt, ob sie bleiben oder gehen, und beide befinden sich zur Zeit in der Beziehung, weil sie die freie Entscheidung getroffen haben, nicht weil sie dort sein *müssen* oder das Gefühl haben, die Beziehung *unter Zwang* aufrechtzuerhalten.
- ○ *Gegenseitige Einfühlnahme muß vorhanden sein.* Das

216

bedeutet, beide Partner sind bereit, die Gefühle des anderen zu verstehen und sich ihrer anzunehmen. Auch hier muß die Bereitschaft vorliegen, in die Gefühlswelt des anderen mit fürsorglicher Haltung einzutreten; dieses Eintreten darf nicht mit Gefahr verbunden sein.

○ *Es muß Machtausgleich herrschen.* Das bedeutet, Intimität erfordert ein Gleichgewicht der Machtverhältnisse zwischen den Beteiligten. Diese Balance kann nie vollkommen sein; wichtig ist nur, daß die Waagschalen nicht zu sehr nach einer Seite ausschlagen.

Ein weiterer wichtiger Bestandteil von Intimität und Nähe ist die Fähigkeit zur Distanz; nach der Nähe zum anderen zu uns selbst und unserem Leben zurückzufinden. Intimität und Nähe sind veränderte Bewußtseins- und Energiezustände; sind veränderte und großzügigere Grenzen. Nachdem wir Nähe und Intimität erlebt haben, müssen wir unsere Grenzen und Energien wieder zu normalen, gesunden, intakten Formen herstellen. Wir müssen die Lücken in unseren Grenzen schließen und uns selbst in einen Zustand der Vollständigkeit und Eigenständigkeit zurückversetzen. Es ist eine menschliche Eigenschaft, daß wir fortwährende Intimität und Nähe nicht ertragen können. Das ist nicht wünschenswert und würde uns vermutlich davon abhalten, irgendwelche andere Tätigkeiten auszuüben. Wir müssen unser Gleichgewicht und unser Selbst zurückgewinnen.

Der Wunsch, sich zu distanzieren, ist nach Zeiten der Nähe normal und natürlich. Geeignete Methoden, diese Distanz zu erreichen, sind nicht ganz so natürlich. Viele von uns sind bestens bewandert im Distanzverhalten. Es sind die gleichen Verhaltensweisen, die wir als Ersatz für Intimität angewandt haben; es sind die gleichen Verhaltensweisen, die Intimität blockieren und verhindern. Wenn wir auf Distanz gehen, fangen wir Streit an, suchen Fehler, ziehen uns zurück oder wenden jede Form von Anti-Intimitäts-Verhalten an. Alles, was andere zurückweist, uns schützt, Schranken errichtet oder auf irgendeine Weise Distanz schafft, ist Distanzverhalten. Jene unter uns, die eine begrenzte Fähigkeit zur Intimität besitzen, schalten bereits bei einem geringen Maß an Intimität und Nähe auf Distanzverhalten.

Eine Alternative zu diesem Verhalten ist die Erkenntnis, daß wir das Bedürfnis haben, nach Intimität auf Distanz zu gehen und zu lernen, wie wir das tun. Häufig genügt die Rückkehr in unser Alltagsleben und zu normalen Aktivitäten.

Je sorgsamer wir mit uns umgehen, desto leichter fällt uns sowohl die Vereinigung als auch die Trennung, beides Bestandteile von Intimität und Nähe. Intime, enge Beziehungen erfordern ein stabiles und sorgsam gepflegtes Ich beider Partner.

Gegenseitiger Respekt und Selbstwertgefühl sind gleichfalls notwendig. Wir müssen fähig sein zu sagen, was uns weh tut, was uns guttut und was wir brauchen. Das gleiche gilt für den anderen.

Wir haben ein Recht auf intime, enge Beziehungen. Unsere Fähigkeit zu Intimität und Nähe wächst mit unserem Fortschritt in der Genesung. Wir müssen langsam und behutsam vorgehen, um die Kunst der bedingten Hingabe zu lernen: zeitweilige Hingabe, begrenzte Hingabe, Hingabe bei Menschen, die uns nicht gefährlich werden, und Hingabe mit dem Wissen, daß wir als ganzer Mensch wieder zu uns finden.

Wenn wir einmal gelernt haben, uns selbst zu lieben, können wir auf spannende neue Weise lernen, zu lieben und geliebt zu werden. Oft besteht die größte Herausforderung nicht darin, andere zu lieben. Sie besteht im Lernprozeß, uns lieben zu lassen.

Intimität und Nähe mögen ein Kampf sein, aber der Kampf lohnt sich. Sie haben gelernt, Machtlosigkeit hinzunehmen. Sie haben eine Höhere Macht gefunden. Sie lernen, Ihre eigene Kraft zu besitzen. Nun können Sie lernen, diese Kraft mit anderen zu teilen.

Hausaufgabe

1. Wie soll Intimität und Nähe in Ihrem Leben und in Ihren Beziehungen aussehen?
2. Wie sehen Ihre Distanzmuster aus? Nörgeln, Fehlerfinden, Kritik, eine Beziehung beenden, Wut, Kontrolle, Flucht in die Arbeit? Welche anderen, positiveren Methoden könnten Sie anwenden, um Ihre Grenzen nach Phasen der Intimität wieder aufzubauen?

17

Konfliktverhandlungen

>»Wollen Sie Streit oder eine Erklärung?« fragte der
>Verkäufer schließlich den aufgebrachten Kunden.
>Der Kunde überlegte einen Augenblick lang. »Ich
>denke, ich will Streit«, sagte er.
>
> – Al-Anon, anonym

»Mami, bitte streite nicht wieder mit Daddy! Meine
Freundin Elisabeth hat gesagt, wenn eine Mami und ein
Daddy streiten, lassen sie sich scheiden.«
Die Worte meiner Tochter schnitten mir ins Herz. Wie
traurig, wenn sie und Elisabeth glaubten, Konflikt bedeute, daß Leute sich trennen werden. Dennoch hatten sie
Grund, das zu glauben. Elisabeths Eltern hatten Streit
und ließen sich scheiden. Mein Mann und ich hatten
Streit, und wir ließen uns scheiden. Meine Eltern hatten
Streit und ließen sich scheiden. Es war traurig, daß *ich*
glaubte, Konflikte würden das Ende von Beziehungen
herbeiführen.
Viele von uns haben Schwierigkeiten, mit Konflikten
umzugehen und Probleme zu lösen. Dazu trägt eine Reihe
von Gründen bei. Vielleicht wuchsen wir in einer Familie
auf, in der die Regel ›kein Problem‹ herrschte. Wenn es
damals nicht richtig war, Probleme zu haben, zu erkennen
oder darüber zu sprechen, schämen und fürchten wir uns
auch heute, sie zu haben. Wir sind nicht gerüstet, Probleme zu lösen. Wenn wir mit den Regeln ›sei perfekt‹ und
›hab recht‹ aufgewachsen sind, sind wir so sehr bemüht,
perfekt zu sein und recht zu haben, daß wir tatenlos werden. Die Schwierigkeit, mit Gefühlen umzugehen, besonders mit der Wut, kann unsere Verhandlungsfähigkeit her-
absetzen. Der Schwerpunkt verlagert sich von ›Wie kann

ich dieses Problem lösen?‹ zu ›Wie kann ich dich strafen, weil du mich wütend gemacht hast?‹

Wenn wir aber mit einem überhöhten Maß an Schmerz und Wut leben, lösen Konflikte bei uns Reaktionen der Co-Abhängigkeit aus. Ein drohender Konflikt zieht uns in einen Strudel aus Kontrollverhalten, Kümmern um die Angelegenheiten anderer, in Unsicherheit und Leugnen.

Mit negativen Botschaften aufwachsen

»Meine Mutter erzählte, mein Vater habe versucht, sie mit einem Fleischermesser umzubringen«, erinnert sich eine Frau. »Sie berichtete, ich hätte mich hinter der Couch verkrochen, zugesehen und vor Entsetzen geschrien. Daran erinnere ich mich nicht, ich erinnere mich nur noch an die Angst. Ich spüre sie jedesmal, wenn Menschen wütend oder laut werden.«

Welche Umstände es auch sein mochten, viele von uns wuchsen mit negativen Rollenmodellen und Botschaften über Problemlösung und Konfliktbereinigung auf. Wir entschieden uns dafür, Differenzen aus der Welt zu schaffen, indem wir sie ignorieren, verdrängen, vermeiden, indem wir einlenken, aufgeben, Zwang ausüben, nötigen, schlichten oder einfach weggehen. Diese Ansätze lösen keine Probleme und bereinigen keine Differenzen. Sie schaffen größere Konflikte, weil sie uns und andere dazu bringen zu ignorieren, zu leugnen, zu vermeiden, nachzugeben, aufzugeben, Zwang auszuüben, zu nötigen, zu schlichten oder einfach wegzugehen.

Um die Dinge weiter zu komplizieren, haben viele von uns viel Zeit damit verbracht, Lösungen für Probleme finden zu wollen, die wir nicht lösen könnten, selbst wenn wir fünfhundert Jahre leben würden, weil diese Probleme unlösbar waren. Wir haben möglicherweise Jahre damit verbracht, mit Menschen zu verhandeln, die kein faires Spiel trieben. Suchtkranke wie Alkoholiker sind keine Verhandlungspartner. Sie sind Gewinner − bis die Genesung einsetzt.

Manche von uns ließen sich so sehr in Probleme und Schmerzen verstricken, daß sie zu Märtyrern wurden. Wir lernten, alle unsere Kraft und Energie auf das Problem zu verwenden statt auf dessen Lösung.

Unser fehlender Glaube — an uns selbst, an den Lebensprozeß, an unsere Höhere Macht und an unsere problemlösenden Fähigkeiten — setzt unsere Fähigkeit im Umgang mit Schwierigkeiten und Differenzen herab. Wir glauben nicht an Konfliktlösung. Manche von uns glauben nicht einmal an Konflikte.

Eigene Energie vergeuden

Früher hatte ich eine naive Einstellung zu Problemen, Differenzen und Schwierigkeiten. Ich war der Ansicht, es dürfe sie nicht geben. Ich konnte nicht begreifen, daß Probleme, eins nach dem andern, wieder auftauchten. Wieso hatte Gott es auf mich abgesehen? Was machte ich falsch? Wieso taten andere Menschen mir das an? Ich verbrachte mehr Zeit und Energie damit, auf das Vorhandensein von Problemen zu reagieren als auf deren Lösung.

Wieder einmal beklagte ich ein bestimmtes Problem, als mir jemand das klassische Klischee an den Kopf warf: *Niemand hat je behauptet, es sei leicht*. Richtig! Niemand hat je behauptet, es sei leicht. Aber es hat mir auch niemand gesagt, daß es so verdammt schwer sein würde.

Es dauerte Jahre, bis ich mir drei Denkweisen zu eigen gemacht hatte:

○ Ich kann Probleme haben;
○ Ich kann Probleme in einer Weise lösen, die mir und meinen Beziehungen nutzt;
○ Ich kann Probleme loslassen, die ich nicht lösen kann, da meine Höhere Macht mit helfend zur Seite steht.

Es dauerte wiederum Jahre, bis ich meine instinktiven Reaktionen auf Probleme erkannte: Leugnen, Panik, Vermeiden, Kontrolle, Resignation und Selbstmitleid. Diese

Reaktionen machten die Dinge oft noch schlimmer. Mittlerweile habe ich einige Variationen von Murphys Gesetz begriffen und akzeptiert:

○ Dinge, die funktionieren, gehen kaputt.

○ Manche Dinge, die schiefgehen können, gehen schief.

○ Oft sind Dinge schwieriger, als wir uns das vorstellen.

M. Scott Peck faßte das in einem knappen Satz zusammen, den er an den Anfang seines Buches *Der wunderbare Weg* stellt. »Das Leben ist schwer.«

Wenn wir diese große Wahrheit einmal erkennen, wachsen wir über sie hinaus, sagt Peck. Je früher wir hinnehmen, daß das Leben schwer ist, desto leichter wird das Leben.

Ich habe mir noch einen Grundsatz zu eigen gemacht. A. P. Herbert faßte ihn in folgenden Worten zusammen: »Der Gedanke, daß zwei Menschen fünfundzwanzig Jahre lang ohne eine ernsthafte Auseinandersetzung zusammenleben, läßt auf einen Mangel an Geist schließen, der nur bei Schafen bewundernswert ist.«

Problemstopper

Probleme gehören zum Leben, und Konflikte in Beziehungen gehören ebenfalls dazu. Auch *Problemlösung* gehört zum Leben. Problemlösung zu lernen und über Differenzen zu verhandeln, führt uns auf unserem Genesungsweg vorwärts. Der Rest dieses Kapitels befaßt sich mit Überlegungen zu Problemlösungen und Konfliktverhandlungen. Wir erörtern folgende Anregungen:

○ Erkennen und akzeptieren Sie das Problem.

○ Suchen Sie nach Lösungen, die im Interesse der Beziehung liegen.

○ Ziehen Sie mehrere Lösungen in Betracht.

○ Lernen Sie Gefühle mit Vernunft zu kombinieren.

○ Nehmen Sie Probleme und Differenzen nicht persönlich.

○ Leugnen Sie keine vorhandene Gegenreaktion, unterstellen Sie aber auch keine.

○ Lernen Sie einen Mittelweg zwischen Loslassen und Handeln einzuhalten.

○ Üben Sie wohlüberlegte, aber zeitlich begrenzte Geduld.

○ Drücken Sie Ihre Wünsche und Bedürfnisse deutlich aus.

○ Nehmen Sie Ihre Wünsche und Bedürfnisse und die anderer wichtig.

○ Trennen Sie Prinzipien von Personen.

○ Teilen Sie sich mit.

○ Gesunde Grenzen sind für Konfliktverhandlungen unerläßlich.

○ Ständig darüber reden, was Sie wünschen und brauchen, ist keine Konfliktlösung.

○ Vermeiden Sie Machtspiele.

○ Lernen Sie erkennen, wann Sie Kompromisse schließen.

○ Hüten Sie sich vor Naivität und Zynismus.

○ Stellen Sie Ultimaten nur bei absolut nichtverhandelbaren Themen oder bei Verhandlungen im Spätstadium.

○ Vergeuden Sie keine Zeit damit, Nichtverhandelbares zu verhandeln.

○ Gestehen Sie jedem Menschen Achtung und Würde zu.

○ Übernehmen Sie die volle Verantwortung für Ihr Verhalten.

○ Fragen Sie sich nach dem Geschenk oder der Lehre.

Erkennen und akzeptieren Sie das Problem

○ Reduzieren Sie ein Problem auf seine einfachste Form.

Dann beginnen Sie die Lösung anzupeilen und in Kraft zu setzen. Sie können Problem und Lösung in eine Liste Ihrer Ziele unter der Rubrik ›zu lösende Probleme‹ eintragen. Schildern Sie das Problem genau. Seien Sie sich darüber klar, wo Ihre Verantwortung liegt und wo nicht. Wenn Sie nicht wissen, was kaputt ist, können Sie es nicht reparieren. Wenn Sie das Problem nicht zur Kenntnis nehmen, bekommen Sie nicht die nötige Einstellung, um es zu lösen.

Ich habe gelegentlich Probleme mit einem bestimmten Abschnitt, den ich schreibe. Wenn ich zu nervös werde und versuche, Verbesserungen vorzunehmen, ohne das Problem klar zu erkennen (Aufbau, Stil, Inhalt), vergeude ich meine Zeit, weil ich im Kreis herumirre und letztlich zum Ausgangspunkt zurückkehre: ich muß das Problem genau erkennen, um die Lösung zu finden. Früher habe ich mich auch in Beziehungen so unüberlegt verhalten und dort kein besseres Ergebnis erzielt.

Suchen Sie nach Lösungen, die im Interesse der Beziehung liegen

○ Das setzt voraus, daß uns die Beziehung am Herzen liegt; und die gesuchte Lösung wird diese Einstellung reflektieren.

Wir lernen, für uns selbst zu sorgen, und wir lernen, in unserem eigenen Interesse zu handeln. Um Beziehungen zu erhalten — und manche sind es wert, erhalten zu werden —, können wir lernen, im Interesse der Beziehung zu handeln. Das bedeutet nicht, daß wir uns und unsere Bedürfnisse verleugnen oder nicht in unserem eigenen Interesse handeln.

Ziehen Sie mehrere Lösungen in Betracht

○ Positive Konfliktverhandlung bedeutet, herkömmliches Schwarz-weiß-Denken abzulegen; bedeutet Brainstorming. Manchmal werden klare Lösungen übersehen.

Grant und Sharon waren beide ganztägig berufstätig. Sie hatten zwei Kinder und lebten in einem großen Haus. Grant liebte einen geordneten Haushalt. Sharon hielt nicht viel von Hausarbeit. Das wurde für beide zu einem ständigen Reizthema. Sharon fand, wenn Grant ein ordentliches Haus haben wollte, sollte er saubermachen. Grant fand, daß er bereits mehr als seinen Beitrag leistete. Die Diskussionen nahmen einen destruktiven Charakter an. Dann beschlossen beide, mit der Streiterei aufzuhören und das Problem zu überdenken. Grant wollte ein sauberes Haus. Sharon wollte sich in ihrer Freizeit entspannen. Sie legten Geld zusammen und leisteten sich eine Haushälterin.

Lernen Sie, Gefühle mit Vernunft zu kombinieren

○ Wenn wir nur emotional oder nur rational an Problemlösungen und Verhandlungen über Differenzen herangehen, schränken wir unsere Erfolgsaussichten ein.

Wenn wir unsere Gefühle oder die Gefühle anderer nicht mit einbeziehen − und sie für unwichtig halten −, geraten wir in Schwierigkeiten. Häufig motivieren Gefühle unser Verhalten. Wenn wir Gefühle mißachten und uns ausschließlich auf die Vernunft verlassen, während der andere auf dem Höhepunkt von Wut, Schmerz, Enttäuschung oder Angst ist, können unsere Bemühungen vergeblich und selbstzerstörerisch sein oder mißverstanden werden.

Auch wenn wir ausschließlich aus unseren Emotionen heraus handeln, erreichen wir nichts. Gefühle müssen angehört und beachtet werden. Wir dürfen nicht zulassen, daß sie uns kontrollieren oder unsere Denkweise diktieren.

Starke Emotionen wie Wut, Verletzung oder Angst in ein problemlösendes Gespräch einzubringen, ist nicht empfehlenswert. Wut hilft uns, Probleme aufzudecken, sie hilft uns meist aber nicht, sie zu lösen. Lernen Sie abzuwarten, bis starke Emotionen abgeklungen sind.

»Ich hatte ein Problem, das mich zum Wahnsinn trieb«, sagt Jeff. »Ich hatte einen neuen Wagen gekauft, bei dem die Kühlerhaube während der Fahrt ständig aufsprang. Ich brachte ihn fünfmal zum Händler zurück, um den Mangel beheben zu lassen. Jedesmal sprang die Kühlerhaube wieder auf, bevor ich zu Hause war. Ich war wütend! Wieder einmal auf der Fahrt von der Werkstatt, wo der Mangel angeblich behoben worden war, sprang die Kühlerhaube wieder auf. Wutschäumend stieg ich aus dem Wagen und knallte die Kühlerhaube zu, dabei behielt ich die Schlüssel in der Hand und verbeulte damit die Kühlerhaube. Da begriff ich, daß es Zeit war, mit meiner Wut gesondert umzugehen, bevor ich das Problem löste. Meine Wut war berechtigt, aber damit löste ich das Problem nicht; ich schaffte mir damit nur weitere Probleme.«

Nehmen Sie Probleme und Differenzen nicht persönlich

○ Mit einer anderslautenden Einstellung zur Problemlösung vergeuden Sie eine Menge Zeit und Energie.

Wir neigen dazu, Probleme persönlich zu nehmen, verschaffen uns damit aber eine falsche Sicht möglicher Lösungen.

Leugnen Sie keine vorhandene Gegenreaktion, unterstellen Sie aber auch keine

○ Wenn Sie an Konfliktverhandlungen in Beziehungen mit der Einstellung ›Sieg oder Niederlage‹ oder ›Nieder mit dem Feind‹ herangehen, schaffen Sie eine feindliche Atmosphäre. Beginnen Sie damit, um das, was Sie wollen zu bitten, statt es zu verlangen.

Manchmal schaffen wir eine negative Situation, die nur in unserem Kopf existiert. Andererseits müssen wir uns vor der Neigung hüten, Frieden um jeden Preis zu wahren; mit anderen Worten, werfen Sie Ihre Integrität nicht über den Haufen, nur um andere glücklich zu machen.

Lernen Sie, einen Mittelweg zwischen Loslassen und Handeln einzuhalten

○ Verlassen Sie sich nicht ausschließlich auf das Loslassen − Loslassen und Gott überlassen − als Methode der Problemlösung. Verlassen Sie sich auch nicht ausschließlich darauf, alles selbst zu machen.

Zu sehr loslassen kann zu Verdrängung und Vermeidenshaltung führen. Zuviel Handeln wiederum kann Kontrollverhalten sein. Streben Sie nach der goldenen Mitte.

Üben Sie wohlüberlegte, aber zeitlich begrenzte Geduld

○ Warten hilft zuweilen, Aufgaben zu lösen, die trotz aller ehrgeizigen Bemühungen unmöglich schienen.

So wie wir selbst Zeit brauchen, um festzustellen, was wir wirklich wollen und brauchen und wie wir Gefühle klären, ergeht es auch anderen. Wir wollen nicht überstürzt handeln, wir wollen aber auch nicht zu lange warten; dadurch entsteht Verdrängung. Wählen Sie einen angemessenen Zeitrahmen für jede Verhandlungsphase.

»Ich entschloß mich überstürzt zum Kauf einer Ware zu einem völlig überhöhten Preis«, sagt Marv. »Der Vertrag war an der Grenze der Legalität. Ich wollte ihn rückgängig machen, bevor die Tinte meiner Unterschrift trocken war. Ich saß da und bedauerte meine Entscheidung, und der Verkäufer führte einen Freudentanz auf. Er strich dabei eine hohe Provision ein. Als ich ihn davon in Kenntnis setzte, daß ich den Kauf rückgängig machen wollte, geriet er in Zorn.

Wir befanden uns in einer ausweglosen Konfrontation«, erinnert sich Marv. »Bis ich mich zum Rückzug entschloß. Ich händigte ihm die Ware aus, um ihm zu verstehen zu geben, daß ich keine Kaufabsicht hatte, und sagte ihm, ich würde mich in zwei Tagen bei ihm melden, um mein Geld zurückzufordern. Das gab uns Zeit, in Ruhe zu überlegen. Zwei Tage später rief ich an und stellte ihm und dem Chefverkäufer ein Ultimatum: Entweder ich bekäme mein Geld zurück, oder ich zöge einen Anwalt hinzu. Ich setzte eine weitere Entscheidungsfrist von vierundzwanzig Stunden. Am nächsten Tag wurde mir das Geld zurückerstattet. Durch eine Wartezeit von drei Tagen erreichte ich mehr, als hätte ich eine Woche herumgetobt.«

Manchmal brauchen die Menschen Zeit, um ihre Gedanken zu ordnen, ihr Gesicht zu wahren, Gefühle zu überdenken oder sich eine angemessene Lösung zu überlegen.

Drücken Sie Ihre Wünsche und Bedürfnisse deutlich aus

○ Im Kern der meisten Konflikte liegt eine Interessenkollision.

Wie schnell ist es passiert, daß ein Konflikt um seiner selbst willen weiterexistiert. Wir vergessen, weswegen wir streiten; wir vergessen, das Problem zu lösen. Wir streiten, um des Streites willen. Manchmal reinigt ein Streit die Atmosphäre. Der Sachverhalt wird jedoch häufig aus vielerlei Gründen – Scham, Angst, Vertrauensmangel oder mangelndem Bewußtsein – vernebelt, vertuscht oder aus den Augen verloren. Bestimmte Sachverhalte werden zu ›heiligen Kühen‹ in der Beziehung. Wir fühlen uns nicht sicher genug, um das Problem anzuschneiden und zum Ausdruck zu bringen, wie wir darüber denken. Das mag ein unantastbares Problem sein, zu brisant, um darüber zu reden. Wir schämen uns vielleicht, gewisse Probleme oder Gefühle zu haben, also richten wir unsere Wut und Aufmerksamkeit auf ein ungefährlicheres Problem – sozusagen als Ablenkungsmanöver. Oder wir sind uns des echten Problems nicht sicher. Das kann ein unantastbares Thema sein, etwa: »Meinem Eindruck nach hast du mehr Macht in dieser Beziehung als ich.« Es ist ratsam, sich selbst und gegenseitig zu fragen, ob das, worüber wir streiten, das ist worüber wir streiten wollen.

Erst wenn wir das Ziel unserer Verhandlungen kennen, sind wir zu Verhandlungen bereit. Je greifbarer und präziser wir ausdrücken können, was wir von einer bestimmten Verhandlung wollen, desto größer unsere Chance, dieses Ziel zu erreichen.

Nehmen Sie Ihre Wünsche und Bedürfnisse und die anderer wichtig

○ Das ist ein grundsätzliches Konzept zur Genesung.

Wenn wir in der Hitze des Gefechts den Überblick zu verlieren drohen, sollten wir uns beruhigen und uns folgende Fragen stellen:

○ Warum handelt der andere auf diese Weise? Was braucht er?

○ Warum handle ich auf diese Weise? Was brauche ich?

○ Gibt es eine Möglichkeit, das Problem zu lösen und dabei unser beider Bedürfnisse zu befriedigen?

○ Besteht ein gemeinsames tieferliegendes Bedürfnis?

Je emotional belasteter die Situation, desto mehr sollte unsere Aufmerksamkeit auf unsere Ziele gerichtet sein. Wir sollten in Erwägung ziehen, sie vor Beginn der Verhandlungen aufzuschreiben, um nicht von unserem Weg abgelenkt zu werden.

Trennen Sie Prinzipien von Personen

○ Akzeptieren Sie die Menschen, und stellen Sie sich den Problemen.

Andere Verhaltensweisen ziehen Beschämung, Feindseligkeit, Abwehr und Widerspruch an. Diese Faktoren führen zu unproduktiven Verhandlungen. Unsere Einstellung Menschen und Beziehungen gegenüber bringt den Unterschied, wenn wir Meinungsverschiedenheiten bearbeiten. Beziehungen müssen wegen eines auftauchenden Konflikts oder Problems nicht zerstört, aufgegeben oder kaltgestellt werden. Weder andere noch wir selbst verdienen es, wegen Problemen herabgesetzt zu werden.

Teilen Sie sich mit

○ Reden Sie, und hören Sie zu.

Manchmal ist Diskussion die einzige Form, zum Kern der Sache vorzudringen: Was ist das Problem, und was können wir tun, um es zu lösen? Wir wissen vielleicht nicht so viel, wie wir über uns und andere zu wissen glauben. Unsere eigenen Botschaften aus der Ursprungsfamilie und die Botschaften anderer zu verstehen, ist von Nutzen.

Ein Freund erzählte mir eine Geschichte, die diesen Punkt veranschaulicht. Eine Ehefrau explodierte nach dreißig Jahren Ehe und eröffnete ihrem Mann, sie wolle sich scheiden lassen. Schließlich ließ sie sich doch dazu überreden, vor einer endgültigen Entscheidung einen Eheberater aufzusuchen. Während der ersten Beratungsstunde redete die Frau endlos darüber, wie wütend sie war.

»Und wissen Sie, was ich ihm am meisten übelnehme?« fragte sie. »Jeden Morgen, wenn er Toast machte, gab er mir den Anschnitt. Ich hasse den Anschnitt.«

Da antwortete der Ehemann: »Aber das tat ich doch, weil ich dich liebe. Für mich ist der Anschnitt das Beste am Toast.«

Gesunde Grenzen sind für Konfliktverhandlungen unerläßlich

○ Ideal ist es, feste Grenzen zu haben – sie sollen weder zu durchlässig noch zu strikt sein.

Wir müssen wissen, wann wir nicht nachgeben dürfen und wann wir es tun können. Wir müssen wissen, was wir wollen und brauchen. Und wir müssen unsere Grenzlinie kennen. Unsere Wünsche, Bedürfnisse und Grenzlinien sind wichtig. Worüber können wir verhandeln? Worüber nicht?

Ständig davon reden, was Sie wünschen und brauchen, ist keine Konfliktlösung

○ Wir müssen uns immer wieder vor Augen führen, daß wir dazu neigen, uns um die Angelegenheiten anderer zu kümmern und uns selbst zu vernachlässigen.

Dieses alte Muster, sich um andere zu kümmern, löst keine Probleme; es hinterläßt wütende, benachteiligte Opfer unserer Verhaltensweise. Sich um andere zu kümmern, bereinigt einen Konflikt nicht, sondern verschärft ihn. Und wenn wir gelernt haben, Konflikte zu vermeiden, indem wir andere zum Einlenken zwingen, haben wir den Konflikt nicht bereinigt – wir haben ihn aufgeschoben. Der Preis für einen Frieden um jeden Preis ist auf jeden Fall zu hoch.

Vermeiden Sie Machtspiele

○ Sie funktionieren nicht. Machtspiele eskalieren gewöhnlich zu Konfliktsituationen.

Mutter zur Tochter: »Du mußt an diesem Wochenende auf das Baby aufpassen.«

Tochter: »Immer muß ich auf das Baby aufpassen. Ich wollte an diesem Wochenende ausgehen.«

Mutter: »Ich war seit Wochen nicht mehr aus. Du wirst dieses Wochenende zu Hause bleiben und Babysitter spielen.«

Tochter: »Wenn du ausgehst, gehe ich auch aus.«

Mutter: »Wenn du nicht tust, was ich dir sage, bestrafe ich dich.«

Tochter: »Mach ruhig. Dann laufe ich von zu Hause weg.«

Mutter: »Wenn du wegläufst, lasse ich dich von der Polizei suchen.«

Die Aussage des Konflikts wurde gleich zu Beginn des Gesprächs deutlich. Mutter und Tochter wollten an diesem Wochenende ausgehen. Statt von diesem Gesichtspunkt aus zu verhandeln, benutzten sie Machtspiele – jede brachte eine schärfere Drohung zum Ausdruck. Hören Sie sich an, wie sie den Konflikt lösten:

Mutter: »Wir beide sind wütend und verärgert. Wir sagen Dinge, die wir nicht meinen. Wir sollten uns Zeit lassen. Wir wollen später darüber sprechen; vielleicht finden wir dann eine Lösung.«

Tochter (eine Stunde später): »Was hältst du davon, wenn ich am Freitag abend ausgehe und am Samstag auf das Baby aufpasse?«

Mutter: »Das ist eine gute Lösung.«

Lernen Sie erkennen, wann Sie Kompromisse schließen

○ Eine Faustregel lautet: Wenn Sie jemanden dreimal um etwas gebeten haben und er oder sie hat Ihnen die Bitte abgelehnt, Sie angelogen oder etwas versprochen, ohne dieses Versprechen zu halten, müssen Sie wahrscheinlich einen Kompromiß schließen. Vergessen Sie nicht, einmal ist noch kein Präzedenzfall.

Manche Menschen treiben kein faires Spiel. Sie haben nicht die Absicht zu verhandeln; sie haben die Absicht, zu sabotieren, zu nötigen, zu manipulieren oder Sachverhalte anderweitig zu kontrollieren, um ihr Verhalten fortsetzen zu können. Wenn Sie es mit der Suchtkrankheit eines Menschen zu tun haben, schließen Sie auf Ihre Kosten Kompromisse.

Wenn Sie Kompromisse schließen, bedeutet das, es ist an der Zeit, eine Grenze zu ziehen oder zu verstärken oder ein Ultimatum zu stellen. Sie brauchen keine Alternative in Erwägung ziehen, was zu tun ist, um für sich selbst zu sorgen, falls der andere nicht bereit ist, seine Handlungsweise zu verändern.

Hüten Sie sich vor Naivität und Zynismus

○ Lernen Sie, sich selbst zu vertrauen, und treffen Sie im Einzelfall die richtige Entscheidung darüber, wem Sie vertrauen können.

Stellen Sie Ultimaten nur bei absolut nicht verhandelbaren Themen oder bei Verhandlungen im Spätstadium

○ Nur zu oft beginnen wir Verhandlungen, indem wir Ultimaten stellen. Das ist nicht wirksam.

Ultimaten sind behutsam einzusetzen. Hüten wir uns davor, Ultimaten in Machtspiele zu verwandeln. Ultimaten sind als Form der Selbstfürsorge anzuwenden, nicht um andere zu kontrollieren. Ultimaten sind Entweder-oder-Aussagen: *Entweder* du tust dies, *oder* ich tue jenes. Wirksame Ultimaten müssen zwei Faktoren enthalten:
○ einen vernünftigen, gerechten und angemessenen Zeitrahmen, den der andere einhalten kann; und eine klare Aussage über die ›Oder‹-Konsequenz.

Vergeuden Sie keine Zeit damit, über Nichtverhandelbares zu verhandeln

○ Gelegentlich liegen unserem Konflikt zwei nichtverhandelbare, widersprüchliche Bedürfnisse zugrunde.

Wir haben eine Grenze errichtet, über die wir nicht verhandeln wollen — was auch geschehen mag, welches Angebot uns der andere macht, wie lange wir reden oder wieviel wir über den anderen wissen. Wir beziehen den festen Standpunkt, nicht zu verhandeln; das mag bedeuten, die Beziehung zu beenden oder die Dimensionen der Beziehung zu verändern. Manche Konflikte können nicht erfolgreich verhandelt werden. Die Menschen sind entweder nicht bereit zu verhandeln oder unfähig, eine gegenseitig zufriedenstellende Lösung zu finden.

Gestehen Sie jedem Menschen Achtung und Würde zu

○ Seien Sie höflich im Umgang mit Ihrem Gegner nach Beendigung einer Beziehung, auch − und vor allem dann − wenn Sie ›gewinnen‹. Wenden Sie keine Demütigungstaktiken an, und reichen Sie einander am Ende des Spiels die Hand.

Wir wissen nicht, wann und unter welchen Umständen wir einem Menschen wieder einmal begegnen. Wir sollten bemüht sein, mit anderen in einer Weise umzugehen, daß sie, wann immer wir ihnen wieder begegnen, Grund haben, uns für unser Verhalten zu achten. Das bedeutet nicht, daß wir Taktiken anwenden, nur um anderen ›zu gefallen‹. Ein anderer muß weder an uns noch am Resultat unserer Verhandlungen Gefallen finden. Aber wir können dafür sorgen, daß er uns für die Art respektiert, wie wir ihn behandelt haben.

Übernehmen Sie die volle Verantwortung für Ihr Verhalten

○ Unser Verhalten ist nicht ›abhängig‹ vom Verhalten des anderen. Es wäre vielmehr wünschenswert, daß unser Verhalten keine Reaktion auf das Verhalten des anderen ist.

Auch wenn wir uns erst seit kurzem in der Genesung von Co-Abhängigkeit befinden, haben wir gelernt, daß wir keine – und ich meine *keine* – Kontrolle über andere Menschen und deren Verhalten haben. Wir haben allerdings Kontrolle über uns selbst und unser Verhalten.

Wir sind verantwortlich für unser Verhalten, auch wenn der andere sich nicht verantwortungsvoll verhält. Wir bemühen uns, nicht zuzulassen, daß andere unser Verhalten beeinflussen. In der Genesung und in Konfliktverhandlungen lernen wir vernünftiges und verantwortliches Verhalten; wir haben diese Form gewählt, da sie letztlich in unserem eigenen Interesse liegt.

Fragen Sie sich nach dem Geschenk oder der Lehre

○ Manche Probleme sind da, um gelöst zu werden; manche tauchen in einem bestimmten Bereich auf; andere bringen uns die Lehre oder das Geschenk, die wir brauchen. Seien Sie offen für alle Möglichkeiten.

Irgendwo zwischen dem Um-nichts-bitten und dem Alles-verlangen liegt die Mitte zur Konfliktverhandlung. Diesen Bereich erlangen wir nur, wenn wir unser Bedürfnis nach Perfektion und Rechthaberei aufgeben und auf unsere wahren Bedürfnisse achten – einschließlich unseres Bedürfnisses, funktionierende Beziehungen einzugehen und aufrechtzuerhalten.

Wir erleben Zeiten, da wir uns in nichtproduktiven Streitigkeiten ergehen. Wir erleben Zeiten, da sich der Inhalt einer Beziehung ändert. Es gibt Zeiten, da es richtig ist, eine Beziehung zu beenden. Genesung ist jedoch mehr als Rückzug. Manchmal ist es erforderlich, zu bleiben und zu verhandeln, dann nämlich, wenn es darum geht, funktionierende Beziehungen aufzubauen und zu erhalten.

Manche Konflikte können in einer gegenseitig zufriedenstellenden Form gelöst werden. Manchmal bekommen beide, was sie wirklich wollen – zumal dann, wenn sie wissen, was sie wollen.

Hausaufgabe

1. Wie reagieren Sie gewöhnlich auf einen Konflikt? Lenken Sie ein? Lenken andere ein? Weichen Sie Konflikten durch Verleugnung oder Beendigung der Beziehung aus?

2. Haben Sie je Machtspiele betrieben, indem Sie den anderen unter Druck setzten, sich so zu verhalten, wie Sie es wünschten? Wie hat das funktioniert? Haben Sie es mit jemand zu tun, der versucht, Sie durch Machtspiele zu kontrollieren?

3. Nennen Sie einige Situationen, in denen Sie erfolgreich über Konflikte verhandelten. Unter erfolgreich verstehe ich Situationen, in denen beide Partner in Verhandlungen traten, die den Konflikt zur gegenseitigen Zufriedenheit bereinigten. Wie fühlten Sie sich? Wie waren Ihre Einstellungen und Ihre Verhaltensweisen?

18

Mit der Angst vor Bindung umgehen

*... laß mich wieder mehr Angst haben vor einem
Ende und einem Anfang. Lehr mich, das ganze
Leben mit Freuden zu umarmen.*

— Helen Lesman

»Ich war an Greg nicht interessiert, doch er war mit großer
Ausdauer hinter mir her«, erinnert sich Mary. »Zwei Monate lang lehnte ich seine Einladungen ab, bevor ich mürbe
wurde und einwilligte, mit ihm auszugehen.

Der Abend war erstaunlich angenehm. Wir gingen
essen, dann in seine Wohnung«, erinnert sich Mary. »Er
sprach über Probleme, die er durchgearbeitet hatte. Er
stellte Fragen über mich und hörte meinen Antworten zu.
Er versuchte nicht, mit mir ins Bett zu gehen. Wir redeten
die halbe Nacht über Gefühle. Er brachte mich nach
Hause und gab mir einen flüchtigen Abschiedskuß. Welch
ein angenehmer Mann, dachte ich.«

Greg fuhr fort, Mary den Hof zu machen. Er brachte ihr
Blumen, bot ihr an, ihr bei Reparaturarbeiten im Haushalt
behilflich zu sein. Er ging mit ihr angeln. Er rief häufig an,
und Mary spürte, daß auch sie keine Scheu zu haben
brauchte, bei ihm anzurufen.

»Irgendwann verwandelte sich mein Desinteresse in Interesse«, sagt Mary. »Die Küsse wurden erotisch. Greg
und ich landeten im Bett. Ich fing an, wirklich Gefallen an
ihm zu finden, und es sah so aus, als interessiere er sich
wirklich für mich.

Unsere sexuelle Begegnung war wunderbar«, erklärt
Mary. »Greg war romantisch. Ich war verliebt. Wir ver-
brachten die Nacht gemeinsam. Am nächsten Tag rief er
mich vom Büro an, um mir zu sagen, wie sehr ihm das Zu-

sammensein mit mir gefallen habe. Wir planten, das Wochenende miteinander zu verbringen. Er kam am Wochenende zu mir, aber er war nicht der Mann, für den ich Zuneigung empfinden gelernt hatte. Wir setzten uns vor den Fernseher, und mir war, als hätte ich einen Adler auf meine Wohnzimmercouch gefesselt.

Die Nähe und die angenehmen Gefühle verschwanden. Ich spürte, daß etwas sich veränderte, als ich anfing, mich für ihn zu interessieren. In der Sekunde, als ich Gefühle entwickelte, schwand Gregs Interesse. Er ging auf Distanz. Ich geriet in Verzweiflung, in Abhängigkeit, begann zu kontrollieren und hatte Angst. Ich wußte nicht, was nicht in Ordnung war. Wenn ich versuchte, mit ihm darüber zu reden, murmelte er etwas davon, daß er nicht gern Pläne mache und spontan sein wolle. Es dauerte keine Woche, bevor die ›Beziehung‹ auseinanderging. Er wollte nicht reden. Er rief nicht an. Ich scheute mich, ihn anzurufen. Was war aus dem netten Jungen geworden, der über Gefühle reden konnte? Was war mit dem Jungen geschehen, der sich so sehr für mich interessierte? Ich verbrachte eine Woche damit, mir zu überlegen, was ich falsch gemacht haben könnte. Dann erkannte ich, daß mein Fehler darin bestand, mich für ihn zu interessieren. Greg war nicht trotz meines Desinteresses hinter mir her, er war hinter mir her, weil ich mich nicht für ihn interessierte.«

Kathrins Geschichte

Kathrin war überglücklich. Endlich hatte sie genug Geld gespart, um den Wagen zu kaufen, den sie sich wünschte. Sie hatte Monate damit verbracht, sich umzusehen, bevor sie sich für ein bestimmtes Modell entschied. Nun war der Augenblick gekommen, sich ans Steuer ihres herrlichen roten Cabriolets zu setzen und abzubrausen.

Kathrin saß im Verkaufsbüro und unterschrieb ein Formular nach dem anderen. Mit jeder Unterschrift sank ihre Begeisterung. Sie fühlte sich gereizt, nervös und ängstlich.

Der Verkäufer führte sie zu ihrem neuen Wagen, öffnete den Schlag und reichte ihr die Schlüssel. Kathrin setzte sich ans Steuer. Die letzten Anweisungen des Verkäufers hörte sie kaum noch.

»Ich begann zu schwitzen. Meine Hände zitterten. Der Verkäufer stand direkt neben mir, doch seine Stimme klang wie aus einem tiefen Schacht. Ich wollte nur raus«, erzählt Kathrin.

Sie fuhr den Wagen um den Block, dann kehrte sie ins Verkaufsbüro zurück und verlangte, den Kauf rückgängig zu machen. Der Verkäufer weigerte sich. Er war verwirrt. Der Geschäftsführer war verwirrt. Die beiden versuchten, sie zu beruhigen. Je mehr sie versuchten, sie zu beschwichtigen, desto nervöser wurde Kathrin.

Sie ging zum nächsten Telefon und rief ihren Anwalt an, erklärte ihm die Zusammenhänge, so gut sie es vermochte, und fragte ihn, wie sie aus dem Vertrag herauskommen könne. Der Anwalt riet ihr, den neuen Wagen beim Händler stehenzulassen, wenn sie ihn wirklich nicht haben wollte. Kathrin legte den Hörer auf.

»In der Sekunde, in der ich das Gefühl hatte, aus dem Vertrag rauszukommen, wurde mir klar, daß ich das nicht wollte«, sagte Kathrin. »Was hatte ich gerade getan? Es war mein Traumwagen! Ich wollte ihn nicht zurückgeben. Ich stieg ein und fuhr damit weg. Ich war verlegen und verwirrt.«

Zwei Wörter: ›Bindung‹ und ›Beziehung‹

So wie Greg und Kathrin ergeht es vielen Menschen: Sie haben Bindungsangst. Manche nennen es ein Zeichen unserer Zeit; manche nennen es ein Symptom des Erwachsenen-Kind-Syndroms. Und für manche ist es nicht Angst, sondern Panik an der Grenze zur Phobie.

Wenn ich Männer und Frauen frage, was ihr größtes Problem mit Vertretern des anderen Geschlechts ist, antworten Männer, daß Frauen sich anscheinend langweilen und das Interesse verlieren, wenn ein Mann Interesse zeigt und eine Frau gut behandelt; Frauen klagen darüber, daß Männer sich nicht binden wollen.

»Angst vor Bindung?« fragt Allen, der sich seit einigen Jahren auf dem Weg der Genesung befand. »Ich kenne eine Menge Leute mit Bindungsangst, die aber alle möglichen anderen Bezeichnungen dafür haben.«

Das Problem, mit jemandem umzugehen, der Bindungsangst hat, oder der Versuch, unsere eigene Bindungsangst zu verstehen, setzt viele von uns in Erstaunen. Früher witzelte ich darüber, daß ich einen vollen Nachtklub leeren könne, wenn ich den anwesenden Männern zwei Wörter ins Ohr flüsterte: ›Bindung‹ und ›Beziehung‹. Damit würde ich alle in die Flucht jagen; Tatsache ist aber auch, daß mir diese Wörter Angst einjagen.

Bindung eingehen heißt, Zeit, Interesse, Liebe, Geld, Anwesenheit, Energie, *sich selbst* oder jede beliebige Kombination dieser Dinge einem Menschen, Ort, Projekt oder einer Sache für eine bestimmte Zeitdauer zu widmen. Bindungen, vor denen wir Angst haben, können so unbedeutend sein, wie ein Projekt durchzuführen oder so bedeutend, vor den Altar zu treten und unser Jawort zu geben. Menschen fürchten sich, Bindungen verschiedenster Art einzugehen: einen Leasingvertrag, einen größeren Kauf; Zukunftspläne mit Geliebten, Freunden oder Verwandten; der Beitritt zu einer politischen oder religiösen Gemeinschaft; eine feste Anstellung; eine ehrenamtliche Tätigkeit oder eine Liebesbeziehung.

Wir nennen unsere ›Bindungsangst‹ nicht beim Namen. Wir sagen, wir ›sind gern spontan‹, ›halten nichts von einem albernen Wisch‹ oder ›lieben Freiräume und unsere Freiheit‹. Der Grundgedanke lautet jedoch: Wir sind unfähig, eine Bindung einzugehen, sei es, bis daß der Tod uns scheidet, oder seien es drei Stunden am Freitagabend, weil dadurch unsere Chancen für etwas anderes zunichte gemacht werden könnten.

Viele von uns kennen verschiedene Abstufungen der

Angst vor Bindung, und jeder von uns kennt bestimmte Verpflichtungen, die unsere Hände und unser Herz zum Zittern bringen. Für manche wird die Angst zur starken Reaktion, hervorgerufen durch den Gedanken, in einem Käfig eingesperrt zu sein, in der Falle zu sitzen, angehängt, verpflichtet oder für immer und auf Gedeih und Verderb *gebunden* zu sein.

»Spürt ein Mensch eine Bedrohung oder eine Gefahr, reagiert sein Körper auf ganz bestimmte Weise«, schreiben Steven Carter und Julia Sokol in *Die Angst vor der ewigen Liebe*, einem ausgezeichneten Buch über Männer mit Bindungsängsten und Frauen, die diese Männer lieben.

Extreme Bindungsangst kann sogar verschiedene Abstufungen eines oder einer Reihe folgender Symptome hervorrufen:

○ Angstüberflutung
○ Gefühle der Bedrohung
○ Hyperventilation
○ Atemnot
○ Erstickungsanfälle
○ Unregelmäßigen Herzschlag oder Herzklopfen
○ Magenbeschwerden
○ Schweißausbruch oder Kältegefühl (›kalte Füße‹)

Eine solche Reaktion ist in vielen Situationen völlig angebracht und zu erwarten. Wird man beispielsweise von einem zähnefletschenden Dobermann oder einem bewaffneten Verbrecher bedroht, sind diese Symptome völlig normal. Genau die gleichen Symptome werden jedoch oft durch eine wesentlich geringere Bedrohung ausgelöst, auch von scheinbar harmlosen Gegenständen oder Situationen, etwa einem Aufzug, einer Brücke, einer Spinne – oder einer Beziehung. Wenn wir eine solche körperliche Angstreaktion haben, die stark übersteigert oder völlig irrational erscheint, handelt es sich um eine phobische Reaktion.

In *Die Angst vor der ewigen Liebe* beschreiben die Autoren typische und vorhersehbare Phasen im Beziehungsverhalten bei Männern mit Beziehungsangst.

> *Der Beginn: Er kann nur daran denken, wie sehr er sie begehrt. Die Mitte: Er weiß, sie gehört ihm, und das macht ihm Angst. Das Ende: Sie will ihn, und er läuft voller Angst weg. Das bittere Ende: Es ist alles vorüber, und sie weiß nicht, warum.*

Die Angst vor Bindung kann in jeder Phase und in jeder Beziehung einsetzen: nach einem gelungenen ersten Treffen; nach der ersten sexuellen Begegnung; wenn es Zeit ist, zur Ruhe zu kommen, sehr häufig, wenn zwei Menschen beschließen, zusammenzuleben; oder wenn sie vor dem Altar stehen und einander lebenslange Treue schwören.

Mit einem von Bindungsangst befallenen Menschen befreundet zu sein, ihn zu lieben, kann bestürzend und schmerzvoll sein. Aber auch ein Mensch mit Bindungsangst zu sein, kann bestürzend und schmerzhaft sein.

Freunde fragen sich, warum Harry sich weigert, Pläne zu machen, mit ihnen auszugehen.

Verwandte wundern sich, warum Jan sich weigert, zum Weihnachtsessen zu kommen.

Liebende wundern sich, warum der Mensch, der sie so hartnäckig verfolgte, verschwindet, einen Rückzieher macht oder kalte Füße bekommt.

Die Antwort lautet, daß die Menschen tatsächlich ›kalte Füße‹ bekommen.

Menschen, die Angst vor Bindung haben, sind nicht zwangsläufig ›nicht normal‹. Sie sind nicht unbedingt oberflächliche ›Frauenhelden‹ oder ›Männerfeindinnen‹. Es sind Menschen mit einer Angst, manchmal einer grauenvollen Angst vor Bindung. Manche von uns, die Angst haben, sich zu binden, wissen vielleicht nicht, daß diese Angst in ihnen steckt. Wir haben nur ein unangenehmes, bedrückendes Gefühl, das schwindet, wenn wir uns aus der Bindung lösen.

Kalte Füße bekommen

Die durch eine Bindung hervorgerufene Angst kann überwältigend sein, ähnlich dem Entsetzen, das einen Klaustrophobiker packt, der in einem beengten Raum eingesperrt ist. Die Befreiung aus der Bindung ist zu vergleichen mit der Befreiung des Klaustrophobikers aus seiner Enge. Abstand gewinnen, aussteigen, weggehen – das erleichtert die Einengung, da es sich um instinktive Reaktionen auf Gefühle des Eingesperrtseins handelt. Sind wir die Bindung los, können wir uns entspannen und die Gefühle ergründen, die zunächst zur Bindung geführt haben. Vielleicht stellen wir fest, daß wir die Person, Situation oder Sache wirklich haben wollen, vor der wir weggelaufen sind.

»Marsha und ich gingen monatelang zusammen aus«, sagt Tom. »Mir war, als könnten wir nicht oft genug beisammen sein. Wir machten Pläne, zusammenzuziehen. Ich konnte es kaum erwarten. Doch am Tag, als ich einziehen sollte, passierte etwas in mir. Ich geriet in Panik. Ich mußte mich sozusagen zu diesem Umzug zwingen. Ich begab mich in Marshas Haus, ließ aber die Koffer im Auto. Ich brachte es nicht über mich, ein einziges Möbelstück in Marshas Haus zu stellen.

Jeden Tag holte ich das, was ich brauchte, aus dem Wagen. Langsam sammelten sich ein paar meiner Sachen in ihrem Haus an, aber ich zog nie vollständig ein. Morgens verließ ich das Haus um 5:30 und fuhr zur Arbeit. Zehn Minuten bevor mein Fitneß-Klub öffnete, stand ich vor der Tür. Abends kam ich spät nach Hause, gerade rechtzeitig, um schlafen zu gehen.

Marsha war eine Weile geduldig; dann fing sie an, sich zu beschweren. Ich warf ihr vor, sie verlange zuviel von mir. Sie sagte, sie verlange gar nichts mehr, zwischen uns sei es aus. Ich sagte, prima, mir seien mein Freiraum und meine Freiheit ohnehin lieber, und zog aus.

In der Sekunde, als ich meinen Freiraum und meine

Freiheit hatte, wollte ich wieder zu Marsha zurück. Ich war wirklich bereit, mich zu binden. Doch Marsha war dazu nicht mehr bereit. Das liegt Monate zurück, und wir haben nicht wieder zueinander gefunden.«

Der verblüffende und schmerzhafte Aspekt einer Beziehung zu einer Person mit Bindungsangst ist folgender: Die Angst vor Bindung taucht auf, wenn die Beziehung am besten, schönsten oder engsten ist. Wenn eine Beziehung nicht gut geht oder der andere kein Interesse zeigt, können Menschen mit Bindungsängsten getrost Interesse zeigen. Es besteht keine Gefahr. Ein Mensch mit Bindungsangst kann nur dann ›nah‹ sein, wenn der andere ›fern‹ ist. Wenn der andere ›nahe‹ kommt, will der Mensch mit Bindungsangst ›weg‹. Manchmal entschließt ein Mensch mit Bindungsangst sich zu einer Beziehung mit einer Person, von der er weiß, daß sie sich nicht binden will (oder kann). Und wenn die Zeit gekommen ist, sich ›zurückzuziehen‹, hat er eine gute Ausrede.

Weitere Faktoren, die zur Bindungsangst beitragen

Unsere Bindungsangst kann verknüpft sein mit Angst vor Intimität und Nähe, unbearbeiteten Gefühlen der Scham und früheren gescheiterten Beziehungen, Unsicherheitsgefühlen oder mangelndem Selbstvertrauen. Bindungsangst kann hervorgerufen werden durch ungefestigte Grenzen, Angst vor Kontrollverlust, Angst, ob wir unser Versprechen halten können, unbearbeitete Schuldgefühle über nicht eingehaltene Versprechen, Angst vor Verletzung oder Angst, in der Falle zu sitzen.

Viele Situationen und Menschen, mit denen wir zusammengelebt haben, haben dazu beigetragen, Bindungsängste in uns aufzubauen. Manche von uns haben Jahre damit zugebracht, sich zu eng zu binden und zusehr zu strapazieren. Dieser Gefahr begegnen wir, indem wir uns jeglicher Bindung verschließen. Unsere Neigung, mit Menschen zusammenzusein, die unsere Bindung und Treue gegen uns verwenden, macht uns mißtrauisch gegen alle Bindungen.

»Ich war meiner Ehe und meinem Ehemann so sehr verpflichtet«, sagt Darlene »daß ich darüber Witze machte, Liebe sei ein Wort mit sieben Buchstaben, das B-i-n-d-u-n-g buchstabiert werde. Das Problem dabei war, daß mein Mann sich nicht gebunden fühlte. Er machte mit anderen Frauen rum und log mich an. Er ging davon aus, daß ich treu zu meiner Bindung stand, egal, wie er sich benahm. Er behielt beinahe recht. Es fiel mir schwer, mein Eheversprechen zu lösen. Es wird lange dauern, bevor ich wieder eine Bindung eingehe.«

Manchmal ist unsere Bindungsangst kein bewußter Vorgang, ist vielmehr eine Instinktreaktion auf unbearbeitete Verzweiflung und Abhängigkeitsprobleme mit dem anderen.

Mangelndes Vertrauen in uns selbst und unsere Entscheidungen kann uns Angst vor dauerhaften, aber auch vor kurzfristigen Bindungen einflößen. Manche von uns entbehrten in der Ursprungsfamilie Schutz, Toleranz, entwicklungsfördernde Erziehung und Rollenbildung, wodurch sie gelernt hätten, ein Versprechen zu geben und dabei ein gutes Gefühl zu haben.

Manche von uns haben eine ›Denkstörung‹ bezüglich dessen, was Bindung eigentlich ist. Manche von uns verwechseln eine Einladung zu einer Tanzparty mit einem Heiratsantrag. Manche fürchten sich vor allem, was auch nur entfernt mit ›für immer‹ zu tun hat; für sie klingt ein Jahr, ein Monat oder ein Abend nach Ewigkeit, besonders dann, wenn sie dazu neigen, sich an andere ›zu verlieren‹.

Manche haben ebenso große Angst, eine Beziehung zu beenden, wie eine zu beginnen.

»Karen war daran interessiert, eine Beziehung mit mir zu haben, bis ich mich für sie interessierte. Als ich aufhörte, mich dagegen zu wehren, begann Karen sich zu wehren«, erklärt Ralph. »So geht das nun seit zwei Jahren mit uns. Wenn einer dem andern zu nahe kommt, macht der andere einen Rückzieher. In der Sekunde, da einer von uns sich zu sehr zurückzieht, rückt der andere näher. Es ist ein ständiges Hin und Her.«

Hier die gute Nachricht: Jeder von uns bearbeitet seine Bindungsangst in seinem eigenen Tempo. Wir alle können Überlegungen anstellen und herausfinden, was unsere Ängste uns sagen wollen.

Manchmal sagt unser Instinkt, daß wir uns nicht binden wollen. Nicht alle Beziehungen sind für die Ewigkeit gedacht. Manche Beziehungen sind Genesungsbeziehungen, manche sind Übergangsstadien und manche sind ›Übungs‹-Beziehungen. Wir können die Freundschaft schätzen und die Lernerfahrung anerkennen, müssen aber nicht jeden heiraten, mit dem wir ausgehen.

Manchmal signalisiert unsere Angst, daß wir noch nicht bereit sind, uns an jemanden oder etwas zu binden. Ich kenne Paare, die dieses Hin und Her jahrelang praktizierten, bevor sie zur Überzeugung kamen: »Jetzt reicht es. Es ist Zeit, zur Ruhe zu kommen und Schluß mit diesem Theater zu machen.«

Ich kenne Leute, die sich einen Monat lang weigerten, sich an jemanden oder etwas zu binden, dann ihre Meinung änderten, die Bindung eingingen und glücklich wurden.

Ich kenne Leute, die eine Bindung eingingen und diesen Schritt bedauerten.

Ich kenne Leute, die ein Jahr verzweifelt waren, weil sie jemand liebten, der sich nicht an sie binden wollte, und im nächsten Jahr voller Erleichterung feststellten, daß die Beziehung eine Katastrophe gewesen wäre.

Es gibt kein Patentrezept, um mit Bindungsangst umzugehen. Jede Situation erfordert ihre eigene Überlegung. Manchmal signalisiert unsere Angst, daß ein bestimmter Schritt für uns falsch ist. Manchmal ist es nur die Angst, uns einer neuen Sache zu verpflichten. Dann ist es wieder eine Überreaktion darauf, eine Entscheidung zu treffen, die extrem langfristig erscheint oder sich möglicherweise als falsch erweisen könnte.

Wenn der andere Angst hat, sich zu binden

Es kann zum ›Verrücktwerden‹ sein, jemanden zu lieben, der Bindungsangst hat. Es kann alle möglichen Co-Abhängigkeits-Verrücktheiten in uns auslösen — von Verzweiflung bis zur Frage: »Was stimmt mit mir nicht?«

Wenn wir jemanden mit Bindungsangst lieben, sind unsere schlimmsten Reaktionen gewöhnlich unsere instinktiven Reaktionen: Dinge persönlich zu nehmen, dem anderen Schuld zuzuweisen, aggressiv, hilflos oder fordernd zu werden. Wenn jemand das Gefühl hat, gefangen zu sein, verstärkt unsere Neigung zu fordern, zu kontrollieren oder zu verzweifeln dessen Gefühl, in der Falle zu sitzen. Das beste, was wir tun können, ist es, ihm ohne Beschämung oder Schuldgefühle seine Gefühle zu lassen. Mit anderen Worten, wir gehen auf Distanz; wir lassen zu, daß der andere die Entscheidung trifft, was er tun möchte. Dann konzentrieren wir uns darauf, uns um uns selbst zu kümmern. Es kommt eine Phase unserer Selbstfürsorge, in der wir gewisse Dinge von Menschen erwarten, dazu gehört auch die Bindung an eine Beziehung. Wenn es angemessen erscheint, müssen wir Grenzen setzen und zeitlich sinnvolle Ultimaten stellen.

Wenn eine Beziehung im Wesen stimmt und Fortschritte macht, können wir Geduld üben. Wenn jemand sich bindend verhält, sich jedoch scheut, diese Bindung in Worte zu fassen, fällt es uns leicht, geduldig zu sein. Es ist normal, daß jemand Anflüge von Panik hat und gewisse Überlegungen anstellt, bevor er sich bindet. Wenn die Beziehung im Wesen nicht stimmt, denken Sie daran, daß eine Bindung nicht den Inhalt der Beziehung ändert. Eine Ehe oder sonstige Bindung ist eine Fortsetzung einer Situation, nicht ein Heilmittel dagegen.

Wenn wir uns immer wieder zu Menschen hingezogen fühlen, die Bindung verweigern, sollten wir uns fragen, ob wir von ihrer Nichtverfügbarkeit angezogen werden. Manche von uns sollten darüber hinaus prüfen, ob ihre Hoffnungslosigkeit oder ihre Abhängigkeit die Ursache dafür ist, daß andere die Flucht ergreifen.

Wenn wir von Bindungsängsten befallen sind

Wenn wir Angst haben, uns zu binden, besteht der erste Schritt zur Überwindung unserer Angst darin, sie uns bewußt zu machen. Bemühen Sie sich, sie zu verstehen. Wie bei allen Gefühlen müssen wir sie achten, ohne uns davon beherrschen zu lassen. Manchmal verhilft uns bereits die Information über diesen Vorgang, uns zu überlegen, wie wir damit umgehen. Nützlich ist es, die Dinge auszusprechen.

»Ich weiß, daß ich jedesmal, wenn ich eine Bindung eingehe, in Panik gerate«, sagt ein Mann. »Ich versuche richtige Entscheidungen zu treffen. Ich gehe langsam vor, damit ich weiß, daß das, was ich tue, wirklich das ist, was ich tun will. Nachdem ich eine Bindung eingegangen bin, gebe ich mir ein paar Tage, um meine Zweifel auszuleben. Ich überlasse mich dieser Panik, da ich weiß, daß ich mich beruhige.«

Der Schlüssel sind das Wissen und das Vertrauen darauf, was wir wollen, was wir nicht wollen und was wir nicht verlieren wollen. Dazu müssen wir uns selbst kennen, vertrauen und zuhören. Es kommt eine Zeit, da wir uns binden müssen, wenn wir das haben wollen, was wir uns wünschen. Jeder von uns, der Bindungsangst hat, muß begreifen, daß wir im Lauf unseres Lebens auf bestimmte Dinge verzichten müssen, wenn wir nicht bereit sind, Bindungen einzugehen.

Wir verlieren bestimmte Jobs und verpassen Gelegenheiten. Wir versäumen Zeiten der Nähe und Spaß mit Freunden und Familie, wenn wir nicht bereit sind, Abmachungen einzugehen. Wir verlieren Freunde, da Freundschaften Verpflichtungen mit sich bringen. Wir lassen uns den Besitz bestimmter Dinge entgehen. Wir versäumen Zugehörigkeit, wenn wir uns nicht an Gemeinschaften oder Organisationen anschließen können. Wir lassen uns das Hochgefühl erbrachter Leistungen entgehen, wenn wir keine Projekte ins Auge fassen können. Wir machen keine Fortschritte in unserer Genesung, wenn wir uns diesbezüglich nicht binden können.

Wir versäumen das Vertrauen und die Selbstachtung, die aus dem Wissen entstehen, daß wir eine Bindung eingehen und bewahren können. Vielleicht versäumen wir eine glückbringende Liebesbeziehung, die ein ganzes Leben lang andauert.

Ich möchte einen Satz von Rev. Robert Schuller aus dem Gedächtnis wiedergeben, der mir seit Jahren in Erinnerung ist:

Bei jedem Unternehmen sind wir gefordert, uns dreimal zu binden – zu Beginn, wenn das Unternehmen neu ist, in der Mitte, wenn es Schwerarbeit ist, und am Ende, wenn wir diesen letzten Aufschwung von Energie brauchen, um die Ziellinie zu erreichen.

Gelegentlich stellen Sie fest, daß Sie Bindungen eingehen, die nicht in Ihrem eigentlichen Interesse sind. Wenn Sie eine Bindung eingehen, heißt das nicht, daß Sie Ihre wichtigste Bindung aufgeben – die Liebe und Fürsorge für sich selbst: Sprechen Sie mit anderen. Haben Sie Vertrauen zu Ihrer Höheren Macht. Vergessen Sie jedoch nicht, auch Vertrauen zu sich selbst zu haben. Wägen Sie Ihre Wünsche gegen Ihre Bereitschaft ab, Abstriche zu machen. Wenn Sie etwas wollen, müssen Sie einen Preis bezahlen, und dieser Preis ist die Bindung, die Sie eingehen. Ich habe ebensolche Angst, mich zu binden, wie jeder andere. Möglicherweise ist meine Angst noch größer als die der meisten Menschen. Eines habe ich jedoch gelernt: Trotz meiner Angst, meiner zitternden Hände, meiner Atemnot und meiner Unsicherheiten gehe ich Bindungen ein und halte daran fest, wenn ich dazu bereit bin, wenn der Zeitpunkt richtig ist und wenn ich den Wunsch dazu verspüre.

Das werden Sie auch tun.

Hausaufgabe

1. Kennen Sie jemand mit Bindungsängsten? Welche Wirkung hat diese Bindungsunfähigkeit auf Sie?
2. Wie stehen Sie zu Bindungen? Welche Erfahrungen haben Sie in der Vergangenheit mit Bindungen an Beziehungen, an Organisationen, an Käufe gemacht? Haben Sie schon etwas oder jemanden verloren, weil Sie sich nicht binden konnten oder wollten? Hatten Sie je einen Panikanfall, nachdem Sie eine Bindung eingegangen waren? Welche Bindungen sind Sie eingegangen, und haben Sie sich wohl dabei gefühlt?

19

Unsere Kinder in die Genesung
mit einbeziehen

Kinder sind Geschenke, wenn wir sie annehmen.

– Kathleen Tierney Crilly

»Mein Mann ist endlich auf dem Weg der Genesung. Ich bin bereits seit einiger Zeit dabei. Was kann ich für meine Kinder tun? Was brauchen sie? Wenn wir genesen, brauchen dann die Kinder auch etwas?«

Diese Fragen werden mir oft gestellt. Auch ich habe diese Fragen gestellt. Dieses Buch und dieser Abschnitt über Beziehungen wären nicht vollständig, wenn ich dieses Thema nicht erörtern würde. Genesungsexperten widmen dieser Frage immer mehr Aufmerksamkeit. Es ist ein Thema, das viele genesende Eltern angeht. Es ist ein wichtiges Thema für unsere Kinder.

Wir haben festgestellt, daß Co-Abhängigkeit und Störungen erwachsener Kinder eine fortschreitende Krankheit sind. Wir wissen, daß eins zum anderen führt und die Dinge ohne Genesung sich verschlimmern. Wir wissen, daß viele Menschen, die sich als erwachsene Kinder und Co-Abhängige erkennen, Probleme mit Suchtmittelabhängigkeit entwickeln, daß sie streßbezogene medizinische Störungen entwickeln, zu geistigen oder emotionalen Störungen neigen und gelegentlich Selbstmordgedanken haben, Selbstmordversuche und geglückte Selbstmorde begehen. Wir wissen, daß erwachsene Kinder und Co-Abhängige in ihren Beziehungen und anderen Lebensbereichen problemanfällig sind. Wir haben weiterhin festgestellt, daß Co-Abhängigkeit und Störungen erwachsener Kinder von Süchtigen zu selbstzerstörerischen Gewohnheiten werden, die ›ein Eigenleben führen‹. Wir wissen, daß viele Co-Abhängige und erwachsene Kinder von Süchtigen verbal, körperlich oder sexuell mißbraucht wurden. Wir haben erkannt, daß jeder Mensch, der in Probleme anderer verwickelt ist, wie etwa Alkoholismus, sein eigenes Genesungsprogramm finden muß, getrennt vom Genesungsprogramm der anderen.

Natürlich brauchen Kinder auch etwas. Es hilft uns nicht, wenn ein anderer an seiner Genesung arbeitet und wir nicht. Wenn Kinder mit aktiv alkohol-, eß- oder sexsüchtigen Eltern aufwuchsen, mit Eltern, die unbewältigte Störungen erwachsener Kinder haben, oder mit Eltern, die unfähig waren, Gefühle zu zeigen und fürsorglich zu sein, dann leiden solche Kinder meist unter den gleichen Störungen. Wenn Kinder mit Eltern aufgewachsen sind, die Schmerzen erlitten, dann erleiden diese Kinder vermutlich ebenfalls Schmerzen.

Sie zeigen es nicht. Sie reden nicht darüber. Sie zeigen ihre Wunden nicht. Sie wissen es vielleicht nicht. Wir sehen es vielleicht nicht. Wir wollen es vielleicht nicht sehen. *Aber wir können es zur Kenntnis nehmen*. Wir können es wissen, ebenso wie wir wissen können, wie sehr wir unter der Störung mit der Bezeichung ›Co-Abhängigkeit‹ gelitten haben.

Nicht jedes Kind aus einer dysfunktionalen Familie wird in seinem späteren Leben Probleme haben, viele werden sie aber haben. Manche werden sich anpassen und stets liebenswürdig sein, bis sie in der Lebensmitte zusammenbrechen. Manche wissen nicht, daß sie Probleme haben, bis sie sich lange genug durchs Leben und durch Beziehungen gekämpft haben, um zu begreifen, daß es ihnen nicht gut geht. Manche landen als junge Menschen in Gefängnissen, psychiatrischen Kliniken oder in der Leichenhalle.

Unsere Genesungsbewegung kam zur rechten Zeit. Wir kamen zur rechten Zeit. Wir wissen, daß unser Problem schmerzhaft real war. Wir alle wissen, wie sehr unser Problem unser Leben beeinträchtigte. Eines Tages, und vielleicht ist dieser Tag schon da, fassen wir uns alle an die

Stirn und fragen uns, warum wir warten, bis unsere Kinder erwachsen sind, bevor wir ihnen Hoffnung auf Genesung und Heilung geben können.

Wir fragen uns, warum um Himmels willen wir unsere ›Vorbeugemaßnahmen‹ auf Aufklärung über die schädlichen Wirkungen von Drogen beschränken. Natürlich ist es wichtig zu wissen, daß Amphetamine und Kokain unseren Blutdruck erhöhen. Es ist aber auch wichtig zu wissen, daß ein Leben mit einem Alkoholiker oder Drogensüchtigen unseren Blutdruck erhöhen kann. Als ich mit meinem Leben Schluß machen wollte, da ich sicher war, mit mir stimmte etwas Grundsätzliches nicht, als ich der Meinung war, ich sei verrückt, als ich alle Hoffnung aufgegeben hatte, mußte ich etwas über mich lernen, über Co-Abhängigkeit, über Genesung und über Selbstliebe.

Wir müssen nicht warten, bis unsere Kinder süchtig oder in Schwierigkeiten sind, bevor wir uns einmischen. Wir müssen nicht warten, bis unsere Kinder sich hassen, bevor wir sie darüber aufklären, sich selbst zu lieben.

Dieses Kapitel soll weder Schuld zuweisen noch Beschämung hervorrufen. Wir können uns keines von beidem leisten. Meine Absicht ist es, Mut zu machen, um zu ergründen, was wir tun, und zu verändern, was verändert werden muß. Wir können nicht alle Kinder davor bewahren, gestörte Jugendliche und Erwachsene zu werden. Einigen können wir jedoch helfen.

Wir haben einen weiten Weg zurückgelegt, auf Co-Abhängigkeit und Probleme erwachsener Kinder zu reagieren. Wir haben einen noch weiteren Weg hinter uns, auf Störungen durch Alkoholismus und Drogenabhängigkeit zu reagieren. Aber wir vergessen leicht, daß wir uns noch immer im Anfangsstadium von Verständnis und Behandlung von Alkoholismus und Drogensucht und einer Menge anderer Verhaltens- und Emotionsstörungen befinden.

Wir stecken den Kopf nicht länger in den Sand. Wir haben aufgehört, viele unserer Probleme zu verleugnen. Wir sind noch einen Schritt weiter gegangen und bekämpfen diese Probleme heute aktiv und in manchen Fällen voll Dynamik. Unser Bestes ist alles, was wir tun können. Das ist für heute gut genug. Unser Bestes zu tun, bedeutet zu überlegen, was wir tun und welche Veränderungen wir vornehmen, um neue Einsichten zu gewinnen.

Das nennen wir Wachstum.

Auf meinen Reisen durch die USA, während der ich mit Menschen in Genesungsgemeinschaften in kleinen, mittleren und großen Städten im Osten, Süden, Westen und Norden unseres Landes zusammenkomme, stelle ich Fragen: Was tun Sie für die Kinder? Können Sie Ihnen etwas mitgeben? Wie gelingt das? Haben Sie die Absicht, mehr zu tun? Was? Und wann?

Die Leute erzählen mir über Programme, die bereits in Kraft getreten oder im Planungsstadium sind. Drogenberater reden davon, daß es in ihrer Organisation jemanden gibt, der mit den Kindern arbeitet. Ich höre von geplanten Sommerlagern, Schulprogrammen, die behutsam in das Leben gefährdeter Kinder aus dysfunktionalen Familien eingreifen, und Behandlungszentren, die Gruppenarbeit für Kinder anbieten.

Es gibt die National Association for Children of Alcoholics. Es gibt in USA Einrichtungen wie Children Are People, Inc., in St. Paul und Rainbow Days, Inc., in Dallas. Solche Einrichtungen tragen die Botschaft unermüdlich an Kinder weiter, die in der Tat Menschen sind. Ich höre auch etwas anderes, etwas Unausgesprochenes: *Wir sind dabei, einen entscheidenden Durchbruch zu unternehmen, um unsere Kinder zu erreichen, aber es gibt noch sehr viel mehr zu tun.*

Was Kinder für ihre Genesung brauchen

Was können wir in unseren Familien, Schulen und Gemeinden tun, um an die Kinder heranzukommen? Was brauchen sie? Sie brauchen die gleichen Dinge wie wir auf einer ihrem Alter entsprechenden Begriffsebene. Die Kinder müssen aus ihrer Anonymität geholt werden. Sie müssen als Menschen erkannt werden, die ihren eigenen Heilungsprozeß brauchen. Hat es uns geholfen, als jemand, den wir liebten, sich änderte, auch wenn diese Veränderung zum Guten war? Es hat uns verwirrt, wenn wir nicht selbst Hilfe und Hoffnung erhielten. Meist beginnen Kinder, die sich unauffällig verhielten, als Mama und Papa tranken oder eine andere Störung hatten, sich auffällig zu benehmen, wenn Mama und Papa mit der Genesung beginnen.

Kinder müssen die Wirkungen von Alkohol und anderen Drogen kennen, sie müssen aber auch lernen, wie sie ihren Schmerz abstellen können. Sie müssen lernen, sich selbst anzunehmen, für sich zu sorgen und sich zu lieben. Sie müssen wissen, daß die Familienprobleme nicht ihre Schuld sind. Sie müssen begreifen, daß sie in der für sie besten und angebrachtesten Weise reagierten, sich schützten und sich ihrer selbst annahmen. Sie müssen weiterhin wissen, daß manche ihrer Bemühungen, Schmerz zu beenden, nicht gelingen; gewisse Verhaltensweisen wirken schmerzverstärkend. Sie müssen erfahren, daß sie selbst wählen können.

Sie müssen anerkannt, angenommen, geliebt und bestärkt werden. Sie brauchen Zeit, um von Gefühlen zu genesen, die zu schmerzhaft waren, als daß sie sie fühlen wollten. Sie brauchen neue Botschaften, die Mut für ein gesünderes Verhalten machen. Sie müssen etwas über Kontrolle und Fürsorge erfahren, und sie müssen Alternativen kennenlernen.

Wir müssen unsere Kinder darin bestärken, daß sie liebenswert sind. Wir müssen ihnen zur Überzeugung verhelfen, daß sie liebenswert sind. Sie müssen den Unterschied erkennen zwischen Scham und Schuld, und sie müssen wissen, wie man mit beidem umgeht. Sie müssen aufhören, sich zu schämen, und beginnen, sich gesunde Grenzen und Disziplin anzueignen.

Sie müssen lernen, wie sie sich aus Verrücktheiten lösen

und ihnen den Rücken kehren können, bevor sie den Verstand verlieren. Sie müssen lernen, mit Wut umzugehen, ohne Bitterkeiten mit sich herumzutragen. Sie müssen lernen, daß zuviel Essen, Sex, Alkohol oder andere Drogen den Schmerz nicht beenden. Und *wir* müssen wissen, daß sie uns zu verstehen geben wollen, daß sie leiden, wenn sie diese Substanzen bereits zu sich nehmen oder sich destruktive Verhaltensweisen zugelegt haben. Eine Dreizehnjährige mit häufig wechselndem Geschlechtsverkehr ist kein schlechter Mensch; sie wurde vermutlich sexuell mißbraucht und versucht sich dadurch anderen mitzuteilen. Wir brauchen Familien, Kirchen, Schulen und die Gemeinschaft gesunder Menschen, damit unsere Kinder gesundes Rollenverständnis lernen und mit gesunden Erwachsenen umgehen können. Sie müssen im Kreis von Menschen aufwachsen, die Freude am Leben haben und ihre eigene Genesungsarbeit leisten, damit sie sehen, wie das gute Leben aussieht und sich anfühlt.

Sie brauchen Eltern, die ihnen das Rollenverhalten von Intimität, Nähe, Gefühl, Problemlösung, Freude und Selbstliebe vorleben. Sie müssen lernen, alle erlernten ungesunden Regeln zu brechen und sie durch gesunde Regeln zu ersetzen. Sie müssen wissen, daß sie etwas Besonderes sind. Sie müssen mit positiven Selbstinstruktionen beginnen.

Wir können ihnen dabei helfen. Zunächst müssen wir unseren eigenen Schmerz beenden. Wir müssen mit unserer eigenen Genesungsarbeit beginnen und sie fortsetzen. Dann müssen wir den Kindern vermitteln, was Selbstliebe ist. Das erreichen wir nur, wenn wir Selbstliebe lernen. Im Umgang mit unseren Kindern können wir eine Menge über Selbstliebe lernen.

Wir wollen die Kinder nicht für die Probleme ihrer Eltern verantwortlich machen und beschämen. Wir wollen nicht hart mit den Kindern zu Gericht gehen. Wir wollen alles tun, was in unserer Macht steht, um ihnen Geborgenheit, Liebe und Selbstsicherheit zu geben. Wir wollen ihnen zärtliche, fürsorgliche, bedingungslose Liebe geben, gepaart mit Disziplin. Wir lehren sie, nie etwas zu tun, worunter sie leiden, weil sie uns zu sehr am Herzen liegen. Wir lehren sie, eine positive Verbindung mit einer Höheren Macht, mit anderen Menschen und mit sich selbst einzugehen. Wir lehren sie, auf sich selbst zu hören und Selbstvertrauen zu haben. Wenn wir unseren Kindern diese Gedanken vermitteln, können wir zuversichtlich sein, daß sie sich zu Erwachsenen entwickeln, die sich und andere lieben, weil diese beiden Elemente absolut und untrennbar miteinander verbunden sind.

Wenn wir einmal begriffen haben, dem Kind in uns die Fürsorge zu geben, die es braucht, können wir mit unseren Kindern besser umgehen.

»Gibt es wirklich Hoffnung für Eltern und Kinder?« fragte mich eine Frau. »Oder sind wir alle dazu verdammt, unser pathologisches Verhalten von einer Generation zur nächsten weiterzugeben?«

Dazu habe ich folgendes zu sagen: Ja, es gibt Hoffnung für unsere Familien, unsere Kinder und uns selbst. Ich glaube an Genesung. Ich glaube an verändertes Leben. Ich glaube an Kinder. Ich glaube auch an die Kindheit. Meine Kinder und ich lernen und haben gelernt. Es war ein harter Kampf, und es war ein Prozeß, aber es waren ein Kampf und ein Prozeß, die sich lohnten. Gemeinsam geht es uns jeden Tag besser.

Wir haben soviel bekommen. Wir wollen es an unsere Kinder weitergeben.

Hausaufgabe

1. Was können Sie tun, um Ihren Kindern zu mehr Selbstwertgefühl zu verhelfen?

TEIL V

FORTSCHRITT

Egal, wie wir uns fühlen,
wir machen Fortschritte.
Egal, wie gut es wird,
das Beste liegt noch vor uns.

20

In einem (oder mehreren) Programmen arbeiten

»Al-Anon ist mehr als eine Hilfsorganisation oder ein Treffpunkt für Frauen«, sagte sie. »Ich gehe hin, um auf dem Weg zu bleiben.«

– Anonym

»Ich kann mir nicht vorstellen, was nicht stimmt«, sagte Jane. »Ich fühle mich Gott und den Menschen entfremdet. Ich bin besorgt und ängstlich. Ich habe Schlafstörungen. Und ich fühle mich so hilflos. Was ist los?«

Ich antwortete ihr, das klinge nach Co-Abhängigkeit, und fragte sie, ob sie ihre Al-Anon-Meetings besuche.

»Nein«, sagte sie. »Warum sollte ich? Ich lebe nicht mehr mit einem Alkoholiker zusammen.«

»Ich lebe auch nicht mehr mit einem Alkoholiker zusammen«, sagte ich. »Aber ich lebe noch immer mit mir selbst, also gehe ich weiterhin zu den Meetings.«

Egal, auf wen wir reagieren, Co-Abhängigkeit führt ein Eigenleben. Meiner Ansicht nach dauert unser Engagement in Selbstfürsorge und Selbstliebe ein Leben lang. Wir müssen unsere innere Einstellung, unser Verhalten und unsere Gefühle stets im Auge behalten. Wenn wir unseren Genesungsprogrammen regelmäßig Zeit und Energie widmen, ist das ein sinnvoller Weg.

Heißt das, wir *müssen* unser ganzes Leben an Meetings oder Gruppenarbeit teilnehmen? Nein. Ich denke es bedeutet, wir *wollen* es tun.

Meiner Erfahrung nach sind Zwölf-Schritte-Gruppen ausgezeichnete Hilfsmittel zur Genesung, doch auch andere Gruppenarbeit bietet Hilfe und Hoffnung für Menschen, die von Co-Abhängigkeit und Störungen erwachsener Kinder von Süchtigen genesen. Welchen Weg wir auch gehen, dieses Kapitel befaßt sich mit der Notwendigkeit, unsere Genesung fortzusetzen.

Bei der Arbeit in einem Genesungsprogramm stehen zwei Faktoren im Mittelpunkt: (1) die Teilnahme an Meetings und das Zusammensein mit anderen Genesenden sowie (2) die Arbeit in einem Programm.

Wir müssen an Gruppen oder Meetings teilnehmen oder eine andere Form des Zusammenseins mit anderen Genesenden finden, die ähnliche Probleme und Ziele haben. Der Versuch, in der Isolation zu genesen, ist wahrscheinlich keine Genesung. Wir brauchen das Gespräch, die Nähe zu anderen Genesenden. Wir brauchen Rückhalt, Ermutigung, Kameradschaft, Empfehlungen und Informationen. Es ist ein Unterschied, ob unser Verstand etwas erfaßt oder ob wir diese Information von anderen bekommen; nur dadurch setzt sie sich in unserem Herzen fest. Ein weiterer Vorteil unseres Zusammenseins mit Menschen und Gruppen besteht im Zugehörigkeitsgefühl.

»Ich wuchs in einer gestörten Familie auf. Ich hatte nie das Gefühl, irgendwohin zu gehören. Was mir an meiner Selbsthilfegruppe so gefällt: daß ich mich endlich als Teil von irgend etwas fühle«, sagt eine Frau.

»Aber ich kenne keine guten Gruppen!« wenden manche ein.

Manche Genesungsgruppen befinden sich in der Anfangsphase und haben noch keine klare Linie, keinen Zusammenhalt und keine Kraft gefunden wie die Gruppen der ›Oldtimer‹. Manche Gruppen strampeln noch. Manche Teilnehmer gehen in ein Meeting und tun das, was sie nicht tun sollten: sich um andere kümmern und Kontrolle ausüben. Aber es gibt auch viele gute Gruppen. Schauen Sie sich um, bis Sie die richtige gefunden haben. Wenn eine Gruppe Ihnen nicht zusagt, verlieren Sie nicht den Mut oder hören gar mit der Genesungsarbeit auf. Sie können Ihre Meinung äußern, Alternativen vorschlagen oder zu einer anderen Gruppe wechseln.

Einen Sponsor finden

Im Verlauf der Teilnahme an Meetings und der Kontakte zu anderen Genesenden können Sie sich auch einen Sponsor suchen. Ein Sponsor ist ein Mensch, zu dem Sie eine Beziehung des Vertrauens aufbauen. Sie dürfen ihn daher darum bitten, Ihnen persönlichen Rückhalt zu geben. Später, wenn Sie bereits längere Zeit an Ihrer Genesung arbeiten, haben Sie vermutlich selbst den Wunsch, Sponsor zu sein. Genesende haben oft das Bedürfnis, das, was ihnen zuteil wurde, ›weiterzugeben‹.

Wie viele Gruppen müssen Sie besuchen?

Wenn wir ein Problem mit Suchtkrankheit und Probleme erwachsener Kinder von Süchtigen oder Co-Abhängigkeitsstörungen haben, wird die Sucht immer im Vordergrund stehen, das Problem also, das sein eigenes Genesungsprogramm erforderlich macht. Das gilt auch für unsere Co-Abhängigkeitsstörungen.

Als ich mit der Genesung von Suchtmittelabhängigkeit begann, wurde viel darüber geredet, daß Nüchternheit mehr bedeutet, als trocken oder clean zu bleiben. Es bedeutet, alle die Faktoren mit einzubeziehen, die unserer Krankheit zugrunde liegen, die Dinge, die schon da waren, bevor wir tranken oder drogenabhängig wurden. Heute bin ich der Überzeugung, daß die meinem Alkoholismus zugrunde liegende Störung die Co-Abhängigkeit ist.

Manche Menschen beginnen ihre Genesungsreise damit, zu Al-Anon zu gehen, und wechseln später zu AA. Andere fangen mit AA an und gehen dann zu Al-Anon-Meetings. Wieder andere müssen sowohl zu AA als auch zu Al-Anon gehen. Letztlich ist die Genesung wie ein großer Raum, an dessen Tür ein Schild hängt: ›Leben und Beziehungen in Arbeit‹. Wir tun, was wir tun müssen, um voranzukommen und das Erreichte zu erhalten.

Manche Menschen besuchen ein bis zwei Meetings pro

Woche wegen Suchtmittelabhängigkeit und ein Meeting pro Woche wegen Co-Abhängigkeitsstörungen. Andere besuchen ein Meeting pro Woche wegen ihrer Suchtstörungen und zwei Meetings pro Woche wegen Co-Abhängigkeitsproblemen. Wieder andere, nur von Co-Abhängigkeitsstörungen Genesende, besuchen ein Meeting in der Woche; oder auch im Monat. Jeder verfährt so, wie es ihm am besten erscheint.

Jeder von uns muß seine eigene Gruppe finden und die Häufigkeit der Teilnahme selbst bestimmen, wie es ihm am günstigsten erscheint. Im Anfangsstadium mag es ratsam sein, mehrere Meetings zu besuchen. In streßbelasteten Zeiten ist es hilfreich, öfter als sonst an Meetings teilzunehmen. Doch der Sinn der Genesung besteht nicht darin, unser Leben damit zu verbringen, in der Gruppe herumzusitzen. Der Sinn besteht darin, Gruppen zu besuchen, um gesund zu werden und zu bleiben, weil wir unser Leben vernünftig und ungestört leben wollen.

Der zweite wichtige Gedanke in der weiterführenden Genesung ist ›die Arbeit in einem Programm‹. Es bedarf mehr, als nur an Gruppen teilzunehmen und mit Menschen zu reden. Wir müssen unsere Arbeit tun. Wir müssen unseren Beitrag leisten. Das bedeutet, die Genesungsthemen, Konzepte und die Zwölf Schritte an *uns selbst* anzuwenden.

»Wir haben eine Zwölf-Schritte-Gruppe für erwachsene Kinder von Alkoholikern«, sagte mir eine Frau. »Und wir haben festgestellt, daß wir ungeheure Fortschritte machen, wenn wir in den einzelnen Schritten arbeiten.«

Wir versuchen jeden Tag etwas für unsere Genesung zu tun. Das muß nicht lange dauern: sich Zeit nehmen für tägliche Meditation, eine Affirmation, wie ›Ich liebe mich‹, wenn wir in den Spiegel schauen oder unsere Höhere Macht bitten, unsere Schwächen wie Scham oder geringe Selbstachtung von uns zu nehmen.

Das erfordert harte Arbeit. Wir machen Inventur unseres Lebens oder unserer Beziehungen. Wir nehmen einschneidende Korrekturen vor. Wir setzen uns hin und tun unsere Arbeit an der Ursprungsfamilie, entschlüsseln unsere zerstörerischen Botschaften und erschaffen uns neue gesunde Botschaften.

Das heißt tägliche Arbeit. Ob das, was Sie tun, fünf Minuten oder fünf Stunden dauert, ist unwichtig; wichtig ist Ihre positive Einstellung dabei. Sagen Sie sich, das Leben ist wirklich wunderbar, Sie lieben sich, und Sie tun etwas für sich. Sagen Sie sich, es ist wunderbar, Fortschritte zu machen. Sagen Sie sich, es ist in Ordnung, an dem Punkt zu sein, an dem Sie heute sind.

An manchen Tagen geht es uns hervorragend. Wir lehnen die Forderungen anderer an unser Co-Abhängigkeitsverhalten mit Bestimmtheit ab. Wir gehen mit einem bestimmten Konflikt oder Gefühl angemessen um. Wir erleben Augenblicke der Intimität und Nähe. Wir gönnen uns etwas Besonderes, ohne uns hinterher Vorhaltungen zu machen, es nicht wert zu sein.

An anderen Tagen müssen wir genauer hinsehen, um zu erkennen, ob wir Fortschritte gemacht haben. Vielleicht brauchten wir eine Zeit der Ruhe, weil wir müde waren. In einem kritischen Moment sprachen wir den Gelassenheitsspruch. Als die Umstände verrückt wurden, ließen wir sie los, als wir bemerkten, daß wir uns daran klammerten.

Auch an unseren schlimmsten Tagen suchen wir nach etwas, das wir zu unserer Genesung beigetragen haben. Manchmal können wir nichts anderes tun, als darüber froh zu sein, etwas nicht getan zu haben. Wir klopfen uns auf die Schulter, weil wir nicht in die nächste Bar gelaufen sind, keinen Alkoholiker mit nach Hause geschleppt haben und uns nicht in ihn verliebt haben. Für einige von uns ist das ein echter Fortschritt und darf an grauen Tagen nicht übersehen werden.

Jeder Tag zählt. Glauben Sie an Genesung. Unser Leben und unsere Erfahrungen können anders und besser sein. Der Genesungsprozeß findet jetzt in diesem Augenblick unseres Lebens statt.

Jemand fragte mich einmal, ob ich noch immer ›auf dem Weg‹ sei. Ich denke, der Betreffende wollte wissen, ob ich noch immer an meiner Genesung arbeite, wieviel ich getan habe und wie verrückt mein Leben heute im Vergleich zu gestern ist.

Ich antwortete folgendermaßen: »Es gab eine Zeit, in der mein Leben überwiegend aus Schmerz und Problemen bestand, in dem es gelegentlich ein paar schöne Momente gab. Ich scherzte damals darüber, daß ich zehn schlechte Erfahrungen machen mußte, bevor eine gute dabei war und wie klein die eine gute sei im Vergleich zu den vielen schlechten. Doch das war eigentlich kein Scherz. Die meiste Zeit litt ich. Irgendwann veränderte sich irgend etwas. Die Schallplatte wurde von der schlechten B-Seite auf die gute A-Seite umgedreht. Ich habe auch heute schlechte Tage. Manchmal leide ich auch heute und ängstige mich. Doch der ständige Schmerz, mit dem ich die überwiegende Zeit meines Lebens zugebracht hatte, ist verschwunden. Der Schmerz liegt so weit hinter mir, daß ich mich kaum an ihn erinnere. Es ist wie mit der Geburt meiner Kinder: Es tat so weh, daß ich glaubte, der Schmerz werde nie aufhören, doch sobald er aufhörte, konnte ich mich kaum noch daran erinnern.«

Bin ich immer noch auf dem Weg? Ja. Vermutlich werde ich das mein ganzes Leben lang bleiben, weil das Leben und die Genesung so sind. Der Unterschied besteht darin, daß mein Leben heute vorwiegend schön ist und es gelegentlich Probleme gibt. Vorwiegend heiter, vereinzelt Regenschauer. Und ich weiß nicht, wieviel besser es noch werden wird.

21

Das Gute geschehen lassen

Alles, was ich gesehen habe, lehrt mich, dem Schöpfer für alles das zu vertrauen, was ich nicht gesehen habe.

– Ralph Waldo Emerson

Meine Freundin und ich saßen eines Tages zusammen und unterhielten uns. Sie war frustriert, weil etwas nicht so klappte, wie sie es geplant und sich erhofft hatte.

»Ich arbeite im Programm. Ich vertraue auf Gott. Ich leiste meinen Beitrag«, sagte sie schließlich. »Aber wieviel, *wieviel* muß ich loslassen?«

Ich dachte über ihre Frage nach. Ich dachte über mein Leben nach. »Ich bin nicht sicher, aber vielleicht müssen wir alles loslassen«, sagte ich.

Wir wollen uns einmal mit der spirituellen Seite des Programms befassen. Ich benutze das Wort *spirituell* statt *religiös*. Die Mitgliedschaft in einer Kirchengemeinschaft ist zwar für viele von uns wichtiger Bestandteil des Lebens und der Genesung; ich spreche jedoch nicht davon, zur Kirche zu gehen. Ich spreche davon, eine persönliche Beziehung zu einer Höheren Macht zu finden, *Gott, wie wir ihn verstehen*. Ich spreche davon, die ›Kirche‹ in uns zu finden.

Unsere Reise bedeutet vieles, sie ist jedoch vorwiegend eine spirituelle Reise. Wir brauchen Menschen auf dieser Reise, und wir brauchen einen Schöpfer und einen Betreuer, der uns leitet und uns hilft. Wir können nicht in Isolation von anderen Menschen genesen und das Genesung nennen; wir können nicht getrennt von einer Höheren Macht oder unserem spirituellen Ich genesen wollen. Das Spirituelle gehört gleichermaßen zu uns wie unser Körper, unser Geist und unsere Gefühle.

Welchen Weg der Genesung wir auch einschlagen, wir können diesen Weg nur unbelastet gehen. Zwei der wichtigsten Inhalte, die wir zu lernen haben, sind Kapitulation und Loslassen. Dies kann nicht in der Isolation geschehen. Wir tun sie in Zusammenarbeit mit einer Höheren Macht. Wir brauchen eine *Macht, die größer ist als wir selbst*, um zu kapitulieren und loslassen zu können. Wir müssen wissen, daß unsere Höhere Macht uns liebt und für uns sorgt und sich der wichtigsten und unwichtigsten Dinge in unserem Leben annimmt.

Was bedeutet Kapitulation? Was bedeutet ›Loslassen‹? Kapitulation bedeutet akzeptieren; Loslassen heißt sich frei machen. Kapitulation ist die Anerkennung der Autorität einer Höheren Macht; Loslassen bedeutet, sich vertrauensvoll einer Autorität überlassen.

Was brauchen wir für Kapitulation und Loslassen? Unsere Vergangenheit, Gegenwart und unsere Zukunft. Unseren Zorn, unsere Bitterkeit, Ängste, Hoffnungen und Träume. Unsere Mißerfolge, Erfolge, unseren Haß, unsere Liebe und unsere Wünsche. Wir lassen *unseren* Zeitrahmen, unsere Wünsche, Sorgen und Freuden los. Wir lassen alte und neue Botschaften, unsere Charakterschwächen und Charakterstärken los. Wir lassen Menschen, Dinge und manchmal uns selbst los. Wir müssen Veränderungen loslassen und den Kreislauf der Liebe, der Genesung und das Leben selbst.

Wir lassen die Schuld und die Scham los, nicht gut genug zu sein, und unseren Wunsch, besser und gesünder zu werden. Wir lassen Dinge los, die klappen, und Dinge, die nicht klappen; Dinge, die wir getan haben, und Dinge, die wir nicht getan haben. Wir lassen unsere gescheiterten Beziehungen und unsere glückhaften Beziehungen los. Wir lassen das Gute, das Böse, Schmerzhafte, Freudige und Aufregende los. Wir kapitulieren und lassen unsere Bedürfnisse los. Oft liegt unseren gescheiterten Beziehungen, dem Schmerz und dem Leid ein verborgenes Verlangen nach Schmerz und Leiden zugrunde.

Auch das können wir loslassen. Von all dem müssen wir uns befreien.

Kapitulation bedeutet nicht, daß wir aufhören, das Gute zu wünschen. Es bedeutet, daß wir unsere Wünsche, nachdem wir sie erkannt haben, aufgeben und die Umstände, Menschen und unser Leben geduldig und dankbar annehmen, so wie sie heute sind.

Denjenigen von uns, die durch Ausüben von Kontrolle überlebt haben, fällt die Hingabe und das Loslassen nicht leicht. Aber sie machen Fortschritte. ›Kapitulation‹ und ›Loslassen‹ sind abstrakte Begriffe, die nicht viel bedeuten, wenn wir sie nicht praktiziert haben. Erst dann erkennen wir, daß die Begriffe real sind. Zu Kapitulation und Loslassen kann man zwar ermuntert werden, sie sind jedoch kein Lehrstoff. Sie müssen erlernt werden, und sie müssen jedesmal, wenn wir sie praktizieren, neu erlernt werden.

Als ich mit meiner Genesung von der Suchtmittelabhängigkeit begann, mußte ich ein Übermaß an Kapitulation und Loslassen leisten. Ich verlor einen Sohn, eine Familie, meine Beziehung zu chemischen Substanzen, meine Identität und meinen gesamten materiellen Besitz. Ich glaubte, ausreichend kapituliert zu haben, meinte, dieses Loslassen müsse für ein ganzes Leben reichen. Ich sollte die Erfahrung machen, daß meine Arbeit der Kapitulation noch nicht beendet war. Ich stand erst am Beginn des Lernprozesses.

Ich kam zu der Überzeugung, gute Dinge zu verdienen: einen Ehemann, Kinder, ein Heim und genügend Geld. Ich versuchte mir einzureden, daß mein Leben und meine Beziehungen gut klappten. Sieben Jahre später war ich völlig mittellos, am Rande der Scheidung und stand weinend in meinem ersten Al-Anon-Meeting.

Ich war wütend. Ich fühlte mich betrogen. Ich fühlte mich von Gott verlassen. Ich hatte kapituliert und losgelassen. Es war ungerecht, daß ich noch mehr verlieren mußte. Es war ungerecht, daß ich schon wieder eine große

Abhängigkeit. Warum? fragte ich. Warum? Warum? Warum? Dann erhielt ich die Antwort. Besser gesagt, ich erhielt eine weitere Frage. Die Antwort mußte ich selbst geben.

»Bist du immer noch bereit, zu kapitulieren? Bist du immer noch bereit, loszulassen? Bist du immer noch bereit, Gott zu vertrauen, auch wenn – besonders dann – es weh tut?«

Kapitulation und Loslassen haben mit Bereitschaft und Vertrauen zu tun. Sie bedeuten, genügend Glauben zu besitzen, etwas so sehr zu wollen, daß wir es greifen können; dann willentlich von unseren Wünschen abzulassen und unserer Höheren Macht, also Gott, zu vertrauen, das für uns zu tun, was Er will, wenn Er es will. Es geht darum, an Gott und Seine Liebe zu glauben, selbst wenn das mit Schmerzen verbunden ist.

»Ich habe gelernt, daß Kapitulation kein Zeichen von Schwäche ist«, sagt ein Mann. »Sie ist ein Zeichen der Stärke.«

Wir müssen nicht vollständig kapitulieren und loslassen. Wir müssen es nur so gut wie möglich tun, und zwar heute. Ich glaube an Ermächtigung, Affirmationen und daran, meinen Beitrag zu leisten. Aber ich habe auch gelernt, daß ich vermutlich zu nichts ermächtigt werde, bevor ich nicht kapituliert und losgelassen habe. Ich kapituliere und lasse in jedem Bereich los. Das muß zuvor geschehen, und zwar zeit unseres Lebens.

Jemand fragte mich einmal, wie sehr er kapitulieren müsse, bevor er stark sein würde. Ich fragte ihn, ob er bereits an Meetings teilnehme. Er sagte, er nehme seit etwa drei Monaten an Gruppen erwachsener Kinder von Süchtigen teil. Ich sagte ihm, wenn er so weit kapituliert habe, um zu Meetings zu gehen, habe er vorläufig ausreichend kapituliert.

Kapitulieren und Loslassen sind beängstigend; haben ein bißchen was mit Sterben zu tun. Wir verlieren Kontrolle, verlieren uns selbst. Die anderen verlieren Kontrolle.

Doch dann erhalten wir eine neue Kraft zurück. Diese Kraft beinhaltet unter anderem, daß wir uns und unser Leben in den Griff bekommen.

Ich hasse es, Kontrolle zu verlieren. Ich versuche immer noch, auf meiner Genesungsreise an Dingen festzuhalten, die wertlos sind: Bitterkeit, Wut, Angst und mein Wunsch, an den ›Dingen zu drehen‹. Vertrauen ist schwer. Ich bin den Großteil meines Lebens mit der Überzeugung herumgelaufen, nicht geliebt zu werden. Zu glauben, daß Menschen in meinem Leben mich lieben, ist schon schwer. Zu glauben, daß ein Gott, den ich körperlich nicht sehen oder berühren kann, mich liebt – besonders, wenn ich leiden muß –, erfordert einen großen Sprung ins Ungewisse. Doch jedesmal wenn ich springe, lande ich in Seinen Armen.

Manchmal habe ich das Gefühl, es ist ebenso schwer, meine Beziehung zu Gott aufrechtzuerhalten wie meine Beziehung zu Menschen. Manchmal habe ich den Eindruck, ich müsse hart an meiner Genesung arbeiten. Aber ich tue zuwenig. Manchmal fühle ich mich in der ›Gnade Gottes‹.

»Ich habe folgendes über Genesung und Kapitulation gelernt«, sagte mir ein Mann. »Eines Tages zog meine Tochter sich einen Holzsplitter in den Finger ein. Es tat sehr weh, und ich mußte ihn herausziehen. Aber auch das Herausziehen tat weh. Ich setzte mir meine Tochter auf die Knie. Ich redete ihr gut zu. Ich versuchte behutsam zu sein. Aber sie schlug um sich, schrie und wehrte sich fortwährend. Ich versuchte ihr begreiflich zu machen, daß es weniger weh tut, wenn sie lockerließ und aufhörte sich zu wehren. Ich versuchte ihr begreiflich zu machen, der Schmerz wäre vorüber, ehe sie wüßte, was passierte, wenn sie mir vertrauen würde. Aber ihre Angst war zu groß, als daß sie Vertrauen haben konnte. Als ich den Splitter entfernt hatte, war sie wütend und schlug schreiend auf mich ein. Es tat mit weh, daß sie mir nicht vertraute. Es schmerzte mich noch mehr, daß sie ihren Schmerz schlimmer machte, als er hätte sein müssen.«

Viele von uns kapitulieren und lassen erst dann los, wenn sie sich durch einen Wust an Frustrationen, heftiges Verlangen, Wut, Schmerz und Angst gekämpft haben – bis sie den Punkt der Kapitulation erreichen, den Augenblick, da sie den Griff lockern. Wenn wir das tun, geschieht etwas. Wenn wir unbelastet von der Vergangenheit oder der Zukunft dastehen mit leeren Händen und offenen Armen, finden wir eine liebende, fürsorgliche Höhere Macht, die uns mit dem erfüllt, was Er auswählt. Und wir können dem vertrauen, was Er uns gibt, weil es gut sein wird.

Als meine Kinder klein waren, liebten sie bunte Luftballons. Manchmal ließen sie einen versehentlich oder absichtlich fliegen. Dann standen sie mit Tränen in den Augen da und schauten zu, wie der bunte Ballon hoch in den Himmel hinaufschwebte und verschwand.

Und dann erzählte ich ihnen eine Geschichte.

»Wein nicht«, sagte ich. »Dort oben ist der liebe Gott und fängt jeden Ballon, den du fliegen läßt. Er hebt sie alle für dich auf. Und wenn du einmal in den Himmel kommst, gibt er sie dir wieder zurück.«

Jetzt sind meine Kinder älter geworden; und auch ich bin älter geworden. Aber wir glauben auch heute noch, daß der liebe Gott die Luftballons für uns einfängt und aufbewahrt.

Ich glaube, daß Gott unsere Luftballons fängt – jeden, den wir loslassen. Wir müssen nicht warten, bis wir in den Himmel kommen, um sie wiederzukriegen. Die schönsten unserer Luftballons gibt er uns zurück, wenn wir bereit sind, sie in Empfang zu nehmen. Manchmal gibt er uns schönere zurück als die, die wir losgelassen haben.

Das ist das Geheimnis über das Geschehenlassen der guten Dinge.

Es ist verbunden mit unserem tiefen Glauben daran, was wir verdienen. Ist verbunden mit Gottes absoluter, bedingungsloser Liebe für uns alle. Ist verbunden mit unserem und Seinem Wunsch, daß wir das Beste sind und bekommen. Ist verbunden mit unserer Bereitschaft, loszulassen.

Wäre es nicht vernünftiger, die Sache auf sich beruhen zu lassen?

Wenn wir unseren Wünschen entsagen müssen, wäre es nicht einfacher, sie erst gar nicht zu haben?

Vielleicht. Aber so funktioniert die Sache nicht. Es ist etwas Magisches und Zwingendes an diesem Vorgang, so wie er ist. Sieg, Glück, Freude, Wachstum werden nicht erreicht durch Vermeidenshaltung. Der Lohn kommt mit der Überwindung. Mit jeder Kapitulation, mit jedem Loslassen tun wir einen Schritt nach vorn, nähern wir uns einer höheren Ebene.

Entdeckungen auf dem Weg der Genesung

Wir haben in diesem Buch ein weites Spektrum umfaßt, und wir werden auch in unserer Genesung ein weites Spektrum umfassen. Wir werden Abkürzungen versuchen, die sich als Umwege erweisen. Und gelegentlich werden wir eine Rast einlegen, weil wir erschöpft sind.

Wir werden in Extreme verfallen. »Die ersten dreißig Jahre meines Lebens habe ich damit verbracht, mich um jeden in meiner Umgebung zu kümmern«, sagt eine Frau. »Danach weigerte ich mich, einem anderen auch nur einen Hemdknopf anzunähen.« Wir haben Jahre damit verbracht, uns kopfüber in Beziehungen zu stürzen, ohne irgendwelche Bedenken zu haben; danach würden wir am liebsten jeden, den wir treffen, unter dem Mikroskop prüfen. Das ist völlig in Ordnung. Das gehört zum Wachstum. Das Ziel der Genesung besteht im Erreichen des Gleichgewichts, doch die meisten von uns erreichen die Balance nur, wenn sie Höhen und Tiefen erforschen und durchleben.

Wie wir uns auch fühlen, wir machen Fortschritte. Und je weiter wir reisen, desto mehr verlassen wir uns auf die Begriffe, die wir zu Beginn unserer Reise lernten, die Grundprinzipien der Selbstfürsorge. Der wichtige Punkt dabei ist, daß wir für den Weg zur Genesung bereit sind und an ihm nach bestem Können arbeiten, einen Tag nach dem anderen. Wenn wir das tun, wird die Genesung für uns arbeiten. Wir werden sehen, daß alle Teilstücke unseres Lebens zusammen ein wunderbares Muster ergeben.

Aus manchen unserer größten Fehler werden wichtige nützliche Bestandteile unseres Lebens. Manche unserer coabhängigen Charakterzüge werden die Basis einiger unserer besten Eigenschaften. Wir stellen fest, daß unsere Fähigkeit, Verantwortung zu übernehmen, uns für Führungspositionen qualifiziert. Wir stellen fest, daß unsere Fähigkeit, Entbehrungen zu ertragen, uns dazu beflügelt, außerordentliche Leistungen zu erbringen, die ohne die Fähigkeit, auf Belohnung verzichten zu können, nicht möglich wären. Wir stellen fest, daß unsere Heilung von unseren Schmerzen anderen hilft, deren Schmerzen zu heilen.

Ich möchte dieses Kapitel mit einem Zitat von Ellen Goodman schließen, eine Kolumnistin, die ich sehr schätze. Goodman legte einer College-Abschlußklasse folgende Worte ans Herz:

Achtzig Prozent des Lebens besteht aus Leistung. Tag für Tag, Jahr für Jahr stehen wir vor Entscheidungen, die es zu treffen gilt. Und es geht vorwärts, vorwärts, vorwärts.

Manche Menschen fühlen sich von der Vielfalt der Auswahlmöglichkeiten gelähmt. Dennoch verunsichern uns unsere Entscheidungen, weil sie unsere Auswahlmöglichkeiten einengen, ob in beruflicher oder privater Hinsicht.

In den Berichten der Klassentreffen können Sie unsere ›Fehler‹ nachlesen. Unser Leben besteht vorwiegend aus Kurskorrekturen. Gut die Hälfte von uns ist geschieden. Die Berufswege vieler Frauen sehen aus wie Zickzackmuster. Wir schlagen immer wieder neue Richtungen ein und setzen neue Prioritäten. Doch unsere ›Fehler‹ sind zu wichtigen Bestandteilen gewor-

*den, manchmal zu den bedeutendsten Bestandteilen
unseres Lebens.*

*Wie gestalten Sie Ihr Leben? Setzen Sie einen Fuß
vor den anderen. Treffen Sie Entscheidungen. Nehmen Sie Chancen wahr.*

Ich weiß, ich weiß. Sie wollen die gleichen Fehler nicht
wiederholen. Sie wollen sich nicht noch einmal verlieren.
Das ist eine gesunde Einstellung, die Sie jedoch nicht
daran hindern darf, zu leben und zu lieben. Sie haben sich
die Finger verbrannt, weil sie dem Feuer zu nahe gekommen sind. Andererseits spürt nur der die Wärme, der sich
nahe am Feuer aufhält.

Ergeben Sie sich dem Schmerz. Dann lernen Sie sich
dem Guten zu ergeben. Das Gute existiert, und es kommt
noch viel mehr Gutes auf Sie zu. Lieben Sie Gott. Lieben
Sie die Familie. Lieben Sie Ihre Arbeit. Lieben Sie die
Menschen und lernen Sie, sich von ihnen lieben zu lassen.
Und vergessen Sie dabei niemals, sich selbst zu lieben.

So gut es auch sein wird, das Beste kommt erst noch.

Epilog

Die größte aber von diesen ist die Liebe...

– 1. Kor. 13:13

Mehrere Gründe waren es, die mich bewogen, dieses Buch zu schreiben. Es schien ein logischer nächster Schritt in meiner Schriftstellerkarriere. Ich interessiere mich für dieses Gebiet und wollte teilhaben an der wachsenden Bewegung der Hilfe und Hoffnung für die Genesung von Co-Abhängigkeit und Störungen erwachsener Kinder von Süchtigen.

Ich glaubte, einige neue Erkenntnisse mitteilen zu können. Und es war mir ein Bedürfnis. Ich hatte einen Traum, eine Vision zu diesem Buch. Das Schreiben war für mich ›Gegenwartsarbeit‹.

Aber es gab noch einen anderen Grund. Am Valentinstag 1986 legte ich dem Verlag das Manuskript vor, das später unter dem Titel *Die Sucht gebraucht zu werden* veröffentlicht wurde. Dieses Datum stellte sich als richtig heraus.

Ich schreibe seit 1979. Ich habe viele verschiedene Arbeiten für viele verschiedene Leserkreise geschrieben. In allen meinen Arbeiten bemühte ich mich um einen herzlichen und persönlichen Stil. Doch in meiner ganzen Schriftstellerkarriere habe ich keine so überwältigende und herzerwärmende Verbindung empfunden, wie zu Ihnen, meine Leser.

Ich bin der festen Überzeugung, wir haben eine Beziehung aufgebaut. Ich glaube an diese Beziehung, in der ich die Liebe erkenne.

Ich habe dieses Buch geschrieben, um unsere Beziehung aufrechtzuerhalten. Ich wollte mehr Zeit mit Ihnen verbringen.

Danke, daß Sie mir noch einmal Zugang zu Ihrem Leben gewährt haben. Danke für den Erfolg, den Sie mir beschieden haben.

Möge Gott Sie reichlich dafür segnen.

Melody

ANHANG

Bücher

Die Herausforderung. Al-Anon stellt sich dem Alkoholismus, Al-Anon Familiengruppen, Essen.

Beattie, Melody: *Die Sucht gebraucht zu werden*. München 1990.

Berne, Eric: *Was sagen Sie, nachdem Sie Guten Tag gesagt haben?* Freiburg.

ders.: *Spiele der Erwachsenen*. Reinbek.

Bissell, Le Claire, und James E. Royce: *Ethics For Addiction Professionals*. Center City, Minn., 1987.

Brandon, Nathaniel: *How to Raise Your Self-Esteem*. New York, 1987.

Carter, Steven und Julia Sokol: *Die Angst vor der ewigen Liebe*. Bindungsphobien der Männer... und was Frauen dagegen unternehmen können. Zürich, 1989.

Cermak, Timmen L.: *Diagnosing and Treating Co-Dependence*. Minneapolis, 1986.

ders.: *A Time to Heal: The Road to Recovery for Adult Children of Alcoholics*. Los Angeles, 1988.

Covington, Stephanie und Liana Beckett: *Leaving The Enchanted Forest*. San Francisco, 1988.

Cowan, Connell und Melvyn Kinder: *Vergötterte Männer – kleine Prinzen*. Wenn Erfolgsfrauen den falschen Mann wählen. München, 1988.

Fisher, Roger und Scott Brown: *Getting Together*. Boston, 1988.

Forward, Susan und Joan Torres: *Liebe als Leid*. Warum Männer ihre Frauen hassen und Frauen gerade diese Männer lieben. München. 1988.

Fossum, Merle A., und Marilyn J. Mason: *Facing Shame*. New York, 1986.

Harris, Amy Bjork und Thomas A. Harris: *Staying O.K.* New York, 1985.

ꝟ Hay, Louise L.: *Gesundheit für Körper und Seele*. München 1989.

Larsen, Earnie: *Stage II Recovery – Life Beyond Addiction*. Minneapolis, 1985.

Lerner, Harriet Goldhor: *Wohin mit meiner Wut*. Neue Beziehungsmuster für Frauen. Stuttgart, 1987.

Lesman, Helen: *Heart Warmers*. Minneapolis, 1985.

Lindbergh, Anne Morrow: *Geschenke des Meeres*. München, 1989.

Mornwell, Pierre: *Passive Men – Wild Women*. New York, 1980.

Nir, Yehuda und Bonnie Maslin: *Die Kunst der Ehe*. Düsseldorf, 1988.

Norwood, Robin: *Wenn Frauen zu sehr lieben*. Die heimliche Sucht gebraucht zu werden. Reinbek, 1987.

Peck, M. Scott: *Der wunderbare Weg*. München, 1986.

Powell, John: *Why Am I Afraid to Tell You Who I Am?*, Allen Tex., 1969.

Rosellini, Gayle und Mark Worden: *Of Course You're Angry*. Center City, Minn., 1985.

dies.: *Here Comes The Sun: Dealing with Depression*. Center City, Minn., 1987.

Rubin, Theodore Isaac: *Sich selbst annehmen*. Der Weg vom Selbsthaß zum positiven Ich. München, 1988.

Russell, A. J.: *God Calling*. Old Tappen, N. J., 1984.

Schaef, Anne Wilson: *Co-Abhängigkeit:* nicht erkannt und falsch behandelt. Wildberg, 1986.

Schuller, Robert H.: *Ein Glück kommt selten allein*. Wuppertal, 1988.

ꝟ Siegel, Bernie S.: *Prognose Hoffnung*. Heilerfolge aus der Praxis eines mutigen Arztes. Düsseldorf, 1988.

Smith, Marvell J.: *When I Say No I Feel Guilty*. New York, 1975.

Steiner, Claude M.: *Wie man Lebenspläne verändert*. Die Arbeit mit Skripts in der Transaktionsanalyse. 1986.

Trina, Paulus: *Hope For the Flowers*. New York, 1972.
Tucker, Nita und Debra Feinstein: *Beyond Cinderella –*
How to Find and Marry the Man You Want. New York,
1987.
Walker, Alice: *Die Farbe Lila*. Reinbek.
Woititz, Janet Geringer: *Struggle for Intimacy*. Pompano
Beach, Fla., 1985.

Broschüren

Beattie, Melody: *Denial*. Center City, Minn.: Hazelden
Educational Materials, 1986.
dies.: Shame. Center City, Minn.: Hazelden Educational
Materials, 1981.
Stephanie, E.: *Shame Faced*. Center City, Minn.: Hazel-
den Educational Materials, 1986.

Artikel

Blinder, Martin, M. D.: ›Why Love Is Not Built To Last‹.
Cosmopolitan 204 (Juni 1988).
Block, Lawrence: ›Messages For Your Most Important
Reader‹. *Writer's Digest* (Juni 1988): 68.
Emerson, Ralph Waldo: ›Quotation Quotes‹. *Reader's*
Digest 132 (März 1988).
Ginott, Haim: ›Quotable Quotes‹. *Reader's Digest* (Juni
1988).
Goodman, Ellen: ›To Graduates – March On, Make Mis-
takes‹. *St. Paul Pioneer Press and Dispatch* (10. Juni
1988): 14A.
Herbert, A. P.: ›Quotable Quotes‹. *Reader's Digest* (Mai
1988): 137.
Jefferies, Anne: ›Rokelle Lerner: ACA'S, Intimacy &
Play‹. *The Phoenix* (Oktober 1988): 1.
Leerhsen, Charles mit Tessa Namuth: ›Alcohol and the
Family‹. *Newsweek* (18. Januar 1988).

Matthews, Christopher: ›Be Kind to Your Adversaries.‹ *Reader's Digest* (Mai 1988): 135.

Subby, Robert: ›Inside the Chemically Dependent Marriage: Denial & Manipulations‹. *Co-Dependency – An Emerging Issue.* Pompano Beach, Fla.: Health Communications, Inc., 1984.

HAZELDEN MEDITATIONSBÜCHER

»Lebenshilfe in neuer Dimension«

Gedanken und Reflexionen für Menschen mit Schwierigkeiten im Alltag, bei seelischen Krisen und bei Suchtproblemen. Für alle, die Rat und Trost aus scheinbar ausweglosen Situationen suchen.

ISBN 3-453-02850-3

ISBN 3-453-02851-1

ISBN 3-453-02852-X

ISBN 3-453-02856-2

Wilhelm Heyne Verlag München

Heyne Sachbuch

Interessante Themen
Kompetente Autoren

Hannes Lindemann
Überleben im Streß
Autogenes Training:
Der Weg zu Entspannung, Gesundheit, Leistungssteigerung
Neuausgabe

19/41

Carl Simonton
PRINZIP MUT
Die Aktivierung der Selbstheilungskräfte bei Krebs

19/63

Helmut Milz
Ganzheitliche Medizin
Neue Wege zur Gesundheit
Mit einem Vorwort von Fritjof Capra

19/47

Stanislav Grof
AUF DER SCHWELLE ZUM LEBEN
Die Geburt: Tor zur Transpersonalität und Spiritualität

19/19

Gerhard Peter Moosleitner
WIR EINZELMENSCHEN
Eine neue Evolutionsgeschichte

19/6

Neues Bewußtseinneues Leben
Bausteine für eine menschliche Welt
Mit Beiträgen von Fritjof Capra, Stanislav Grof, Alan Watts, Marilyn Ferguson, Robert Jungk, David Bohm, Ronald D. Laing, Carl Friedrich von Weizsäcker u.a.

19/1

Wilhelm Heyne Verlag München